名师工程 思想者系列

新课程·新理念·新教学

丛书编委会主任：马立 宋乃庆

做爱思考的教师

ZUO AI SIKAO DE JIAOSHI

杨守菊◎著

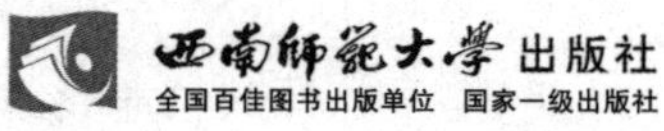

西南师范大学出版社
全国百佳图书出版单位 国家一级出版社

图书在版编目（CIP）数据

做爱思考的教师/杨守菊著．—重庆：西南师范大学出版社，2014.4

ISBN 978-7-5621-6697-9

Ⅰ.①做…　Ⅱ.①杨…　Ⅲ.①教育工作—文集　Ⅳ.①G4—53

中国版本图书馆 CIP 数据核字（2014）第 052838 号

名师工程系列丛书

编委会主任：马　立　宋乃庆

总策划：周安平

策　划：李远毅　卢　旭　郑持军　郭德军

做爱思考的教师

杨守菊　著

责任编辑：杜珍辉　张晓兰

封面设计：天之赋设计室

出版发行：西南师范大学出版社

地址：重庆市北碚区天生路 1 号

邮编：400715　市场营销部电话：023-68868624

http：//www.xscbs.com

经　　销：新华书店

印　　刷：三河市明华印务有限公司

开　　本：787mm×1092mm　1/16

印　　张：18.5

字　　数：322 千字

版　　次：2014 年 5 月　第 1 版

印　　次：2022 年 4 月　第 6 次印刷

书　　号：ISBN 978-7-5621-6697-9

定　　价：68.00 元

《名师工程》

系列丛书

《名师工程》系列丛书

征稿启事

《名师工程》系列丛书是西南师范大学出版社策划、组织出版的大型系列教育丛书。丛书以新课程下的新教学为背景，以促进施教者的教育能力为落脚点，以提高教育质量、提升教师水平为宗旨。

丛书首批推出的“名师讲述”“教学提升”“教学新突破”“高中新课程”“教师成长”“大师讲坛”“教育细节”“创新语文教学”“教育管理力”“教师修炼”“创新数学教学”“教育通识”“教育心理”“创新课堂”“思想者”“名师名课”“幼师提升”“优化教学”“教研提升”“名校长核心思想”“名校工程”“高效课堂”“创新班主任”“教育探索者”等系列，共150多个品种，其余系列也将陆续出版。为了让广大教师有一个交流、借鉴的机会，同时也为了给广大教师提供更多、更好的图书，《名师工程》系列丛书编辑出版委员会特向全国教育工作者征集稿件。

稿件要求：

1.主题鲜明、新颖，有独创性。

2.主题以提升教育能力为主，也可适当外延。

3.主题要有一定规模、有典型案例支撑。

4.案例要贴近教育实际，操作性强。

5.文章、书稿结构清晰，语言精彩。

书稿作者在选题确定之后，请及时与我们做好沟通，具体事宜确定好之后再进行创作；也欢迎用已经完稿的稿件投稿。一线教师如希望参与图书案例的创作，可联系我社策划机构，由策划机构备案，在适合的图书中参与创作。

真诚欢迎各位教师踊跃投稿。

联系方式：

西南师范大学出版社高教分社

电话：023-68254356　　E-mail：zcj@swu.cn

西南师范大学出版社高教分社北京策划部

电话：010-68403096

E-mail：guodejun1973@163.com

编者的话

当前，以人为本的教育理念正在逐步深化，素质教育以及基础教育课程改革不断推进。在这场深刻又艰苦的教育改革中，涌现了无数甘为人梯、乐于奉献的优秀教师。他们积极探索、更新观念、敢于创新、善于改革，在实践中创造性地发展、总结了很多先进的教育思想、教育理念；创造性地开发了很多新的教学模式、教学内容和教学方法。这些新思想、新模式、新方法在实践中极大地提高了教学质量，是教育改革实践中的新内涵和宝贵财富。这些优秀教师就是我们的名师，这些新内涵就是名师的核心教育力。整理、总结、发展、推广这些教育新内涵，是深化教育改革、完善教育体制、提高教育质量、提升教师水平的一件大事。

教育，是民族振兴的基石；教师，是教育发展的根基。

胡锦涛在全国优秀教师代表座谈会上指出："教师是人类文明的传承者。推动教育事业又好又快发展，培养高素质人才，教师是关键。没有高水平的教师队伍，就没有高质量的教育。"十七大报告又进一步强调了必须加强教师队伍建设，不断提高教师的素质。当今世界，社会进步一日千里，科技发展日新月异，知识更新的周期越来越短。教师作为"文明的传承者"更要与时俱进，刻苦钻研、奋发进取，尽快提升自身素质和能力，为推动教育事业的健康发展贡献自己的力量。

基于以上，西南师范大学出版社策划、组织出版了大型系列教育丛书——《名师工程》。希望通过总结名师的创新经验、先进理念，宣传名师的核心教育力，为广大教师职业生涯提供精神源泉和实践动力，在教育实践层面切实推动从教者职业素养的提升。通过《名师工程》实现"打造名师的工程"。

丛书在策划、创作过程中力求实现以下特色：

一、理念创新，体现教育的人本精神

教师角色在以人为本的教育理念下发生了重大的变化，教师的素质和能力也面临更高的要求。如何弘扬、培植学生的主体性、增强学生的主体意识、发展学生的主体能力、塑造学生的主体人格等问题成为教师在目前教育中亟待解决的难题。丛书以教育管理者和教师为主要读者对象，通过教师综合素质的提高而将人本教育的思想落实到教育实践中，真正实现教育培养人、塑造人、发展人的本质要求。

二、全面构建，系统提升教师的教育能力

丛书选题的最大特点就是系统、全面地针对教师教育能力的提升而展开。施教者的能力决定教育的效果，教育改革的落实、教育效果的提高无不体现在教师身上。丛书针对不同教育能力、不同教学要求、不同教育对象，有针对性地设置选题。棘手学生、课堂切入、引导艺术、班主任的教导力、互动艺术、课堂效率、心灵教育等等，这些鲜明的主题从教育的细节出发，从教育实际情况出发，有针对性地解决问题，让教师在阅读中学有所指、读有所获。

三、科学权威，体现教育的时代前沿性

丛书邀请全国各地著名的教育工作者执笔，汇集在教育改革与实践中涌现的先进理念、成果和方法，经过专家认真遴选、评点总结而成，代表了目前教育实践中先进的教育生产力，具有时代前沿性，是广大一线教师学习、借鉴的好素材。

四、注重实践，突出施教的实用价值

丛书采用了通俗的创作方法，把死板的道理鲜活化，把教条的写法改变为以案例为主，分析、评点为辅，把最先进的教育理念和方法融入有趣的情境中。经典的案例，情境式的叙述，流畅的语言，充满感情的评述，发人深省的剖析，娓娓道来、深入浅出，让教师更充分地领会先进、有效的教育方法。

在诸多教育、出版界同仁的支持与努力下，《名师工程》陆续推出了《名师讲述系列》《教学提升系列》《教学新突破系列》《高中新课程系列》《教师成长系列》《大师讲坛系列》《教育细节系列》《创新语文教学系列》《教育管理力系列》《教师修炼系列》《创新数学教学系列》《教育通识系列》《教育心理系列》《创新课堂系列》《思想者系列》《名师名课系列》《幼师提升系列》《优化教学系列》《教研提升系列》《名校长核心思想系列》《名校工程系列》《高效课堂系列》《创新班主任系列》《教育探索者系列》等系列，共150多个品种，后续图书也将陆续出版。

丛书在出版创作过程中得到各地、各级教育部门与教育工作者的大力支持与帮助，在此一并表示感谢！

教育事业是全社会共同的事业，本丛书的出版一方面希望能对广大教育工作者有所帮助，共飨先进成果；另一方面也是抛砖引玉，希望更多的教育工作者参与到出版创作中来，百家争鸣、百花齐放，为促进教育事业的发展共同努力！

大气、底气、灵气、书卷气

在当今这个相对浮躁的社会，杨守菊老师仍守持着一份属于自己的淡泊心怀，努力行进，不断收获，取得了非常可喜的成绩。

第一次与杨守菊老师相见，就为她的好学所感动。当时她在泰安市，听到我在东营市讲学的消息后，便连夜赶了回来。她听课时的专注与听课后的反思，很少有教师能做到。这并不是说我的课讲得多么精彩，而是感慨于她的学习精神，感慨于她的真诚。《大学》说得好："所谓诚其意者，毋自欺也。如恶恶臭，如好好色，此之谓自谦。"正所谓"诚于中，形于外"。诚意虽不能决定一个人一生的命运，却可以照见一个人的人格品质。正因如此，尽管我们很长时间才得一见，但她在我心中，仍是一个很有诚信的人。

有了诚意之本，加上持之以恒的努力，自然就有了立身成事之本。杨守菊老师对教学的研究有两个特点：一是持久的热情与积极性。她爱教育，爱教学，所以，她深入课堂时间之久，是一般教研员很难做到的。也正因为如此，她有了属于自己的教学话语权。看她写的教学研究文章，总感到有一种教学的底气在，有很强的指导性。这是一种某些单纯的教学理论研究专家无法抵达的境界。她的文章可读、可学、可用，平实中有一种舒卷自如的美。这当是真人、高人方能为之也。二是理论研究水平不断攀升。杨守菊老师明白，在教学中仅有教育教学实践是不够的，还需要有高层次的理论指导。她读的书品位很高。在她看来，读大师的书就等于听他们上课，久而久之，也就接近了大师，靠近了大师，也就有了大师的话语。更重要的是，她又将这些理论应用于实践，指导于实践，丰富了自己的专业素养。

杨守菊老师所追求的教师的"四气"——大气、底气、灵气、书卷气，应当是对她生命的一种写照。

杨守菊老师除了具有女性的温情之外，还有着"成人之美，不成人之

恶”的高格。她在自身不断发展的同时，也希望别人获得发展，而且帮助别人有所发展；即使别人的名气大了，她也由衷地感到高兴。这不是一般人所能做到的，而杨守菊老师不但做到了，而且认为本来应该如此。也正是因为这个大气，杨守菊老师的生命有了一次又一次的飞跃。

杨守菊老师除了具有丰富的教学实践与较高的理论水平之外，还具有一个极其重要的品质——良知。王阳明所说的“致良知”，在杨守菊老师这里得到了很好的实现。这是做人的根本，本立而道生。尽管已人到中年，可是她的内心之纯净，做人之真实，有着“复归于婴孩”之美。有了这方面的底气，再加上教育教学上的底气，才有了杨守菊老师的厚重。

灵气可“生而有之”吗？我没有研究。不过，可以肯定地说，后天努力是可以生成灵气的。没有真善美，没有读高品位的书，没有不断的教育教学实践，就没有产生灵性的土壤。如果说灵气是一个结果的话，数十年如一日的学习与实践，则是一个过程。谁也无法打断这个生命链条。这正像“名人”一样，机遇固然重要，可是，如果没有厚重的生命积淀，其名气是绝对不可能长久的。那些一时有名，而后来“泯然众人”者，多是没有积淀造成的。所以，当我们看到杨守菊老师说话、讲课及其文章中流动的灵气时，不要忘了她为之付出的巨大努力。

书卷气是一个教学研究人员“长生不老”的灵丹妙药。尽管我们强调教育教学实践的重要性，但如果仅在这样一个生命时空里行走的话，是不可能成就一番大的事业的。因为人是需要生命提醒的，是需要高人指点的；可是，现实中往往很难得到这种提醒，也很少遇到高人，而世界大师可以给我们以提醒与指点。那么，怎样才能得到世界大师的提醒与指点呢？那就是穿越时空，到他们留存的精神文本中去汲取其生命的精华。杨守菊老师不仅明白这个道理，而且一以贯之地行走在这条路上，所以，在她的成长中，就有了一般人没有的书卷气，有了大师智慧的闪现。

这本用心、用情、用智才能品味的《做爱思考的教师》的问世，对一线教师及教学研究人员来说，无疑是一件幸事。大家可以从中学到杨守菊老师丰富的教学研究经验，可以感悟教育的真谛，以至生成一种高尚的人格。

我祝愿杨守菊老师在未来的生命旅程中“更上一层楼”。

陶继新

2013 年 8 月 10 日于济南

目　　录

做爱思考的教师

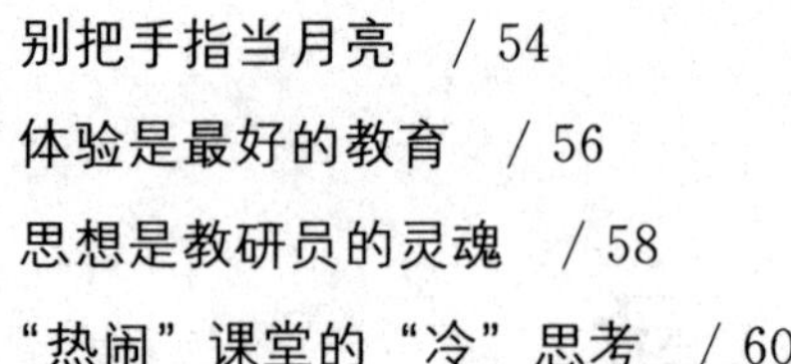

做有思想的教师

做专业化的教师

做幸福的教师

Zuo Ai Si Kao De Jiao Shi

做爱思考的教师

一桶水，你备足了吗

校园里的连翘热热闹闹地开了，鹅黄色的花瓣娇艳明媚，一丛丛，一枝枝，尽情地展示着生机和美丽，吸引着人们的目光。花坛旁，一位年轻的教师和几个学生驻足观赏，赞不绝口："迎春花真漂亮！那黄色真靓丽。""油菜花和这一样，也是黄色的。"你言我语，兴致勃勃。我急切地渴望教师告诉学生，那黄色的花不是迎春，是连翘。然而，教师没有。

生物课上，学生正在学习"富集现象"，教师几次重复"一些有害物质，如铅、铜、汞等重金属盐……"。八年级的学生还没有学习化学，生物课上却得到了"铅、汞等属于重金属盐"的信息。不知学生学习化学时该怎样理解？

类似的现象时常遇到，教师自己也许并未留意到。并不是苛求教师要博学多才，全知全会，但是，对于与学科密切相关的生活常识，或者学科内的非考试知识，还是应该加强学习和了解的。我们常说，要给学生一碗水，教师自己就要有一桶水。我们不仅要自问，我的水桶够坚固吗？

"木桶理论"告诉我们，一只桶装水的多少取决于最短的那块木板。由于教育体制的原因，大多数教师知识面局限于本学科和本专业，其他学科知识涉猎较少，教学中常常有隔行如隔山的感觉。虽然我们任教不同的学科，但是了解相关学科的知识，尤其是一些生活中的常见问题，不至于教给学生错误的知识，还是应该的。就上述的案例而言，连翘年年开放，景色每每欣赏，何不查阅一下资料或者询问一下同事，自己真正搞清楚，也帮学生弄明白呢？优秀的教师应时刻警惕自己的水桶是否坚固，及时补齐较短的那块"木板"。

桶的容积够大吗？随着知识传播媒体的增多、渠道的畅通，学生获取的知识也越来越多，越来越丰富，他们所拥有的知识量在某些方面不少于，甚至胜过教师。学生渴求知识的碗越来越大，甚至变为“海碗”，这就要求教师的桶也要不断地扩大，盛装更多的水。教师只有和学生同步增长，甚至增长的速度超过学生，才能够倒满学生的“碗”。我们学习期间所学的那些知识，有的随着时间的流逝蒸发了，有的因为长期不用而遗忘了，有的跟不上时代的进步过时了，原有的知识可以说所剩无几，我们原来的“桶”在不知不觉中缩小了。只有及时地学习，补充添加，自己的“桶”的容积才会不断增加。

桶中的水新鲜吗？有研究显示，每十年知识更新 80%。尽管基础教育阶段，学生所接受的各学科的基础知识和基本技能相对固定，不像高科技那样日新月异，但是，教师上学时所学的知识和现在还是有不少差别的，尤其是生物学科作为 21 世纪的前沿学科，新发明、新技术不断涌现，更要求教师要及时学习吸收，补充拓展，使自己拥有的知识跟上时代前进的脚步，使自己“桶”中的“水”成为流动的新鲜活水。

水的味道可口吗？自然界的水是无色无味的，为了吸引孩子，家长通常在水中添加糖、果汁等物质，调制出各种味道的水。同样，学生也希望获得多种滋味的“水”。可是，教师桶中的水的味道是否过于单一呢？不少教师死抠课本，过分依赖教参，一旦学生的思考超出教参的提示，教师便难以从容应对，这在一定程度上压制了学生的思维。多问几个为什么，多想几种学生可能给出的答案，多考虑相关学科的知识等，是教师备课时应该下的功夫。

其实，拥有一桶新鲜、可口、足量的水不是一件容易的事情。

另一种侵权

这是一节公开课，安排在学校的多媒体教室，学生和听课教师都早早地坐好，等待着上课。上课铃响了，执教教师仍然在讲台上调试课件，因为有些动画短片无法播放。执教教师随即布置学生看书："这节课我们学习第三节，大家先自己看看课本。"之后，请来电教老师继续调试，几分钟后，课件终于调试好了，这才开始上课。

这是教学中很常见的一幕。教师没有准备好，学生就要等着。在有些教师看来，课是否开始，由"我"说了算，"我"是主角；学生只是配角，用以配合"我"完成表演和展示。我们也常常听到有些教师在课结束时，真诚地向学生说"谢谢同学们的合作"。这句话乍听起来没有问题，教师尊重学生，礼貌地表示感谢。但仔细一想，似乎有些变味，学生在课堂上只是配合教师、充当教师展示自我的"道具"吗？课堂是学生学习的场所，还是教师表演的场所？上课是学生开启心智、润泽生命的过程，还是教师展示自我、显示才能的环节？毫无疑问，学生才是课堂的主人，不应是学生来配合教师，而应是教师服务于学生。如果教师把自己当作课堂的主宰，那就是侵权。

也是在这节课上，教师把学生分成几个小组，每个小组指定一个组长，组长的任务是汇报本组的观点。一节课下来，共安排了四次讨论，于是组长汇报了四次。应该说，一节课有四次发言机会，可以使学生得到很好的锻炼。可是，只有表达能力强的几个组长才能获得这个机会，以至于组内的其他同学开始还积极发言，后面的几次讨论，参与的积极性就降低

了。教师固定一个学生发言，对其他学生无形中也是一种不公平、变相的侵权。

静下心来审视我们的课堂会发现，不经意间，我们的一些言行折射出教师的霸权。只有当我们把学生放在心中，摆在教学的主体地位时，课堂才会成为师生共享的乐园。

做积极的“反刍”者

当下校本教研的声音日益响亮，越来越受到人们的重视，很多学校都制订了相关的教研制度，这成为学校用来提高教师教学水平的有效手段之一。事实上，实际的教研效果距离我们的初衷还有相当大的差距。不少教师是空着脑袋来，没有问题走，也许教研的内容引起了其一时的冲击和共鸣，但是一回到自己的教育教学实践却依然是“涛声依旧”。那么，教师应该如何积极利用教研平台，有效发挥教研作用，改进教学实践，快速地提升自我呢？

恰好，最近学习哺乳动物，牛、羊等消化食物时有反刍行为。“反刍”原本是一个生物学概念，指偶蹄类的某些动物把粗粗咀嚼后咽下去的食物再返回到口中细细咀嚼，然后再咽下。这属于动物的防御行为。

这个概念，不由让我联想到了教研活动。尤其是新课程改革背景下，面对大量的新理念、新观点、新思想、新方法，教师很难一下子真正地理解并接受，那么教师是否也应主动地进行自我“反刍”呢？我想以常规的“听评课”教研活动为例，谈一点看法。

积极准备是前提。听课前，我们要对上课内容有所研究，事先形成自己的一些想法。以免听课时把过多的精力集中在教学内容上，而忽视了执教教师的教学思想、教学方法、教学特色等方面内容。

认真倾听，精心记录。听课时要会听，既要听有趣的情节、精妙的对话、典型的事例、精当的题目，更要听出执教教师的教学思想和教学特色。不仅要记录基本的教学程序、巧妙的情境创设、新颖的板书设计，还要记录执教教师设计的有价值的问题、精彩的评价语言。更不能忘记的是，及时将听课过程中自己的点滴想法记录下来，否则，这些信息转眼即逝。

“编筐编篓，重在收口。”听课以后的评课是活动的重要环节，也是点睛之笔。执教教师阐述自己的授课思路时，我们要认真体会他的每一个设计意图。个别环节为什么没有达到预期目的？怎样改进会更好？接下来的专家或资深教师评课，更是我们对照自己的教学，反思提高的良好时机。此时，专家的思想和我们的思想发生碰撞，可以引发我们深刻思索。同时，也要敢于亮出自己的观点，与大家进行交流和分享，也许缠绕我们许久的疑惑，会在不同观点的交锋中，在智慧与智慧的撞击中，在思想与思想的启迪中得以澄清。

积极梳理，撰写反思。评课后，对照自己的实践，认真梳理审视，进一步肯定自己有创意、有特点、有实效的做法，同时找出自己存在的不足和缺点，明确自己努力的方向。自我剖析、自我反思的过程是一个痛苦的心理历程，有学者称之为自我“捉虫”，也只有狠心捉出自身的“害虫”，机体才会更健康地成长。这个过程就如同动物的反刍，能及时有效地消化吸收他人的思想。

努力实践，深入“反刍”。就是把写在纸上、停留在脑海中的东西应用到自己的教学实践中，进行实践验证。当然，不能进行机械的模仿照搬，而应结合自己的实际，创造性地加以改造。正如我们所熟知的那句名言“听来的忘得快，看到的记得住，做过的才能会”，只有在教学实践中，才能把专家的思想和理念转化为自己的行动，内化成自己的思想。同时，还要再请同组的教师听课指导，进一步接受大家的帮助，进而不断发现新问题，提高自己的教学水平。

带着问题来，形成问题走。教师就是在这样积极的“反刍”过程中，解决旧问题，激发新问题，实现教育科研水平的螺旋上升的。

思维者是美丽的

“理科中的文科”是学生对生物学的戏称。事实上，不少学生认为学好生物无非就是简单地背背而已，数学、物理和化学才需要进行深入思考，才算作真正的理科。其实，学生的这种不科学认识，在一定程度上源自于生物教师的教学行为。在日常教学中，不乏有生物教师简单地解释后，让学生在课本上画下概念，硬性背过的现象；也不乏有生物教师热衷于课堂上热热闹闹的活动，一味追求活跃的现象。这些行为无意中透露着生物知识比较浅显，生硬地记住就能学会的不良信息，造成不少学生轻视生物学习中的思考。

生物学果真不需要缜密的思维吗？几个教学视频让我耳目一新，让我体验到了生物思考的魅力，领略了那种环环相扣，步步为营的科学的严谨美。

片段1：教师利用科学史带领学生重温科学家的探究历程。卡尔文用同位素标记法来研究二氧化碳如何生成糖，他先向反应体系中充入一定量的^{14}C标记的二氧化碳，光照30秒后，检测到了多种带^{14}C标记的化合物。到底哪个先生成，哪个后生成呢？怎样对实验设计进行改进呢？显然，30秒的时间对于光合作用的反应来讲已经太长了，那怎么办呢？学生自然想到了缩短时间。卡尔文也正是这样想的，他将光照时间逐渐缩短到几分之一秒的时候，发现95%的放射性出现在了一种三碳化合物中，实验证明了二氧化碳参与形成的第一种化合物是三碳化合物。那么，之后又会形成什么产物呢？又怎样进行实验呢？学生马上会想到把这个时间再延长一些。

这样一步步的诱导，使学生的思维逐步深入，享受到思考的幸福。

片段2：当卡尔文向反应体系里充入^{14}C标记的二氧化碳时，发现形成的

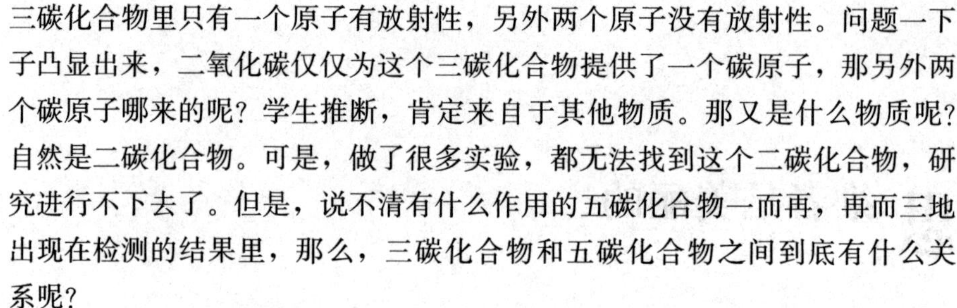
三碳化合物里只有一个原子有放射性，另外两个原子没有放射性。问题一下子凸显出来，二氧化碳仅仅为这个三碳化合物提供了一个碳原子，那另外两个碳原子哪来的呢？学生推断，肯定来自于其他物质。那又是什么物质呢？自然是二碳化合物。可是，做了很多实验，都无法找到这个二碳化合物，研究进行不下去了。但是，说不清有什么作用的五碳化合物一而再，再而三地出现在检测的结果里，那么，三碳化合物和五碳化合物之间到底有什么关系呢？

学生的思维又一次被推上了波峰。就在这跌宕起伏、颇为艰难的探索中，学生一次次地陷入“山重水复疑无路”的困境，又一次次地冲破思维藩篱，享受到“柳暗花明又一村”的喜悦。

记得阅读《孩子们，你们好》时，我非常欣赏苏联教育家阿莫纳什维利带领 6 岁预备班的学生在激烈的思索中体验数学学习快乐的智慧，更是由衷地喜欢他说的一句话：“思索者看上去是很美丽的。”今天的视频，让我痛快地体验了生物思考的快意和幸福。新课程改革的实施，需要我们从喧闹的课堂中走出来，清醒地认识到表面的热闹是无益的，学生积极参与、深度思考才是我们真正要追求的。

思索者是美丽的。愿我们和学生一道享受生物学思维的魅力。

教育科研，原来可以如此平实

在“十二五”教育科研课题立项的关键时期，各级各类课题的申报热情如夏日热浪，炙热燎人。有的学校明确要求“人人有课题，各个做研究”，甚至后勤维修人员也要搞科研课题。在很多教育工作者看来，所谓教育科研，当然就是搞课题，而且课题的级别越高，说明自己教育科研的水平也越高。于是，课题崇拜自然产生。

高规格、高层次的课题研究，当然要大力造势，而且造的势越大，影响就越大。具体表现为以下三点：一是膜拜权威，不少教师的课题总是追随布鲁纳的目标教学、布卢姆的教学目标分类、加德纳的多元智能、马斯洛的层次需要等，热衷于为权威们的思想做实践诠释和注脚；二是紧跟形势，时而创新教育，时而和谐教育，时而研究性学习，时而合作学习等，总之，喜欢迎合形势，追赶时髦；三是贪图宏大，大谈如何在某个学科中进行创新教育，如何实施素质教育，全然不顾自身是否有能力进行这些大而全的课题的研究，也全然不顾这些研究是否符合自己的教育教学实际，更不顾及课题研究能否顺利结题。

更有甚者，只参与优秀教育科研成果评选。教育科研成果评选一般分为两类：一类是课题，一类是论文。课题只需要提供研究报告，还有教师和学生的获奖证书，这些证书是否与该课题的研究有关？虽然省略了研究的过程，但研究报告却洋洋洒洒，丰富的理论，详细的“二手”实验材料，繁多的学生成绩统计，还煞有介事地附上各种调查问卷、检测试题，俨然是一项操作规范、颇具价值的实验成果。

教育科研的目的是什么？教师做研究的价值何在？难道只是为了名声和

证书，只是为了满足职称晋级的需要吗？如果是这样，教育科研也就没有存在的必要了。其实，广大一线教师做研究的目的是为了改进我们的教育教学，提升自身的教育教学水平，提高教育教学的实效。从这个意义上说，教育科研的过程甚至比结果更重要。

一线教师进行教育科研，以改进教育教学工作为首要目标，以解决教育教学实践中的问题为目的，强调行动与研究合二为一。教师在实际工作中，根据自己教育教学活动中遇到的实际问题进行研究，找到解决问题的途径与策略，并通过实际行动付诸实践，进而加以评价、反省、回馈、修正，以解决实际问题。

教学层面的研究要以所任学科作为切入点。一是难度小，由于研究的是本学科内容，教师对教材、教学以及研究现状和学生现状都比较了解，可以很快找到突破口，然后再做研究，易取得明显效果；二是见效快，这类研究的切口往往较小，因此，研究的时间短，易取得成果，可以满足教师自我专业成长的需要；三是较实用，这些研究往往产生于教学中的实际问题，直接为教师的教学改革服务，成功了可以提高本学科的教学质量，失败了也可从中取得一些经验，避免在今后的教学中走弯路。

可以采用学科合作的形式进行研究。华东师范大学课程研究所的胡惠闵教授为我们提供了“病例先行”研究模式。该模式中，研究教师和其他教师互为“病人”与“专家”，以诊断研究者的“病例”为主。首先，研究教师向合作研究小组的其他教师陈述自己在实践过程中遇到的问题，其他教师提出解决方法，研究教师在此帮助下形成解决问题的行动方案；经过一段时间的实践后，研究教师向小组汇报交流自己的实践结果，请小组成员对此进行评议，集思广益后带着更新的方案再去实践。如此反复几次，原来的问题得以解决，新的研究问题又会生成，可以将研究不断推向深入。

可以采用“案例研究”模式。案例研究要从案例描述入手，要研究教师自己亲身经历的事件，对事件经过的描述要具体翔实，反映出自己原始的、真实的想法。案例研究重在案例分析，强调用行动事实表达教育结果。案例研究的研究报告包括以下四个部分：问题的发生；问题的症结，包括目标、设想、行动；问题的解决，包括目标、设想、行动、反思；问题的再思。案例研究要做到在工作中研究，在研究中工作，研究过程与行动过程同步，研究过程与成果表现同步。

这就是教育科研，这样的研究就发生在我们身边，就存在于我们日常的教育教学中，就处于我们的工作“现场”。这有别于“书斋式”的研究，是一线教师真正需要的研究。一旦教育科研成为教师的一种工作态度、一种专业生活方式，就会使教师真正走上专业发展之路，彰显教育生命的价值。

研究实践中的问题，在实践中进行研究，教育科研原来可以如此平实。

教学是一个复杂的“生命系统”

“老师，双胞胎的性别为什么有时是不同的?”“有的人眼皮一单一双，他们的基因组成是什么?”“性染色体上只有控制性别的基因吗?”教师或抬腕看看手表，说：“这位同学提的问题很有价值，我们课下再研究。”或对其不予理睬。这是发生在八年级“人类染色体与性别决定”一节课上的情景。

某教师参加讲课比赛，提前半个月就紧锣密鼓地准备，多次试讲，反复磨炼，将讲稿润色到每句话、每个词，各环节的时间计算到分钟，比赛时将预演胸有成竹、行云流水般重复再现一遍，于是，皆大欢喜，成绩优异。这就是当前我们的优质课。这样的认真准备，精心推敲，对教师教学水平的提高无疑有着巨大的促进作用。比赛嘛，就是要展示出最高水平，集体打磨也是无可厚非的。我想说的是，这种教学观念下所折射出的对教学的理解。

传统的、占主流的观念通常把教学视为具有刚性和硬性的“物理系统”。“物理系统”认为，事物之间只是相互关联、相对固定的，彼此不会发生相互作用。教学过程是线性的顺次渐进的过程，教学程序是刚性、不可改变的，教学以完成既定的教学任务为目标，教师是“物理系统”中的决定性因素。教学由教师掌握和控制，精确地实施教学计划，任何溢出计划的行为都是不应该、不恰当的。课堂上，教师期望学生按教案设计做出回答，当学生和教师的思路不吻合时，教师就努力引导，将学生拉回预设的轨道，直至学生达到预定答案为止。教案成了看不见的“手”，支配、牵引、控制着教师和学生；课堂成了教案剧表演的舞台，学生则扮演着配合教师完成教案的角色。

现代教育观念视教学为一个“生命系统”。在这个“生命系统”中，事物之间是相互作用的，作用的结果不是简单的应对和反映，而是不断地生成新的状况。在教学过程中，各种教学因素的相互作用及其发展变化具有不确定性，因而教学应是动态的、变化的、生成的。显然，这才是新课程改革背景下课堂教学的追求。

“生命系统”教学观要求教师在进行教学设计时多几种活动假设，多几种课程发展的可能性，多几种答案的设想。当发现学生有了感兴趣且有价值的问题时，教师应大胆改变设计方案，调整教学的内容和程序；当发现原定的活动时间、进度与教学实际情况不符时，教师应因势利导，不再拘泥于原定计划。

在进行教学设计时，要给课堂留下弹性灵活的空间。如果把一节课塞得过满，教师难免会为了完成教学内容而赶时间，忽视或无暇顾及学生的反应，从而使教学程序化。弹性灵活的时间安排会让教师在教学过程中认真地倾听，沉着地思考，积极地反馈，及时调整教学程序，生成新的内容和步骤，使课堂真正成为学生成长发展的“生命过程”。

在“生命系统”教学观指导下的课堂教学中，教师和学生以平等主体的身份相互交流，相互对话，在教学活动中不存在谁领导谁，谁主导谁的问题，师生共同经历教学过程，体验知识发生。因而，教学过程就不能单纯地被视为教学目标的附庸，它是师生生命历程的一部分。这就需要教师在教学实施过程中，发挥教学机智，在学生进行自主活动、小组讨论、合作探究时，认真观察、悉心倾听、积极参与，认真去感受学生的所作所为和所思所想，依据学生实际及时调整教学的进程。正如著名教育家苏霍姆林斯基所说，教育的技巧并不在于能预见课堂中的所有细节，而在于根据当时的具体情况，巧妙地在学生不知不觉中做出相应的变动。

班规与班约

刚刚踏上讲台的年轻教师充满激情，精力旺盛，往往被委以重任——担任班主任。接手一个新班，和学生朝夕相处，按照自己的治班方略施展宏伟蓝图，想象着自己的班级秩序井然、成绩突出，这是件多么令人神往的事情。

距离9月1日开学还有一个月的时间，我就豪情满怀地忙开了。先是向经验丰富的老班主任悉心讨教治班规则，甚至将他们的班规班纪一一抄来，加以借鉴；再是查阅资料，翻看《班主任之友》，寻求法宝。经过反复考量，仔细推敲，终于在开学前制订了详细的班规，“必须……不准……”洋洋洒洒共30多条，其间的辛苦自是不必多说。

开学的第一天，我就将班规发给学生，并逐条进行了解读。“同学们，明白了吗?”“明白了!”从学生整齐响亮的回答中，我仿佛看到班级工作在班规的约束下，如同工厂的自动化生产线，井井有条、按部就班地进行着。

然而，事实完全出乎我的意料，我就像消防员，一天到晚不停地处理班级事务，而这些事情早就在班规里清清楚楚地写明了。班主任的负担太重了，既是警察又是法官，几乎整天泡在班级里。就这样家长还不满意：“初一的孩子，不许这样，不准那些，孩子在学校提心吊胆，唯恐违规扣分，哪还有快乐幸福可言?”

从与政教主任的谈话中我了解到，我的负担是不科学的管理方法造成的。班级管理不能是班主任一个人高高在上发号施令，一个人看管40多个学生，是看不过来的。如果每个人自己管好自己，整个班级自然就会好起来。

“解铃还须系铃人”，改革还是从“班规”入手。

这一次，我发动全体学生充分讨论“作为一名中学生应该怎样做”。很快，学生自己制订的“班约”出台了。配合班约的实施，还成立了“班级裁判庭”，学生的事情由他们自己处理。随着班约的实施，学生的自主管理越来越显示出强大的生命力，逐渐地，“班约”的内容在增多，条目在增加，我越发轻松下来。

由“班规”到“班约”，一字之差，效果却大相径庭，因为这里的主体是不同的。“班规”是外在于学生的，学生只能被动执行，有被监视、被看管之嫌，处于被动的应付状态；“班约”是学生自觉自愿提出的，所以能主动地遵守，班级的制订使他们认识到自己是集体的一员，个人的行为决定班级的利益，进而内发的自我约束力便产生了。

教师的负担有时候是自我找寻、自我增加的，有智慧的教师会尊重、信任学生，激发学生的自我管理意识，这样，教师就会在轻松愉快中和学生共建班级，共享成功。

掩饰我们的优越感

学校发布了一个通知：妇女节将至，为了体现领导和组织对广大女职工的关心，请有困难的职工向校妇委会提出申请。通知发出几天了，全校无一人报名。事实上，有几个女职工家庭的确有些困难。领导本意是为有困难的职工做好事，替职工分忧解难，而且她们也确实需要帮助，但是，这种高高在上的姿态却令人难以接受。

我相信是领导一时大意，没能顾及职工的感受。正如现实中，有些教师在学生面前居高临下，没有顾及学生的感受。当学生回答不出问题时，他们常说“这么简单的问题你都不会”；当学生一时无法完成任务时，他们习惯说“我像你们这么大时，比你们强多了”；当他们帮助学生解答难题时，习惯说“我就给你讲到这个程度吧，再深了你就听不懂了”……无意中流露出的优越感，在不经意间深深地伤害了学生的自尊心。

我曾经读过这样一个故事，讲述的是二战时期一位德国老人的事。

他的家在农村，人烟稀少。有一天，一个身穿风衣，手提皮箱的男人在他院子栅栏外面徘徊。老人观察良久，然后走上去对那个男人说：“先生，你愿意帮我把栅栏里的这堆木头搬到那边的角落里去吗？我老了，扛不动了。”那男人眼睛一亮，连声答应，脱去风衣礼帽，很卖力地把木头扛过去，并摆放得整整齐齐。那天晚上，满头大汗的客人心情愉快地与主人共进晚餐，然后又踏上旅程。整个战争期间，城里逃难的人很多，老人家里的那堆木头被无数次从院子的这头扛到那头，而每搬动一次，就会有一个客人与他共进晚餐。其实，那堆木头根本不需要搬动。

我被故事中那位德国老人的善良和智慧深深感动了，这是一种多么高尚而又朴实的情怀！当一个人有能力帮助别人时，却小心谨慎地把自己的优越感掩藏起来，给受助者创造一个平等的机会，从而使受助者觉得自己的受助是付出而得的报偿。这是何等的修养！

教育是直面人的心灵的事业，教师要如同对待叶片上的露珠那样小心翼翼地善待学生稚嫩的心灵。我们已经放弃了体罚这种显性的伤害，但是，精神的虐待甚至比体罚更残酷，更严厉。当你对请教问题的学生冷冷地说“我都讲过很多遍了，你还是不会”后，这个学生将再不会向你请教问题，甚至会放弃这门学科；当你对犯错误的学生不问青红皂白，恶言相加时，学生表面上低头认错，实际上他的问题并没有真正解决；当你对一时落后的学生采取冷处理时，会使他诚惶诚恐，战战兢兢。

精神的伤害因具有隐蔽性往往更具有杀伤力。

面对学生，恳请教师掩饰自己的优越感，用尊重和平等为学生营造宽容和安全的学习环境，呵护学生的自尊和人格。

多走一步

教师常常有这样的困惑：该做的也做了，该想的也想了，为什么收获和成效却总不够理想？比如练字，学生每人一本字帖，每天练习一张，教师也每张都认真审阅，在每个学生的练字纸上修正几个字，抑或写点评语，其工作量之大是难以想象的。自己累点、忙点、苦点无所谓，只要学生的书写能够有所改进就行。遗憾的是，学生不能理解教师的良苦用心，没有珍惜教师的辛勤付出，把练字当作一项作业应付了事，虽然练了，写了，但效果却不理想，依然是原有的“风采”。怎么才能使练字确有成效？其实，只要再多想一想，再多走一步，再改进一点，效果就会大不一样。不必让全班学生用统一的字帖，教师可以根据每个学生的书写特点，为学生量身制作一个个性化的练字本。字瘦长的，给他画宽扁的格子；字小的，给他画稍大点的格子；笔画不直的，让他画成横平竖直的火柴棍……每人一个个性化的练字本，对不同学生便有了不同的要求，学生也能因此感受到教师特殊的关爱，便会努力认真地去练字。这些，只需要教师为每个学生多想一点。

其实，教师的劳动是最富有创造性的，凡事多思考一点，多几个假设，多一些调查，多一点反思，同样的工作就会有不一样的效果。

如果自己的板书设计不够巧妙，课间到别的教室看看其他教师的板书设计，就会从中得到启发；如果问题情境的创设不够巧妙，不妨多想几个，在不同的班级进行实践比较，选出最佳方案。

多走一步，多想一点，反映出的是一个人的工作态度和追求。一线教师同样在平凡的教育教学中兢兢业业地工作，为什么成就大不一样？我想，这与能否再进一步、多想一点有很大关系。多想一点，就能避免机械的重复，尝试创新的乐趣；多走一步，就能走进学生的心灵，收获无数的精彩。

学校文化，平实些吧

我曾到一所新建的高标准、现代化的学校参加一个全国的“校长专业成长”互动论坛。走进学校，气派的大楼、宽阔的操场、林立的橱窗……现代气息迎面扑来。细看宣传窗内，校训、校风、师训、学风宏伟大气，理念先进，似曾相识。更使我感到熟悉的是宣传窗中背景图片上的景物和人物。“校训”和“校风”的背景图片是高高矗立的大楼，散发着政府机关的威严，使我怀疑自己是否进入了政府大楼。“师训”的背景图片上，一个很阳光的男人摆出自信的姿势；另一位是女士，秀发一丝不苟地盘至脑后，身着可体的西装，胸前抱着文件夹，满脸醉人的微笑，好标准的白领形象！“学风”的背景图片上则是一群穿着小西装的帅气男孩和身穿套裙、头扎小辫的漂亮女孩，恰巧有几个学生走过，他们穿着统一的校服，留着一样的短发。

论坛的一个分主题是“什么是学校文化”。文化是现在使用频率很高的一个词。企业有企业的文化，乡村有乡村的文化，学校有学校的文化。什么是学校文化，不同人有不同的理解。有的认为，学校文化就是环境建设，就是制度建设，就是标语口号，就是活动开展，就是课程设计，等等。也有的认为，文化首先是一种信念，是一种精神面貌，是一种属于人、属于人所在的集体所表现出的那种有别于其他群体的气质和风范。还有的认为，学校文化应是社会文化的有机组成部分，它是以学校成员为主，在学校这一特定的环境中，在吸收已有精神和物质财富的基础上，在教育教学和管理实践中逐渐凝结的体现时代特征和社会进步的价值观念、思维方式、行为规范及其活动结果。这些观点都颇有道理，但总给人一种高深莫测、不可捉摸的感觉。

一位学者的阐释引起了我的共鸣：文化就是人的思维方式和行为方式，

表现在师生日常的行为和思想上。

一所学校的文化不是贴在墙上或者印在纸上的文字，也不是师生背诵的句子，它实实在在地存在于学校每位成员的思维方式、思想深处和具体行动中。当外来人员来访，门卫是礼貌问候，热情相待，还是冷言恶语，傲慢处事，就是学校文化的真实生动写照。当地面上有一团废纸，教师和学生走过，是弯腰捡起来，还是用脚踢到一旁抑或视而不见，就反映着学校的文化。当大课间做操时，学生是精神抖擞，动作有力到位，还是懒懒散散，敷衍了事；班主任是在队伍后面监督，还是在队伍前面领操，这都反映着学校的文化。当学生就餐完毕，食堂的桌子和地面上是到处可见半个馒头或馒头皮，还是学生量力而买，没有剩余，这也是学校的文化……

文化存在于点点滴滴、时时处处。听课时我遇到过这样的情形，一个坐在后排的小男孩，无论教师提什么问题，他都第一个高高把手举起，表情也总是非常轻松，但是教师没有让他回答过任何一个问题。下课后，我问他："你总是举手，每个问题你都会吗?"小男孩回答："我知道老师不会叫我，他知道我不会，我举手是要给老师撑面子。"多么"善解人意"的学生！我宁愿他只有个别懂得的问题才举手。教师就这样一边反复地教育学生要诚实，一边进行着相反的身教。这也是一种学校文化。我认为，学校文化是渗透在师生的意识中，和师生的日常行为融合在一起的。

学校宣传栏里为什么必须是电视广告上的公众形象呢？本校的优秀教师不是更亲切吗？我曾经看到有些学校的办公楼迎宾墙上，满是学校优秀教师书写的教育感言，而且每年更换。这面"名师墙"成为学校的窗口，既是学校形象的展示，也是教师的奋斗目标，更是家长和学生关注的"景点"。

宣传栏里的学生为什么不能是自己学校的学生呢？也许具有各种特长的学生的展示更具有激励作用，因为身边的榜样的力量是无穷的。更重要的是，一旦学生荣登榜栏，便会充满自信，从此他会更努力，更成功。

文化无时不在，无处不在。学校的文化就实实在在地体现在学校的每个角落、师生的每个言行中，当我们用爱相处、用心做事、用情工作时，学校便形成了最具魅力、最有特色的文化。

有时候，别太自信

府前大街是全市的交通要道，自然就成了重要的宣传阵地，横挂在街道上的宣传标语更换频率颇高。每逢重大节日和事件，必定在这里悬挂宣传标语。这里备受青睐，在一定程度上成为各单位对外宣传的一个窗口，人们似乎也习惯了从这里及时获得重大信息。

今天早上，又换了新条幅“计划生育无上光荣”，落款是某街道办事处。我不知道今天是什么重要节日，应该与人口有关吧。有趣的是，横幅一挂，没有引起人们对计划生育的关注，反倒引起人们对是“无上光荣”还是“无尚光荣”的疑问。我和一位同事也意见不一。我坚持“无尚光荣”，因为凭直觉，凭印象，似乎脑海中毋庸置疑就是这样写，而同事却不轻易下结论。为此，我俩争论了一番，并以一顿饭为赌注。我自感十拿九稳。

我边等着一顿美餐，边寻思这单位也太不负责任了，事关集体荣誉的大事，怎么就如此大意呢？这里是公众场所，单位的形象可能会因为一个细节而受到莫大的影响。这位同事也真是的，这么简单的事情还需要费脑筋吗？未免有些多虑了吧。

正这样怡然自得呢，快下班的时候，同事抱着厚厚的词典来了，什么也没说，就把翻开的词典放到了我面前，顺手一指。不会吧，词典上赫然写着“无上光荣”。当时我真的不敢相信，难道我确信无疑的“无尚光荣”真的记错了。可是，明明我上学时课文中有这个词。不管我如何吃惊，如何不愿承认，但是面对权威的词典，我不得不承认。

一顿饭倒没有什么，这件事却实实在在让我警醒。很多时候，我们太相信自己，往往凭着自己的主观意愿进行判断，做出决策，殊不知，这里面却

埋下了隐患，存在着误解。

有件事使我记忆深刻。一节自习课后，纪律班长告诉我，我班的“调皮大王”小刚课上不专心学习，和别人说话。这几天正为纪律发愁的我不分青红皂白把小刚训了一顿。但他好像很委曲，对我说：“今天我真的没说话。”然后一扭头走了。看他那气势汹汹的样子，真想把他揪回来。放学后，我做了调查，原来我真的误解了他。仔细想想，我偏听偏信，是因为我固执地认为，小刚纪律不好，违反纪律的就是他。这次误解，导致他好长一段时间不愿接近我。后来，我主动向他道歉，并在班会上做了自我检讨，才重新赢得了他的理解。我的武断、自以为是，差一点伤害了一颗幼小的心灵。我也更加理解了苏霍姆林斯基的那句话：“每位教师都应像对待绿叶上的露珠一样认真精细地善待每一个学生。”

别太自信，是指遇事要多加思考，不能凭固有经验和思维定式轻易做出决定。当然，该果断的时候还是要当机立断的，要视具体情况而定。

一顿饭换来这样的反思，也算值了。我想起了魏书生老师的一句经典之言：“在纠正别人之前，先反省自己有没有犯错。”

游泳外谈

（一）学习如游泳

一年前的某个夏日夜晚，我们一家三口兴致勃勃地来到市游泳馆，学习游泳被列为家庭暑期的一项重要任务。初次下水，兴奋充斥于全身每一个细胞，没有惊慌，没有害怕，反正身上套着游泳圈，还有教练——老公的保护。第一次下到水中，我双手用力划，两腿使劲蹬，越是用力向前，身体反倒越向后退。不管教练如何解释、示范，甚至托着身体，我却始终游不起来，一个暑期也没能学会。我断定，自己缺少游泳的天赋。市游泳馆，我的伤心地。

入冬后，多次到温泉游泳馆游泳，这里从 1 米到 2 米水深不同，每次老公和儿子都在深水区比赛，不屑于我的天生愚笨，不再教我游泳，任我在浅水区随意舞弄。泡的时间久了，次数多了，不知怎的我反倒学会了游泳。

学习游泳的历程，使做教师的我真正理解了什么是学习。

生物学中有些内容本身并不复杂，如果仅从掌握知识的角度来看，有些知识也许只需要几分钟就能讲清楚，但如果让学生通过亲自参与体验来掌握，可能要花十几分钟甚至一节课的时间。从表面上看，这似乎降低了传授知识的效率。但是，通过参与活动，学生获得的不仅仅是知识，还有丰富的情感体验，其探究能力也会得到发展。正如游泳，其动作要领和注意事项，几分钟就可以讲明白，但学生并没有学会游泳，只有跳入水中，真正练习，才能逐渐掌握动作要领，才能学会游泳。

布鲁纳认为："认知是一个过程，而不是一种产品。"学习不仅是为了使学生掌握知识，更重要的是让学生去体验知识、原理等发生的过程。学生学习的知识不是教师讲出来的，也不是看看书就自动印到脑海中的，而是通过教师组织的教学程序，在思维活动、动手活动中通过参与和体验感悟到的。

（二）重要的是体验

我曾听到一个关于美国孩子和中国孩子学游泳的故事。美国的孩子学游泳，一开始教练就把孩子们全部推下水，自己则坐在小船上教孩子手怎么划，腿怎么蹬，迫使孩子们依靠自己的努力爬到小船上。结果只有少数的孩子初学成功，自己爬到了小船上。一段时间后，那些没有学会的孩子，又被推入水中。教练和孩子一起尝试、摸索，最终孩子们都学会了游泳。中国的孩子学游泳，通常是教练先给孩子们集中上课，把游泳的要领、规则、步骤、注意事项等清楚详细地讲明白，然后让孩子们到水中按照理论进行练习，最终大多数孩子因腻烦了枯燥深奥的理论，而放弃了游泳。

美国的孩子因为自己亲身体验，真实地感受了游泳的过程，领悟了游泳的技巧，最终学会了游泳，并喜欢上了这项运动。中国的孩子，尽管先接受了系统、专业的培训，但一下到水中，惊慌和恐惧便取代了规范，挤跑了要领，少数大胆的孩子学会了游泳，大多数则成为谙熟游泳理论的"旱鸭子"。

这让我联想到我国新一轮基础教育课程改革中所倡导的基本理念。孩子们在水中学"手怎么划""腿怎么蹬"好比是"体验学习"；把孩子们推下水好比是新课标中倡导的"创设情境"。从学生已有的认知基础和生活经验出发，创设一个个真实、有趣、富有挑战性的问题情境，引导学生通过亲身经历，将生活中获得的经验转化为学习的原点，将实际问题转化为教学问题，充分体验知识研究、发展的过程。在这个过程中，学生通过动手做，动脑思，动口议，获得了不同的体验，得到了不同的发展。

纸上得来终觉浅，躬行悟得始知深。体验是最好的教育，学生只有通过亲自体验，亲身感悟，才能真正理解，并使之最终沉淀到心灵深处，成为一种能力，一种素质，伴其一生。在教学实践中，教师要给学生创设更多的机会，提供更多的平台，使学生体验探究，体验过程，体验创新，体验成功。

（三）小心呀，首应效应

我终于学会了游泳，带着这份喜悦和自信，多次在温泉游泳馆享受水的滋润。

一次，朋友约我到市游泳馆游泳，也就是我第一次学游泳的地方。朋友极力宣扬，这里水清、人少、标准的游道，尽可以施展技艺。有多次温泉游泳馆游泳的经验，我便自信地前往了。

踏进市游泳馆，首先映入眼帘的是清澈见底的长方形水体，水面被彩色的浮漂分成若干泳道，四周竖着警示牌“水深2米，注意安全”，不锈钢梯子直竖水中，边缘没有高低错落的台阶。心中不免“咯噔”了一下，能行吗？这可是我的伤心地。

朋友兴奋地跃入水中，全副武装的我却不由地胆怯起来，迟迟不敢下水。这么深的水，脚不能着地怎么办；这么长的泳道，不能游完全程累了怎么办；这些塑料的浮漂能承受人的体重吗？尽管不少人正在水中畅游，我还是不敢下水。在朋友的再三鼓励下，我终于战战兢兢地顺着梯子下到水中。越盼着脚够到池底，寻求踏实的感觉，越是不敢沉入水中，好歹鼓起勇气深吸一口气扎入水中，游了不到3米还是抓住了浮漂。这下身处汪洋之中，愈发害怕起来，双手紧紧抱住浮漂，脚也忘记了摆动，只觉得身体不断地沉向水底。恰巧有人在我身旁压了浮漂穿过，浮漂一下子沉了下去，我的身子也跟着沉了下去，惊慌失措的我只好把身体平抬起来压在浮漂上并用双脚勾住。原来，彩色塑料浮漂的中间有一根粗大的钢丝绳，慌乱中我的脚撞到了。我狠狠心松开紧抓的浮漂，一口气游到池边，双手抓住梯子，这才松了一口气，爬了上来。我忽感隐隐的痛楚，这才发现脚面乌青，隆起了一个大包。

好险呀！明明在温泉游泳馆自由地游了许多次，怎么到这里就兀自胆怯了呢？脑中挥之不去的是第一次来这里学游泳时呛水的镜头。任凭朋友怎样劝说，我都不敢再下水了。

在外面等朋友的工夫，我深深回味着“第一次失败”的苦果。虽然一年过去了，虽然我学会了游泳，但面对伤心地，还是有太多的害怕和担心，第一次失败的情景始终控制着我。这就是心理学上的“首应效应”吧。

首应效应即初次效应、第一印象。人与人之间第一印象非常重要，它往往会影响彼此之后的交往。虽然第一印象很多时候是不准确的，我们做事应尽量克服那些主观的印象，应该用发展的眼光去看人看事，但作为教师，我们也应注意“第一次的形象”塑造，尽量留给学生好的第一印象。尤其是新学年伊始，我们又将迎来新的学生，更应该做好充分准备，采用积极主动的态度，见好第一次面，仪表端庄，面带微笑，亲切自信，让学生产生认同感；讲好第一次课，给学生留下工作认真、知识丰富、教学生动、课堂有趣的良好印象；处理好第一次偶发事件，反应快捷、处理果断、赏罚分明、公正民主，让学生产生信任感；批改好第一次作业，抛弃刺目的叉号，代以形象的图章，写上真诚的话语，让作业成为学生渴盼的交流。

诚然，教师的工作更多地依赖日久天长的努力和积累，但是，第一次美好的印象在一定程度上会为以后定好调子，为学生能快乐地享受学校生活奠定基础。

小心呀，首应效应。

文字是从心里跳出来的

著名作家魏巍谈到《谁是最可爱的人》的创作时，战争的情景依旧清晰地印刻在老人的脑海，他说，谁是最可爱的人，题目和文字不是硬想起来的，而是从心里跳出来的。

“从心里跳出来的”这不是一句普通的话语，它道出了写作的真谛，指明了写作的本旨。是的，《谁是最可爱的人》这样大气恢宏，这样深刻感人，这样广为流传，这样脍炙人口，其文字只能是从心底自然流淌出来的，只能是从生命里迸涌出来的。这才是真正的文字，是极具价值的文字。

我似乎知道为什么常常不知如何下笔，往往为写不出随笔而困惑和无助的原因了。也许，我们大多时候只是为写作而写作，即便绞尽脑汁挤出些东西，也缺乏鲜活，缺少生命，缺失灵气。在太过功利的目的和动机支配下，有的只是呆板文字的机械堆砌、生硬拼凑、枯燥罗列。这样的文字具有形式和骨架，却没有灵魂和思想，读来只会是味同嚼蜡。

教师生活在丰富多彩的教育教学一线，有无数的写作素材，鲜活的事例案例，课堂上的一个片段、一个细节、一个对话、一个动作，只要我们用心发现，用心感悟，其中必然有许多使我们心动的东西。“每个人的心中都有一扇向外开启的门，只有自己才能打开”，是不是因为我们对教育教学工作习以为常，对诸多学生熟视无睹，从而遮蔽了双眼，关上了自己的心门？是不是我们滋生了倦怠，减退了激情，从而徒生烦恼，重复岁月？

“从心里跳出来的”，多么富有哲理的话。当我们将自己的生命融入教育教学，融入每个学生的生命中时，我们的心也会时时被感动充盈，为学生的成长而喜悦，无数的感悟和想法也会汩汩地从心底流出，涌出，跳出。

简洁也是一种美

片段 1：在一次全市的优质课评比中，一位年轻的女教师这样引入“生态系统的物质循环”的教学，女教师问高二的学生：“同学们，你们听说过《小猫种鱼》的故事吗？谁能给大家讲讲?”学生面面相觑，一副难为情的样子，谁也不肯举手。女老师请一位女生讲述后，又播放了精心准备的“小猫种鱼”的卡通视频，夸张的动作，矫作的配音，足足持续了近 2 分钟。不知高二的学生“欣赏”着幼儿园小朋友喜欢的精彩动画有何感受，我自觉是坐不住的。

片段 2：一位教师在执教“对稳态调节的机制的认识”时，设计了建构内环境稳态与四大系统功能联系模型的活动。这位老师颇下了一番功夫，课堂上让学生用剪刀剪硬纸板，并用铅笔在不同的硬纸板上写上消化系统、呼吸系统、泌尿系统、外界环境等，然后通过拼接摆放来展示它们之间的关系，以此体验与新陈代谢有关的四个系统。学生对着课本上的示意图，剪出不同的形状，忙得不亦乐乎，“作品”完成后，教师没有请学生充分展示，认真分析，就匆匆结束了。说课时，该教师对自己的这个设计甚是满意，认为这个活动设计不仅可以达到废物利用的目的，还可以锻炼学生的动手能力和协作能力。

随着新课程改革的实施，“落实学生的主体地位，倡导探究性学习”的理念深入教师心中。教师在如何设计丰富的教学活动上很舍得下功夫。这的确是一种可喜的变化，能够落实学生的主体地位，激发学生的积极性，调动学生的学习兴趣，使学生在参与体验中，经历知识的形成过程，感悟科学的方法，成为课堂的主人。

然而，教学是由一系列的活动构成的，活动的有效性主要是指学生的思维活动是否活跃，思维状态是否积极。思维是内在的，其表面的热闹不一定是有价值的。

片段1中，教师费了很大的心思创设情境，却没有考虑到学生的知识层次和思维水平，本来一句“埋在土中的动物内脏，为什么过一段时间就消失了”就可以说明的简单问题，偏偏用多余无效的动画来故弄玄虚，其有效性和必要性何在？除了让学生哈哈一笑，白白浪费宝贵的时间外，思维的价值几乎为零，设计这样的活动有用吗？

片段2中，学生大干一番，又是照着课本画，又是动手剪，又是标注，又是拼接，如此轰轰烈烈的活动，就一定奏效吗？如果改为让学生在笔记本上画图分析，在静静的动脑中，学生定能认真思考，深刻理解。

活动不一定就是动手操作，动脑思考、认真分析也是高效的。删减不必要的活动，抛弃繁杂低效的环节，学生就会在凝练中享受思考的美丽。

简洁也是一种美，教学活动要简化，请给课堂“减减肥”。

呼唤我们自己的“星期三”

我曾看到这样一则资料。

每周三下午，法国的小学和初中不开课，体育馆、博物馆几乎都成了“学生专场”，出现了所谓的“星期三现象”。有些博物馆在“参观指南”中特别指出，最好避开周三下午。在法国，所有的国立博物馆匀免费为教师及18岁以下的年轻人开放，并为他们组织专场讲解。卢浮宫还有很多面向学生的服务项目，“艺术车间”是其中之一。所谓“车间”是集参观、讲解及自己动手三者于一体的艺术活动场所，是为了增加学生的艺术体验而设立的。如园林课，先由教师带领参观卢浮宫前的杜伊勒里花园，讲解其风格，回到“车间”后，学生用模具搭一个他们想象中的花园。位于巴黎东北部的维莱特“科学城”，还专门开设了“维莱特班”，中小学整个班可到“科学城”上课一至两周，学生利用那里的设备，在教师和“科学城”工作人员的双重协助下，完成一项科学小实验。

创新是一个民族进步的灵魂，是国家兴旺发达的不竭动力。当今世界，科学技术迅猛发展，国际竞争日趋激烈，国力的强弱越来越取决于劳动者的素质，取决于各类人才的质量和数量。因此，各国相继展开了以培养学生的创新精神和实践能力为重点的世界性的教育竞争。对此我国也进行了基础教育课程改革并提出了新的目标，即着眼于提高国民素质，发展学生的科学素养与人文精神、创新精神与实践能力、国际视野与民族精神、社会责任感与人生规划能力，使学生在全面发展的基础上实现个性的发展。《义务教育生物学课程标准（2011 年版）》（以下简称“生物新课标”）指出，改变学生学习方式，引导学生主动参与、勤于动手、积极思考，让学生在参与体验中感悟、构建新知。

然而，“上课记笔记，下课看笔记，考试背笔记，考完全忘记”依然是我们当前教育的真实写照。试想，在这样的教育境遇下，学生的创新精神又从何谈起？

我们无力改变教育的“大气候”，但是我们可以从自我的小天地——我们的课堂做起，“我的课堂，我做主”，给学生参与展示的机会，解放他们的手脚，让他们在动手动脑中经历和体验知识形成过程。

在我的生物教学中，尽管不可能给学生一个法国式的“星期三”，但每一节生物课都会设计几个活动和实验，让学生真正“动”起来。比如，学习“种子的结构”一节，可以让学生从家里带来菜豆、花生、玉米等种子，使之在“看一看、摸一摸、撕一撕、摆一摆、画一画”中自主探究。多余的种子可以种在玻璃瓶中，放在教室的窗台上，让学生观察种子萌发的过程，记录幼苗生长的变化，探究影响光合作用的因素、叶绿素形成的条件，观察植物的向光性。之后，将植物移栽到校园内，定期浇水、施肥、除草、松土，等待开花结果，让学生真切地了解绿色开花植物的一生。虽然没有高深的实验和探索，但这样简单的活动同样能激发学生的兴趣，使学生体验到探索的乐趣，激发创新的意识。这难道不是学生在生物课中的“星期三”吗？

我非常喜欢华东师范大学王斌华老师的一个观点：玻璃球比高尔夫球更有效。既然我们没有条件让学生玩高尔夫球，就让我们的学生玩玻璃球吧。弹玻璃球同样能锻炼动作的准确度、头脑的灵活性、手指的协调性，而且选择能力、判断能力、调控能力、合作能力等也都能得到锻炼和培养。还有一个更大的优势，玩玻璃球很少受条件的限制，只要有那么一寸土地，学生就可以爬下身子，乐此不疲。玻璃球就像“芝麻开门”的呼唤，一样能引导学生去发现、去探索、去创新。

也许我国基础教育的办学条件比起发达国家来还不够先进，不够现代，但是只要我们心中装着国家的未来，装着学生的发展，装着教育的使命，努力发挥我们的智慧，施展我们的才能，创造性地开展教育教学工作，同样能达到培养学生创新精神和实践能力的目的。

警惕语言“病毒”

镜头一：教师出示图片“蚂蚁的社群行为”，解释说“一只蚂蚁不能把虫子整死，许多蚂蚁合力就可以把虫子整死”。

“整死”，多么冷酷的字眼！听来，不觉心头发紧。“整死”，无论如何也不应该从为人师表的教师口中说出，倒像是黑社会老大的口头禅。这不单纯是用词的不恰当，更是一种对学生的巨大伤害。想想看，一个教师面对几十个学生，每个学生周围又有很多伙伴，如果他们都习惯了“整死”这样冷漠的词语，那么冷漠就会“感染”上百个学生。要知道，语言“病毒”的传染性是极强的。

镜头二：教师正在讲述“生物的耐受范围”。

教师：现在小金鱼正在水里自由自在的游泳。如果我们向鱼缸内倒热水，小金鱼会怎样？

学生：小金鱼会快速游动。

教师：继续向鱼缸内倒热水呢？

学生：小金鱼会被烫死。

向鱼缸内持续倒热水，固然能说明鱼对高温是有耐受范围的。但是，只要有些生活常识的人都知道，倒热水，对鱼是多么的不人道！学生在听到教师反复重复“倒热水”后，内心是否会麻木？同情心是否会不再敏感？

苏霍姆林斯基说过：“只有当情感的血液在知识这个活的机体中欢腾流动的时候，知识才能触及人的精神世界。”我们的生物课堂应该是流淌着情感的，生物教师的语言也应该是积极热情、温暖滋润的。

教育是培植生命的事业。教师应该让学生在每一堂课中生命都得以润泽。作为沟通重要载体的语言，需要教师认真揣摩。教师语言应该注意以下几个方面：一忌病语，教师使用不规范的语言，容易导致学生思维混乱；二忌冷语，冷漠、讽刺、挖苦、嘲弄性的语言，会伤害学生的心灵；三忌脏语，鄙视、侮辱性的语言，会让学生产生自卑心理；四忌咒语，揭短和盲目定论式的语言，会在学生心里埋下仇恨的种子；五忌浮语，浮夸、吹嘘和不切实际的语言，会使学生虚荣、浮躁。

细节的魅力

我到学校参观学习，有幸观摩了夏老师七年级的一节科学课“插头和插座”。俗话说文如其人，这次我却体会到了课如其人。恰如50多岁清瘦严谨而又诙谐幽默的夏老师，他的课严肃而不乏幽默、严谨，且充满活力。尤其是其中几个极富魅力的细节，使我深深地感悟到细节成就完美。我愿采撷下来，慢慢品味，细细琢磨。

镜头一：上一节是音乐课，下课后学生们依然沉浸在音乐的世界里，“嘻唰唰，嘻唰唰……”歌声充满了教室。离上课还有3分钟，夏老师早早地来到教室，他微笑着走到学生中间，看看这个，瞧瞧那个，不时和学生说几句悄悄话。奇怪的是，他的手始终捂着鼓鼓的裤袋，有学生好奇，问他，他总是摇摇头，夸张地保护着，引起学生更大的好奇。上课铃一响，夏老师走上讲台，也不说话，只是紧紧地捂着裤袋。学生瞪大双眼，不知道他葫芦里卖的什么药，安静极了。这时，夏老师将裤袋中的插头和插座掏出来，高高举起说：“这节课我们学习‘插头和插座’。”

感悟：针对初中生的好奇心理，夏老师故弄玄虚，有效地吸引了学生的注意力，将学生从充满激情的音乐中拉回来，巧妙地回笼情绪，激发学生兴趣，正是“此时无声胜有声”。这就是教育的智慧。比起我们的大声提示“上课了，请安静”，或者用力敲桌子，甚至点某个学生的名字，不知要高明多少。更重要的是，直观的教具接通了书本世界和学生的生活世界，创设了在生活中学习、学习生活中的科学的情境，使学生体验到科学就在身边。

“好的开端是成功的一半。”巧妙的引课是课堂教学的重要环节，高明的教师让学生急切地闯进课堂，平庸的教师让学生无奈地挪进课堂。

镜头二：课进行到一半，一个男生看来是坐不住了，东瞅瞅西瞧瞧，捅捅前位，翻翻桌兜儿。我注意到夏老师曾用眼神制止并走到他身边停留，但这些似乎都没能有效地约束、制止、提醒他。

教师：韩××，请你站一下，好吗？

该男生慢慢地站起来，怯生生地望着老师。

教师：我这有一个三孔插头，谁上来画一下？韩××，你先来怎么样？来！

该男生自信地跑上讲台，照着画了下来。

教师：韩××画的结构对了，再标上符号就更完美了。

该男生身子不由地挺了挺，开心地笑了。

感悟：教育不是不需要惩罚，关键是如何惩罚。夏老师在多次无声的提醒、制止后，让该生站一下，该生便知道这是教师对他的惩罚。紧接着教师设计了“画插座”环节，请他先上去画。在别的学生看来，教师喊其站起来只是为了让他上去画图而已。连续的动作中实际上进行了无痕的惩罚，既起到了教育的作用，又保护了学生的自尊。

“韩××画的结构对了，再标上符号就更完美了”这话说得多艺术！“韩××画的结构对了”是一种赏识的眼光，一种激励的表达。如果教师说“不标上符号就不算全对”，则是一种苛求。“再标上符号就更完美了”，这是一种方法的引导，一种科学的态度，一种完美的期待。教师的语言真的是一种艺术。

镜头三：观察线路图，并请学生找出黑板上画的图和课本上的图示不尽相同的地方，学生似乎都满足了。到这里这个知识点就应该顺利地结束了。这时坐在前面的一个女生轻声地说：“绝缘线的符号是什么？”夏老师把头转向她，可能没听太清楚，又询问了一遍：“你再说一遍好吗？”

感悟：教学不是机械的教案表演剧，不是严格执行预设的过程。不论教师课前做了多么充分的考虑，总会有一些无法想到的情况出现，更会有一些不可避免的小插曲。课堂是灵动的、生成的，恰恰是这些无法预测的情况使我们的课堂增添了变化的魅力，充盈着生命的活力。教师要有一双敏锐的眼睛，一颗敏感的心，关注学生的思维和反应，捕捉课堂上那些瞬息万变的细节，灵活处理课堂上随时发生的细节，及时调整教学，生成动态的课堂。

镜头四：当夏老师请学生思考插孔之间是怎样连接的，一个学生全面科学地进行了分析时，夏老师轻轻地拍了拍他的肩膀。

当学生七嘴八舌地谈论家庭安全用电的措施，而一个学生说出插座不能安装的过低，以免被水浸湿发生危险时，夏老师兴奋地说：“这点是你的新发现，书上没有提到。”然后，向这位男生握手祝贺。

感悟：教态是教师的基本功，肢体动作是无声的语言。课堂上，教师的肢体语言起着传递信息的作用。和回答正确的学生握手，轻轻地在学生的肩膀上拍一拍，这些细微的动作，使学生的自信得以培养，个性得以张扬，民主和谐的氛围得以创造，融洽的师生关系得以形成。教师课堂上非同一般的亲和力正是源于这些细节中。

课堂是由许多细节构成的，细节是一种关注、一种创造。“一滴水可以折射太阳的光辉”，课堂上的一个个细节，体现的是教师的理念、智慧和功底。

一个个细小但充满智慧的细节，让夏老师的课堂透着成功，彰显着魅力。我想，如果不是夏老师一个人带来插座，而是让每个学生都带来一个，那么每个学生都能够细致观察；如果夏老师不为了赶进度说“由于时间关系，这个问题就不多说了”，也许课堂会更完美。

不只是一块布

这是一节生物课，我早早来到教室等候。这节课学习“消化系统的组成”，年轻的女教师搬来了人体结构模型。模型真大，和人的高度差不多。模型刚一放到讲台，教室便炸开了锅：“脑袋是两半对起来的。”“那是心脏，还有肠子。”“还是个男的呢。”……学生好奇地议论着，前面的学生伸长了脖子，后面的学生干脆站起来，如果不是有听课老师在，学生肯定会围上去看个究竟。

在学生兴奋的争论中，上课铃响了。看得出来，尽管教师已经开始讲课，但不少学生的眼睛依旧停留在模型上。大约 10 分钟后，教师把模型搬到一个凳子上，依次讲解消化系统的各个组成器官。这时学生却没有了课前的兴奋，加上模型放的位置不够高，后面的学生看不完整，所以很多学生都低头观察课本上的插图。模型用完后，仍然放在凳子上，直到下课。

这是课堂教学中的一个普通环节——展示。

展示是在课堂教学中出示与教学活动有关的实物、模型、标本、挂图等可视课程资源，出示声音等可听课程资源，以及演示某种生理过程的动态课程资源。通过展示可以化抽象为具体，化静为动，变复杂为简单，可以激发学生的兴趣，帮助学生理解、突破难点。尤其是教具展示，更是生物课堂教学常用的教学手段，在生物课堂教学中发挥着特殊的作用。

展示教具是一个直观信息输入和输出的过程，教师应该抓住最佳时机，适时展示。教具出示的过早或过晚，都可能影响教学的效果。有的教师上课前就把教具放在讲桌上，过早地吸引了学生的注意力，而到该观察的时候，学生的好奇心已经消失，观察的兴趣自然就降低了；有的教师教具展示完后，没有及时收好，导致学生的注意力还停留在教具上面，从而影响下一阶段的教学活动。

展示教具的时间要适当。如果教具展示的时间过短，学生不能仔细观察，无法全面细致地理解，这会影响观察的效果；如果教具展示时间过长，学生的兴趣便会减退甚至消失，从而失去展示的意义。

展示教具的环境要适宜。展示要面向全体学生，把教具放在显眼的位置，保证教具在所有学生的视野范围之内，而且光线也要充足。尤其是随着多媒体技术的发展，课件在教学中被普遍使用，为了保证课件的演示效果，教师通常会拉上窗帘或关上灯，以便营造较暗的环境。在这样的环境下展示教具效果会很差，所以教师要格外注意。

展示的教具尽量清晰。这就要求制作和选择教具时应充分考虑其大小、体积，保证学生能清楚地进行观察。也可以考虑配合实物投影仪，适当调整实物投影的摄像头角度，以达到最好的观察效果。另外，教师也可以走下讲台，到学生中间巡回展示教具，让学生近距离观察。

教具展示要配合恰当的讲解语言。讲解语言起着接通通道、输入信息的作用。教师在课堂上突然出示一种教具，如果不进行一定的说明，学生可能一下子无法弄懂，这样既达不到直观形象化解难点的目的，又会导致学生跟不上教师的思路，出现短暂的"思维短路"。而一段时间的思维障碍又会直接妨碍学生对后面的知识的理解，从而影响整堂课的学习效果。讲解不仅要介绍教具的结构、特点，更重要的是启发学生思维，使学生的观察和思维同步，促使学生将事物的外部表象上升为理性认识。

第二天是另一个班级的生物课，我特意挑选了一块淡绿底色带素色小花的布，课前让执教老师将人体模型罩起来，并藏在讲桌下面，有学生悄悄掀起看个究竟，我叮嘱他严守秘密。课上突然展示的模型，吸引了学生的注意，学生观察得格外认真。展示完成后，我提醒执教老师及时收起并罩起来。

在这里，那一块普通的布激发了学生的好奇，激活了科学的神秘，激起了学生探究的热情。

生物课堂中学生有效探究的思考

现代建构主义学习理论告诉我们，学生学习知识的过程，是一个以积极心态调动原有知识经验，发现新问题，同化新知识的主动构建过程。生物新课标中明确提出，生物科学是一个不断探究的过程，其倡导探究性学习，力图改变学生的学习方式。在生物课堂教学中，采用有效的探究策略，能够真正落实学生的主体地位，使整个课堂充满生命活力，促进学生生物科学素养和创造才能的发展。我们欣喜地看到，在新课程理念的引导下，越来越多的生物教师在课堂教学中尝试设计多种多样的探究活动，开展探究性学习，并取得了一定的教学效果。然而冷静下来，我们会发现，在实际教学中由于自身科学素养的限制及对生物新课标理解的偏差，部分教师形成了许多对探究学习片面甚至错误的认识，许多貌似热闹、自主的探究，实则流于形式，有的甚至本末倒置、舍本逐末。这些问题亟待我们全面查摆、认真分析、有效解决。

一、生物课堂中的“无效”探究案例

【案例 1】

一位教师在执教“食物链和食物网”一节时，首先出示图片——DDT在食物链中的传递。图上清楚地显示着DDT在浮游植物体内的含量是3.5×10^{-9}，浮游动物体内的含量是4×10^{-8}，小鱼、大鱼和鱼鹰体内的含量分别是5×10^{-7}、2×10^{-6}、2.5×10^{-5}。通过解读数据、观察分析，学生清楚地知道了随着营养级别的升高，DDT的浓度逐步增加。之后，教师又设计了

"DDT在食物链中的传递"的探究活动。

用手绢代表DDT，手绢块数越多，则DDT的浓度越大。请8名学生扮演浮游植物，4名学生扮演浮游动物，2名学生扮演鱼，1名学生扮演鱼鹰。这15名学生在讲台上依次站好，教师在8名扮演浮游植物的学生头上各放置一块手绢。然后，教师在一旁"指挥"："浮游动物游过来了，开始捕食浮游植物。"于是，每2名"浮游植物"将各自顶在头上的手绢放到1名"浮游动物"头上；接着，8名"浮游植物"退场。教师继续旁白："鱼游来，把浮游动物吃掉了。"这时，每2名"浮游动物"将手绢放到1名"鱼"头上后走下讲台；接下来是2名头上顶着4块手绢的"鱼"把手绢放到"鱼鹰"头上；最后，讲台上留下1名扮演鱼鹰的学生，他的头上摞着厚厚的8块手绢。在学生的笑声中，探究活动结束了。然而不知道学生们是笑滑稽的表演还是真正领悟了DDT传递的规律？

尽管教师和学生通过分析各级消费者的手绢数目，得出了DDT浓度随着消费者级别的升高而逐步增加的结论，引出了生物富集的概念。但从这个环节所要达成的目标、存在的价值来说，这次探究活动的效果是大打折扣的。本节课的重点是"食物链"和"食物网"的概念，通过生物的富集现象只是说明物质和能量的传递随着食物链这个渠道而进行。与"模拟生态系统中的食物网"等探究活动相比较，实施"DDT在食物链中的传递"探究活动就显得有些偏离重点、哗众取宠。这样庸俗浅显的探究是对探究的泛化，既浪费学生宝贵的学习时间，影响教学进度，又降低学生主动探究的热情，打消学生真正探究的兴趣。

【案例2】

课题："食物中含有淀粉、蛋白质和脂肪"的探究实验

学生3人一组进行实验。实验材料有面粉、花生、烧杯、试管、滴管、碘液、白纸、匙子、纱布、单面刀片、清水等。

教师：我们每天吃的食物多种多样，大家知道食物中含有哪些营养成分吗？下面我们就通过探究实验来寻找答案。首先，请同学们认真阅读课本"实验指导1"。

学生阅读相关内容。

教师：看明白了吗？接下来请各小组严格按照课本上的步骤完成第一个实验。

学生分组仿照课本上的方法进行实验。

教师：通过实验大家鉴定出面粉中含有哪种营养成分呢？

学生：淀粉。

教师：很对。下面请大家再按照课本上的“实验指导 2”和“实验指导 3”，完成另外两个实验。

学生分组仿照课本上的方法完成实验。

教师：通过实验大家鉴定出面粉和花生中分别含有什么营养物质呢？

学生：蛋白质和脂肪。

教师：很好。通过实验，我们鉴定出了食物中含有淀粉、蛋白质和脂肪三种营养成分。除此之外，食物中还含有水、无机盐和维生素。

虽然食物中含有淀粉、蛋白质和脂肪的实验结论是学生自己通过实验得出的，但是在整个探究活动中，学生只是按照教师的设计和教科书的说明机械地操作，缺乏发现问题、提出问题和创造性解决问题的主动参与意识。这样的探究活动虽然有探究的一系列步骤和学生动手的外显活动，但仍没有摆脱灌输的价值取向，只是抓住了探究的形式和外壳，却丧失了探究活动的本质和灵魂。

从上面的案例来看，学生的探究活动一度处于一种盲目的状态，是一种低效甚至无效的探究活动。上述问题并不是个别现象，而是目前教学中普遍存在的问题。

二、生物课堂探究实施中存在的问题

1. 探究活动的盲目性

探究活动的主要目的是为了解决学生学习时产生的困惑与问题，对于一些学生能自主解决的浅显问题，是无需“兴师动众”地组织探究实践活动的。在教学中，部分教师缺乏教学目的性和针对性，一味滥用探究活动，营造表面热热闹闹的学习氛围，为探而探。这种看似活跃的课堂教学实则是浪费时间，使教学效果大打折扣。

2. 探究活动的无序性

初中生的自制能力较差，在进行自由探究活动时，课堂难以调控。如果教师没有较好的调控能力，学习过程常会陷入混乱，使学生的学习处于一种浮躁状态，教师只是由过去的“主宰者”变成现在的“旁观者”，探究活动流于形式。

3. 探究活动的被动性

探究活动多以小组合作的形式进行，在小组讨论时，有的学生抢着发言，有的学生却一言不发；有时一个学生发言，其他学生不认真倾听，而是各说各的，彼此之间的合作不是在相互尊重、相互信任的前提下进行的。另外，教师总习惯于让学生在探究活动中得出预先设计好的某一个科学结论。而且为了使学生能尽快获得此结论，教师便想方设法把学生的思维往自己需要的方向引导，至于学生在探究过程中提出的一些其他问题，教师则常常采取回避的态度。在这种课堂教学中，学生缺乏实质性的参与，处于跟着教师思路走的被动状态，探究活动和合作学习的价值没有真正体现出来。

4. 探究活动的表面性

学生的探究还只停留在嬉玩活动的层次。探究活动不仅包括学生的动手活动过程，还包括学生的动脑思维过程，探究的本质是思维，离开了思维的动手活动，只能是无意义的机械操作，使学生始终停留在感性认识的基础上，从而导致构建知识目标的缺失。

这些现象绝非个别现象，甚至在生物课堂中还有着很大的普遍性。探究活动直接影响着学生生物知识的积累、能力的培养和生物科学素养的全面提高，也关系着新课程改革的成功与否。因此，教师应对探究活动的安排和开展进行科学的分析，采用一定的教学策略，进行有效探究。

三、生物课堂有效探究的实施策略

1. 确定核心知识，凸显探究价值

教育家吕型伟先生说过这样一段话：“不能什么都让学生自己去研究，因为学习的间接经验是很重要的，在学习期间，这是重要的途径。学生主要是学习和掌握别人的经验。好事也别走过了头。”吕老的话为我们敲响了警钟：教学是严肃的问题，千万不能搞虚假的形式主义。在实施探究教学时，很多教师都会问这样的问题：“是不是所有的知识都要探究?”答案非常明确，并不是所有的知识都要探究。但接下来的问题就是，既然不是所有的知识都要探究，那么，什么样的知识需要探究呢？这是实施探究首先需要解决的问题。

（1）值得探究的知识

探究的内容应该是生物教学中的核心知识、重点知识。如核心概念、重要结构、关键生理过程、基本规律、基本原理、必要的技能等，是对学生理解生物现象和生命活动规律，构建生物知识结构具有重要价值的知识。比如，案例1通过各营养级中DDT含量的数据分析，就可以轻松地使学生理解生物富集现象，教师却还要设计模拟探究活动，且不说活动实施过程中存在许多不科学之处，单就活动的价值和意义而言，完全是为活动而活动，徒有虚名，追求形式。

（2）探究能否有效实施

除了要考虑这一知识值不值得探究以外，还要考虑能不能够进行探究。知识能否探究受多方面因素的影响。其中，学生和资源是两个较为突出的制约因素。就学生而言，如果问题过易，学生仅凭已有的经验或知识，不需要思考就能解决，这个问题就不需要安排探究；如果问题过难，超出学生目前的接受能力，这个问题也不适合探究。就资源而言，要考虑实际教学资源。如果不具备探究所需要的实验仪器和设备，那么，尽管这个问题值得探究，也无法安排探究活动。

总之，在选择探究内容时，既要符合学科知识、体系要求，又要符合学生能力的逻辑发展，以及教学计划的安排。

2. 创设问题情境，激发探究意愿

苏霍姆林斯基说过：“如果学生没有学习愿望的话，我们所有的想法、方案和设想都会化为灰烬，变成木乃伊。”没有意愿，探究学习只能是空洞的、苍白的。人的思维起始于问题，有了疑问，才能深入地思考。学贵有疑，问题情境具有情感上的吸引力，容易激发学生的好奇心，激起学生学习的兴趣，使学生产生探究的欲望，主动参与探究过程。

（1）利用身边的生物学现象营造探究情境

例如，在学习“性状的遗传”时，课前布置学生就某一性状（眼皮的单双、耳垂的有无、舌能否卷曲、大拇指能否向背侧弯曲、发际边缘是否平齐等）在家庭内进行观察和记录，课上交流汇报，并就某种性状的遗传表现进行归纳汇总，如父母和孩子的眼皮单双这一性状可以列出以下遗传形式：双×双→双、双×双→单、双×单→双、双×单→单、单×单→单。学生会对发生在自己身上的遗传现象表现出浓厚的兴趣，进而激发出强烈的探究愿望。

（2）利用生物科学史再现问题情境

生物科学史既是对学生进行生物科学素养培养的良好载体，也是课堂中再现问题情境的极好材料。例如，在学习“光合作用的原料”时，展示17世纪比利时科学家海尔蒙特的柳树实验：将一棵柳树苗植入装有土壤的木桶中，让树苗接受阳光照射，并且只用雨水进行浇灌。5年后，他发现柳树的重量增加了80多千克，而土壤只减少了不到100克。面对确凿的数字，学生产生了问题：柳树增加的重量是从哪里来的？经典的实验带给学生强烈的思维冲击，使学生站在巨人的肩膀上去探索发现、溯根求源，无形中增加了学生神圣的责任感，激发了学生强烈的探究欲望。

（3）利用当下生物热点创设问题情境

我们都有这样的体会，学生对发生在身边的一些事件总是表现出浓厚的兴趣，如电视广告，报纸杂志、网络媒体上的内容等。所以教师平时要留心搜集这些教学素材，让学生走进现实情境，以此激发学生的探究兴趣。例如，对“转基因”一词，我们并不陌生，如转基因牛、转基因鱼、抗虫棉、转基因大豆压榨油，转基因西红柿等。在学习“基因工程”时，我们便可以从各种媒体上搜集关于“转基因”的文字、图片、视频等，展示给学生，让学生在强烈的视觉冲击与思维碰撞中去思考什么是“转基因”？不同生物之间为什么能“转基因”？基因又是如何“转”的？于是，学生在急切的期盼中，在思维高度的兴奋中，进入了“转基因”技术的探究。

（4）利用小实验搭建探究情境

生物学科本身就是一门实验性的科学。有些内容的教学可以通过实验来创设情境。如在学习“植物的呼吸作用”时，不少学生误认为，植物在白天进行光合作用，在晚上进行呼吸作用。课上我们进行了演示实验：在透明塑料袋中放置一些新鲜的韭黄，从塑料袋内通出一根带有止水夹的玻璃管，提前放置到教室的窗台上，以便进行光照。几个小时后，将玻璃管通入盛有澄清石灰水的试管内，挤压塑料袋，观察石灰水的变化。巧妙的实验设计，纠正了学生的片面认识，取得了良好的探究效果。

3. 营造民主氛围，激活探究热情

陶行知先生说过：“只有民主才能解放大多数人的能力，而且使大多数人的创造力发挥到高峰。”心理学家认为，开朗、愉快、乐观、自信的情绪，能增强人的大脑的功能和整个神经系统的张力，促使人思维活跃、情绪高涨、精力充沛、心境旷达，从而从容地思考问题，表达自己的意见。新课程理念也提倡营造一种生动活泼、民主平等的教学氛围，使学生在相对自由的空间里，积极思维、乐于探索。可见，创设民主、和谐、宽松的课堂氛围，是实施有效探究的前提条件之一。

生物课堂上，教师要拥有良好的心态，相信每个学生都是天生的探索者，尊重学生在探究活动中的个性发现，使学生在心理上产生安全感，从而进入最佳学习状态。如在使用显微镜观察洋葱鳞片叶表皮细胞时，大多数学生采取纵向撕取鳞片叶表皮的方法，撕下的表皮往往比较卷曲，在水滴中不容易展平。而有的学生则发现如果横向撕，薄膜不卷曲，在水滴中容易展平。还有的学生没有按照课本上的实验过程盖上盖玻片后再染色，而是直接将碘液滴在载玻片上，省略了染色环节。对此，教师非但没有斥责否定学生，反而表扬学生敢于创新，使学生产生心理安全感，更敢于大胆探索了。可见，民主、和谐、宽松的课堂氛围，能使学生处于主动的探索状态，使探究成为一种自身发展的需求，极大地提高探究的有效性。

4. 尊重学生差异，鼓励个性化探究

新教材中的一些探究活动具有很大的开放性，没有统一的标准答案，有利于学生个性的发挥。但在实际教学中，有些教师往往是“统一多，个性少”，在组织学生进行探究活动时，往往预先设定一个具体的“目标”，并千方百计使之达成。学生稍有偏离，就会被教师强行拉到设定的轨道上来，使学生缺乏探究的“自由度”。这样的探究活动，实际上妨碍了学生富有个性的学习，甚至成为另一种形式的“注入”，不利于学生的自主发展。因此，教师在探究活动中要关注学生的个体差异，让学生有一定的“自由度”，允许学生不必拘泥于教材和教师提供的指导方法，鼓励学生进行多角度、多层面的个性化探究。如在“探究环境因素对鼠妇生活的影响”时，各小组制作了不同的简单装置进行实验，得出了不同的探究结论：空气、水、光、温度、土壤等环境因素对鼠妇的生活都有一定的影响；鼠妇喜欢生活在阴暗潮湿的环境中。教师鼓励学生多角度去探究，对培养学生的探究兴趣、探究能力，提高探究的有效性起着重要作用。

5. 提供时空保障，提高探究成效

探究需要一定的时间保障。在探究教学中，教师必须把探究时间让给学生，因为学生要有时间研读材料、沉思默想，要有时间整理思路、组织语言，要有时间修正错误，还要有时间开展讨论、争论。即使参与同一个活动，每个小组所需的时间也不尽相同，因此教师要处理好时间问题，多关注速度慢的小组，可引导速度快的小组进行整理实验结果或尝试从其他角度进行更深入的探究。只有让学生有充足的时间沉浸在科学活动中，才能使他们充分感受探究的乐趣，提高探究的实效性。

留给学生宽松的活动空间，是提高探究活动有效性的重要手段。心理学研究表明，思维往往是从动作开始的，如果切断活动与思维的关系，思维就不能得到发展。动手操作可以调动学生多种感官参与活动，把学生推到思维活动的前沿。但在实际教学中，有些教师虽然也很重视操作活动的设计，但考虑到教学时间，操作活动只能来去匆匆，草草收场。这种“形式多，实质少”的现象，只是追求活动表面的热闹和形式，活动的空间并不大，忽视了对活动内在过程的有效转化和品质提升，使活动流于形式，难以收到实效。因此，教师应尽可能在课堂上留给学生充足的空间，精心引导学生最大限度地参与探究活动，促使他们手、眼、脑、口多种感官并用，使他们在亲身实践中，真正经历知识的形成过程。

6. 适时点拨引导，促进探究深入

探究教学中，学生的主体地位应该得到保障，但这并不等于学生就一定能开展主体性学习，如果缺乏教师的有效引导，仍不会取得好的教学效果。因此，教师要通过有效的指导，使学生从模仿到主动，逐步进行探究学习。教师在引导的过程中要做到适时、必要、谨慎、有效。如果教师介入过早，会阻碍学生的自主发现；如果教师介入太晚、引导无效，则会使学生长时间处于盲目状态，不仅浪费时间，还无法完成教学任务。

如在“探究生男生女的奥秘”活动中，当各小组完成探究活动，全班汇总数据，计算出“生男”和“生女”的比例大约是1∶1，成功地完成了教材上的任务后，教师适时地提出改变实验假设。在写有“男”字的袋子内放入10个代表“生男”精子的黄色乒乓球和5个代表“生女”精子的白色乒乓球(即假设男性产生的“生男”“生女”两种精子的比例不是1∶1)，再让学生随机摸球，结果最后统计发现“生男”和“生女”的几率不相同。由此，帮助学生从本质上理解生男生女比例基本相同的原因是男性产生X、Y两种精子的比例是1∶1。这样的改进能将探究活动进一步引向深入，使学生真正从探究中有所收获，增进了学生对自然规律的认识，提升了学生的科学素养。

7. 搭建交流平台，引导合作探究

学会合作与交流是现代社会所必需的，是新课程改革所强调的，也是生物探究活动应当提倡的。心理学研究表明：青少年具有喜欢与人交往、好表现的心理特征。因此，教师要在鼓励学生独立思考的基础上，有计划地组织他们合作探究，培养他们的合作精神。但在实际教学中，却常常出现“合作多，交流少”的现象，由教师的“一言堂”演变成某一学生的“一言堂”。产生这种现象的原因是教师对合作探究的意义缺乏深层次的理解，使合作探究未能建立在学生独立思考和自主探索的基础上。同时教师又缺乏对小组中所有成员的关注，使得交流活动成了小组中优秀生的独角戏。这样的探究活动使“合作”成了“独做”，交流形同虚设，很多学生成了“探究”的观众。

教师要教给学生合作学习的方法。对教师来说，合作前，应要求小组确定目标，明确分工，分步实施；合作时，要适当点拨，引导学生积极探索，充分发挥想象力和创造力；合作后，要让学生畅所欲言，分享收获和体会。对学生来说，要学会倾听，不随便插嘴打断，认真听别人发言；要学会发言，学会独立思考并围绕中心话题发言，看法要有理有据，对别人提出的质疑，要耐心解释；要学会分享，在交流中不断完善自己的认识，不断产生新的想法，同时也在交流和碰撞中，学会理解他人，尊重他人，共享他人的思维方法和思维成果。

8. 调整评价方式，形成探究风气

苏霍姆林斯基说："在人的心灵深处，都有一种根深蒂固的需要，就是希望自己是一个发现者、研究者、探索者，而在儿童的精神世界中，这种需要特别强烈。"所以教师的评价不仅要能激发学生心灵深处那种强烈的探求欲望，而且要让学生在探究活动中获得成功的情感体验，促使学生保持足够的探究热情，进而产生强大的内在动力。

（1）激励性评价

教师的信任和鼓励是学生进步的巨大动力，这一点早已被教育家马卡连柯的实践所证实。评价不仅要注重学生探究活动的结果，更要重视探究活动的过程。当学生在探究活动中提出自己独到的见解或者取得一定进展时，即使这种进展微不足道，教师也要及时给予肯定和鼓励。

（2）期望性评价

教师的期望会对学生产生潜移默化的激励作用，成为学生继续探究的动力。当学生在探究活动中气馁时，教师应该用热情的言语、期盼的表情、信任的目光给学生以激励，让学生重新燃起探索的激情，信心百倍地继续探究。当小组合作探究碰到疑难问题无计可施时，教师不仅要给予必要的指导，还要及时肯定他们是善于动脑的团队，并鼓励他们发挥集体的聪明才智，相信他们能够解决问题。

（3）延迟性评价

适当的延迟性评价有利于培养学生的创新思维和实践精神。当学生在探究活动中，产生不同于教师或有异于教材的想法，并按照自己的思路开展独特的探究时，即使他们的探究是不规范、不严谨，甚至是不科学的，只要没有造成严重的后果，教师就不应立刻制止，急于指正。要舍得让学生经历失败，因为从错误中获得的体会更有价值。当然，探究失败后，教师要帮助学生找出原因，进一步修订完善探究方案。比如，在"探究影响鼠妇分布的环境因素"时，有的学生在纸盒底部铺上了一层土壤，尽管他们设计的对照实验合理，操作也没有问题，但是却无法统计出实验后鼠妇的数量，难以完成探究活动。此时，教师鼓励他们从失败中探寻原因，学生经过观察、分析发现，原来有些鼠妇钻进土里去了。于是，他们改用卫生纸代替土壤，实验得以顺利完成。

探究的有效性是多方面的，既要关注探究内容的有效性，又要着眼探究方式的有效性，也要注重课堂探究过程的有效性，更要强化探究价值的有效性。提高探究的有效性是一个不断实践的过程，要注重科学理论的指导，避免盲目性；要紧密联系学生实际，增强针对性；要深入挖掘探究内容，增强创造性。如果教师都能在教学中多思考、多探索这些问题，那么实现探究教学的本真意义也就为期不远了。

停下来，等等你的灵魂

一群美国人，在美洲丛林探险，聘请了当地印第安人做向导。前三天印第安人勤勤恳恳，但第四天坚决不肯走了，要求休息。美国人问为什么，印第安人说："人走路走了三天，走得太快了，灵魂就会赶不上躯体。所以，要停下来休息一天，等等你的灵魂。"

印第安人的话极富哲理。走得太快，沿途的美妙风景和独特体验来不及领略和品味，原先的设想和初衷顾不上思考和审视，则有可能在匆忙赶路中迷失了我们的灵魂。

模块三"初中生物学中的概念教学"给我们以警醒。新课程改革以来，我们过于关注探究式学习方式的转变，过于乐衷探究活动的开展，似乎课堂上学生不探究、不动手、活动少就是落伍的表现，就是与新课程改革不合拍。不少教师盲目追求课堂上的学生动手操作活动，甚至追求一些形式新颖、不合时宜、不合规律、完全"放手"的学生探究活动。其结果是，课上热热闹闹，课下收获寥寥，无助于学生对知识的理解，更谈不上对概念的构建和迁移应用。

生物新课标明确指出，概念是生物学课程内容的基本组成。重要概念处于学科中心位置，教学活动要围绕这些重要概念来组织和开展。建立概念是教学的目的和内容，探究活动是载体和形式，形式是为内容服务的。教学过于追求丰富和翻新的形式，而忘却了内容的达成和获得，恰如一味贪图赶路，而忘记了出发的目的。是时候停下来，回头看看想想了，我们的"灵魂"跟上了吗？

我们的学科教学又何尝不是如此呢？本次研修模块一的作业"请用自己

的话，说出生物学课程的价值和目标”，这是生物教学最上位和顶层的目标，是生物教学的圭臬和宗旨。只有清晰地明确了这个核心问题，教学才能围绕这个目标依次展开，才不至于迷失方向。那样，一节课中的知识目标、能力目标、情感态度与价值观目标就不会再互相割裂或者顾此失彼。我一直坚信这样的观点：“教学生三年，想学生三十年。”经过两年或三年的生物学习，学生走出校园后，还能记得多少考试时的知识呢？留在他心里、渗入他脑海的只是生物学的素养。“忘掉考试后，剩下的就是教育”的精辟观点，也是我们生物教学的“灵魂”。是时候停下来，回头看看想想了，我们的教育教学“灵魂”跟上了吗？

我们整个的研修又何尝不是这样呢？对研修的热度和期许，让我们过于关注评论的多少和浏览的数量，为了排行榜上的位置，有些教师点击鼠标的速度甚至超过了大脑反应的速度，打开一篇作业或者文章，一目十行甚至瞄一眼，就轻易地留下了不少于 20 个字的点评，甚至按住 Ctrl 键同时打开多篇作业，将评论复制后连续点击粘贴，多次重复操作。别人的作业有哪些值得学习的优点，有哪些值得学习的经验，有哪些是自己教学中忽视的，对自己的教学有何启发……来不及考虑自身，顾不上仔细思考，在匆匆忙忙中、在一味前行中、在目不斜视中，我们走得太快、太急了，对于本次研修的目的和“灵魂”——“立足行动反思，着眼行动改善”是否有所忽视，抑或忘记？是时候停下来，回头看看想想了，我们的“灵魂”跟上了吗？

纪伯伦说：“我们走得太快，以至于忘记了为什么出发。”让我们适当地放慢脚步吧，等等我们的“灵魂”，让“灵魂”跟上我们的步伐。

别 把手指当月亮

庙里住着一个老和尚和一个小和尚，小和尚问老和尚什么是月亮。老和尚用手指着月亮告诉小和尚，那就是月亮。可怜的小和尚只看到了老和尚的手指，便把老和尚的手指当作了月亮。实际上，月亮分明在手指指向的遥远的地方。

教学何尝不是如此？如果我们教给学生的只是机械堆积的知识而没有看到知识背后的价值，不注重教会学生思考、感悟，不注重帮助学生自我建构，不注重培养学生的学科素养，那也就是“错把手指当月亮”。

我欣赏一位特级教师的话：“我不是教化学的，我是用化学来教学的。”推而广之，我们每一个学科教师，首先应该是教师，其次才是学科教师。我们虽然执教不同学科，但是知识是相通的，我们应该跳出学科看教育教学。教育的最终目标和主旨是一样的，都是为了促进每个学生全面健康的发展。所以，我们是通过不同学科的载体，来实现相同的教育目的的。

观摩了李红梅老师执教的“由立体图形到视图”，我收获颇多。那是一节非常成功的课，李老师表现出高超的教学水平，其对数学学科教学价值的深刻理解尤其值得学习。上课伊始，师生共同诵读苏东坡的《题西林壁》，然后，李老师请同学思考：诗中从哪几方面描写山？横、侧、远、近不同角度的描述仍旧“不识庐山真面目”的原因是什么？很自然地引入了视图。问题情境创设新颖，巧妙自不必说；激发学生的学习兴趣，调动学生的思维积极性也不必说；更深层的是教师通过有效的学科整合，将人文学科的韵味渗透于自然学科的求真中，实现了求善和求真的融合，彰显了数学学科的人文价值。

课结束时，透过三维视图，李老师提炼出了其深刻的内涵：“正如几何体的视图应包含正视图、左视图、俯视图一样，看待事物也应是多角度、多侧面的，对待人也要多层次、多方位，这样才会更全面、更和谐。”让学生通过数学的学习形成待人处事的科学思维、科学态度，形成数学素养，这就是数学学科的育人价值。也许，具体的数学知识随着时间的推移，学生有可能会忘记，但是，学生学习到的思维方式会渗入他们的脑海，融入他们的思想，内化为他们自身的行为，并伴随他们一生。

另一个课例是网络环境下的语文综合课《只有一个地球》，整节课的环节设计巧妙、科学，学生积极参与，教学资源利用充分，教学效果显著、高效。在诸多的成功之中，我感受最深的是教师先进的教学理念和她对语文教学的深刻理解。教师：“面对地球的慷慨，人类又是如何回报的呢？课文中哪些词语体现出人类行为的自私？找出这些词语并说说你的感受。”也许有人会说字、词、句、中心思想才是语文教学的任务，思想道德教育不是语文的主要功能。我却认为，人的成长是多方位、多因素综合作用的结果。在这个教学片段中，学生在抓住关键字眼体会文本内容的同时，其内心一定在进行着激烈的活动：预想严重后果，审视当下人类的不良行为，为地球的将来忧患，为人类的明天叹息。在悄无声息的思考中，保护环境、爱护地球的意识和责任感在学生心中油然而生，这种经由心灵震撼而滋生的情感，必将自发自觉地外显于学生的日常行为中。

这就是语文的力量，词语的魅力。行文至此，我的眼前屹立着一座山。像这位执教教师那样，有着对教学的深刻理解，有着自己独特教学思想的教师，就如同一座山，他们引领学生登上山峰眺望远方，领略天空美丽的风景；而那些只是紧盯着呆板枯燥的静态书本知识，局限于考试技能培养的教师，至多爬到了半山腰，他们是无法敞亮视界，感悟人生的。

“别把手指当月亮”，这应当是一个优秀教师孜孜追求的。我们每一位教师不仅要让学生看到“手指”，更应引领学生看到“手指”远方的“月亮”。

体验是最好的教育

我曾经看过这样一个事例，为庆祝“七一”党的生日，教师在精心布置的教室里点燃蜡烛，捧来蛋糕。教师带领学生齐唱生日歌时，有学生不解地问：“党是谁？为什么党不来？”在孩子们看来，只有人才会有生日，在他们幼小的心灵里，党也应该和他们一样是某个具体的人。其实，孩子的想法不无道理，这是由他们的经历和体验所决定的。想想自己，我们这代人是在爱国主义教育下长大的，记得小学语文课本的第一课是《伟大的祖国万岁》，我们是中国人，我们要热爱祖国、热爱党，这些观念尽管早已融入血液、深入灵魂，但是祖国的具体含义却不是容易清晰表达出来的，这是一个神圣的词语。

这次走出国门，踏在美利坚合众国的土地上，我才真正地体验到祖国是那样的具体和亲切。我们第一天到木桥小学参观时，接待室的主席台上竖立着五星红旗和美国的国旗，第一项议程是全体起立，演奏中国国歌和美国国歌。当雄壮的国歌响起来时，我们每个人的心中都充满了激动，熟悉的旋律变得那么神圣，仿佛一个离家的孩子找到了母亲，我的泪水不由自主地夺眶而出，那一刻，我清楚地懂得了祖国就是自己的亲人，每个中国人都是祖国的代表。在我到 Woodstock 高中报到时，在隆重的欢迎会上，镇教育局局长在致辞中提到，我们的到来为山东和康涅狄格州（以下简称康州）的教育架起了一座桥梁，必将促进中美教育的共同发展和完善。我们肩上的责任顿时巨大起来，此时的我们不仅仅代表自己，更代表我们伟大的祖国。行程接近尾声时，为减轻旅途的疲惫，团长提议我们唱歌，很自然地“同一首歌”“难忘今宵”“歌唱祖国”等歌曲在车里回响，唱着唱着，有几位女教师还流

下了眼泪。在我们每个人心中，祖国再一次高大、具体起来。

这就是体验，不必用华丽的辞藻描述，也不必用动听的言语表达，身临其境地亲身体验、亲自感受才是最有效、最实际的注解，才能获得最深刻、最全面的理解。从中，我也懂得了什么是教育，并理解了美国的教育。

在一节有关希腊历史的高中课上，一位美国教师安排了这样一个教学程序，让各小组根据所搜集的材料设计一个活动，表现古希腊人的生活，并且说明这样设计的理由。半节课的时间，学生四人一个小组，有的坐在地上，有的在走廊里，利用不同的工具和材料设计着各自的活动。虽然我没有欣赏到学生们的表演，但是从他们的主动参与、积极配合中，我知道学生们的收获一定不小。因为，他们亲自体验了。在美国的课堂中，这样的设计不在少数。“纸上得来终觉浅，绝知此事要躬行。”虽然讲授能够在短时间内使学生获得大量的知识，但是，亲身体验、亲自参与了，体会会更深刻，理解会更深入，感受会更强烈。

我国新一轮课程改革倡导“学生要关注社会，培养参与社会事务和决策的能力”。尽管教师们知道这样的能力对学生将来走向社会很有益处，但在实际教学中操作起来还是比较困难的，或者实施起来是不太现实的。在美国的学校教育中，这方面工作却落到了实处。我们有幸参加了 Woodstock 镇的镇长竞选演说。有 11 位美国高中学生居然全程参与其中，这才是真正的关注社会，积极参与社会事务决策。在这样的亲身体验中，学生参与社会决策的能力得到了锻炼和培养；在这样的亲身体验中，教育展现了巨大的魅力，焕发出生机和活力。

教育不是空洞的说教，不是堆砌的知识，也不是生硬的灌输和反复的强化。教育不仅仅是外显的形式和要求，更需要亲身的体验和感悟，学生只有在深度参与中，才会触动心灵，产生深刻的认识。

思想是教研员的灵魂

南京市学科带头人、白下区教研员蔡建民老师在报告中提到，最近10年，教育呈现出三大景观——课程改革、模式改革、高效课堂。尤其是林林总总的教学模式，以快速度、高强度、大力度汹涌而至。如“10＋35”课堂教学模式、271课堂教学模式、活动单导学教学模式，主体参与式课堂教学模式等，这些模式的共性是先学后教，基本程序为自学感知—合作讨论—展示交流—达标反馈；其精髓为最大限度地把课堂还给学生。

其实，教学一旦固化为统一的模式，劣势也就显示出来了。其一，泯灭教学个性。模式本身是教师教学个性发展到极致的一种必然表现，统一模式则不能充分发挥教师个体的智慧，掩盖了课堂教学多样、灵动的本来面目，如此，我们的教师就成为标准化的操作工，极大地限制了教师的思维，束缚了教师的手脚，失却了教师的个性，其创造性也便无从谈起了。其二，窄化教学目的。当我们格外强调学生的主体地位，忽略教师的主导作用时；当我们严格限制教师精讲点拨的时间，学生自主支配的时间时；当我们只顾引导学生，而漠视能力、情感态度与价值观目标时；课堂教学极可能变成单纯的知识训练厂，三维教学目标则沦为一纸空话，人的成长更是空谈。

反思之后，我们该厘清方向，享受教师职业带来的快乐和幸福

躬身实践。有位教师说：“教研员一年不上课，怎样面对老师?”“教而不研则空，研而不教则浅。”教研员只有深入教学一线，扎根课堂，才能掌握真实的教学情况，与教师交谈才不至于言之无物，空洞无语。教研员只有躬身实践，才能让自己的教育生命永葆活力。

历练特质。一位优秀的教师身上有着自己的特色，同样，一位优秀的教

研员身上也刻有自己的烙印。在教学实践上，坚持用自己的头脑去思考、用自己的心灵去感悟、用自己的行动去践行，才能发挥自身的优势，形成自己的风格。在今后的实践中，我将引领学生沐浴科学理性的光辉，让人文精神的光辉烛照课堂，努力将“亲历科学，亲近生活”凝练为我的生物教学观，做一根不人云亦云且有思想的“苇草”。

“热闹”课堂的“冷”思考

贾玮老师是南京市学科带头人、南京市二十七中教研组长，她的报告《有效课堂的构建和评价》带给我许多的启示和思考。报告中所提到的张老师“讲课妙趣横生、学生成绩却不理想”；王老师“教学目标设计随意，甚至事后补加”，以及李老师发人深思的“数学课堂提问记录”等，折射出新课程改革中课堂教学的问题所在。热闹课堂的背后隐含着诸多的问题，需要我们进行冷静的思考。

一、思维力度低弱

教师解读教材的方式有复述式解读、验证式解读和拓展式解读三种，教导实践中大部分教师采用的是按照教材内容呈现知识点的复述式解读。教师就像保姆，条分缕析地为学生准备好学案，学生只是对照教材简单地填写而已。这样的教学，表面上学生是在自主学习，其实只是将知识从书本搬到学案上，没有经过独立的思考和主动构建，学生的理解注定是不深刻、不全面的。理想的教学应是学生主动参与，积极动脑思考和探究，从而获取知识。思考深刻的活动才是最有效的教学活动。

二、有效提问较少

反观我们当下的课堂，大有将满堂灌变为满堂问的趋势，教师的提问以常规课堂管理和简单记忆类问题居多，推理性和创造性的问题偏少，提问的

价值值得广大教师研究。课堂教学应该是师生的思维碰撞、智慧互动，这就需要教师进行有效的提问。所谓有效的提问，就是具有思维的张力，具有发散性与开放性，能促使学生进行猜想和推理验证的提问。

三、学科价值缺失

迫于形势的压力，我们更多的是关注学生的学科成绩和分数，紧盯学生做题的方法和技巧，把背熟教材知识点、掌握考点作为教学的首要甚至是全部任务。我们只注意了“学什么”和“怎样学”，而学生“为什么学”，却被我们忽视和淡忘了。事实上，对于教材中的知识点，学生考试后很快就会忘记，而对学生生活和成长有帮助的思想和方法却能让他们受用终生，这才是最重要的。所以，我们需要认真思考学科的价值，着眼于学生的终身成长所需要的素质进行培养。

四、资源开发窄化

教材、教参和教辅资料是教学资源，但它们只是教学资源的一小部分。有效的教学资源还包括学生资源，激活学生已有的生活与学习经验；文本资源，开发网络、图书、报刊信息；同事资源，以跨学科视野丰富课堂等。借用法国艺术家罗丹的话“不是缺少美，而是缺少发现美的眼睛”，教学资源的开发缺乏的也是发现的眼睛。

Zuo You Si Xiang De Jiao Shi

做有思想的教师

做一根有思想的苇草

帕斯卡尔说："人，只不过是一根苇草，是自然界最脆弱的东西，但人是一根能思想的苇草。"人生恰如一根苇草，春绿秋黄，任谁也摆脱不了大自然的规律。不同的是，有的人得过且过，应付了事，于是收获了平庸的人生；有的人有思想，有抱负，奉行"宁可一世无功，不可一日无志"，于是便有了丰富多彩的人生。我曾在心底无数次地对自己说，要做一根会思考的苇草。

从走上讲台的第一天起，在老校长的殷切期望下，我就立志要做一名好老师。从高中到初中，从县区学校到市直学校，我一直在努力地研究学生，研究教材，反思总结，总算在教学上取得了些许成绩。但面对这些成绩，我却迷茫了，我反复地思索、追问自己，一名好老师的标准难道只是研究教学模式，揣摩教学方法，追求教学效率吗？只是这些职业层面的技巧性事情吗？不是的！这些只是教学表面化、浅层次、基础性的要求，更重要的应该是透过知识看到其背后深层次的实质。于是，在我的思想深处有了一种强烈的渴望——不能只做教书匠。

山东省教育厅张志勇曾经说过，教师职业定位的核心要素是做一个有思想的人。这也正是我强烈呼唤和期盼的，于是，我开始重新审视我的教育教学。

作为一名中学教师，当你以冷静的眼光回过头来审视自己的教育教学时，难免会遇到这样的尴尬：有些学生在努力学习的同时，逐渐对学习有了厌烦感，而且随着年级的升高，厌烦的程度也在不断加剧；更有甚者，大部分学生离开中学若干年后，问他中学所学的哪些知识还能派得上用场，他们

茫然了，不知如何回答。

面对高考和升学的压力，课堂成了师生苦苦演练的战场，解题成了教学的全部，很少有人去关心学生的内心世界，也很少有人（包括教师）去关注教师自身的真实感受，大家都被升学考试弄得晕头转向，迷失了自我。其实我们都清楚地知道，不同的知识层次、不同的情商和智商，以及将来走向的不同的工作岗位，使学生对知识的感悟和运用有所不同。那么，中学教学能否使每一个学生都终身受益呢？中学教学到底应该关注什么呢？这是我们广大中学教师需要深入思考的问题。

我反复地思考，不断地追问：中学生物教学到底应该教给学生哪些对其终身发展有用的东西？相关专家的报告使我豁然开朗，我开始深刻地思考生物学科的价值：作为自然科学领域中的一门学科，生物教学除了让学生掌握必要的生物学知识，对学生进行科学思维、科学方法等方面的培养外，还具有不可替代的独特的教育价值——激发学生珍惜生命、热爱自然的情感，使学生形成可持续发展的思想观念。此外，生物学科的特点决定其在培养学生对人类自身的终极关怀，对环境、粮食、能源和人口等问题的现实关切，对技术的理性思考等方面，应该勇于担当。

我同样深刻思考着生物学的思想。比如，任何事物的结构与功能都是相适应的，要创造或者改进某种事物，必须依据其功能去完善、改造其结构，无边际、无根据的臆想是徒劳的；事物都是处于系统之中的，不论是最小的细胞生命系统，还是最大的生物圈生态系统，都是互相依存，彼此联系的。我们所处的群体、团队同样是一个系统，需要我们每个成员把握自己的“生态位”，和谐相处，共同成长。生物学所包含的思想肯定不止这些，我坚信思考和学习将为我打开一扇门，开启一扇窗，让我在生物天地里探寻、收获、成长。

我似乎明白了，教师是分为三种境界的：

教师的职业境界——经师。师者，“传道授业解惑”者也。经师，指教师要像传教士布道一样，严肃、严谨、严格地对待教育教学工作，做一个不“误人子弟”的合格教师。

教师的专业境界——能师。所谓能师，就是具有教育智慧的专家型、研究型教师。能师要有深厚的专业功底，有独特的教学艺术和教学风格，有出色的教学效果，有对教育教学的研究和探索，有自己的教学思考。

教师的事业境界——人师。这是教师人格修养的最高境界。古人云：“经师易得，人师难求。”人师以自身的人格魅力塑造着学生的人格，以自己的德、才、情给学生以潜移默化的影响，使其终身受益。这种境界也是教师完善自我、实现自我、超越自我的享受境界。唯有此境界的教师，才会把学生放在第一位，以促进不同层次的学生的主动、和谐、全面发展为自己的第一要务。

这就是有思想的教师。每个学生都是一座宝库，教育的本质在于唤醒学生的内心，发挥学生的潜能，发展学生的个性，塑造学生的人格，从而使学生拥有更美好的生活。

那么，教师如何收获思想？谁又能帮助我们？

弗格森说："每个人都守着一扇只能从内开启的改变之门，无论动之以情还是晓之以理，我们都不能替别人打开这扇门。"

我想，教师的思想之门只能由我们自己由内打开，他人是无能为力的。

老木匠的房子

有一位老木匠精心建造了一辈子房子，他建造的房子被称为世界上最完美的房子。老木匠要退休了，他的主人要他建造最后一座房子。想到自己辛苦一辈子已功成名就，反正是最后一座房子了，老木匠便应付了事。当他把最后一座房子的钥匙交给主人时，主人对他说：“你一辈子为别人建造了无数座漂亮的房子，这最后一座就留给你自己。”老木匠万分后悔，当初应该认认真真地钉每一颗钉子，凿每一个卯榫，做每一道工序，为自己建造一座完美的房子。

其实，人生就是自己经营的工作。今天做事的态度决定着你明天所住的房子。

基础教育改革为我们带来了机遇和挑战，而一味固守自己原有的经验，是难以适应时代的要求和形势的发展的。那么，该如何迎接时代的挑战？如何适应时代的潮流，为自己的将来“建造一座完美的房子”，实现教育生命的精彩呢？

加强自我学习。新课程改革的核心理念是促进每一个学生的全面健康发展。教师面对的是有思想、有个性的学生。人的特殊性和唯一性，要求教师具有丰富的教育学、心理学知识，按照教育规律办事，使我们的工作有针对性和实效性；要求教师学习一点教育哲学，使我们能辩证地看待人和事，接受每个学生的优点和不足，而不是一味地指责，迫使学生按自己的要求去做。另外，教育社会学能使我们明白人的社会化过程需遵循的原则，中外教育史则使我们明晰教育发展的历程和规律，作为教师，对这些也应有所了解。

勇于开展研究。教师不能只做教育科研理论的“消费者”，还应该做教育科研的实践者。真正的好老师是在课堂上摸爬滚打出来的，课堂即实验田，教室即实验室。当我们以研究的目光审视我们的课堂、考量我们的教学时，我们会产生许多困惑和问题，而这些困惑和问题又是阻碍我们提高教育教学质量的“瓶颈”。我们所遇到的这些具体问题往往很难从书上找到现成的解决方案，有效的途径和方法就是教师以研究者的身份，在自己的教学实践中加以研究探索，在不断的调整完善中突破瓶颈。

勤于自我反思。尽管教师都付出了很多，但成就却大不相同，原因就在于是否进行了反思。庸者教了一年，然后重复了五年，十年，乃至一辈子；智者却是实实在在地教每一年，教案常教常新，并不断进行总结和反思。正如美国学者波斯纳提出的教师成长公式：教师成长＝经验＋反思，教师只有不断进行自我反思，发现自己的不足，并在此基础上吸取他人经验，才能不断完善自己，提升自身的专业水平。

保持一份敏感。“温水煮蛙”的故事启示我们，人应该对环境的变化保持一份敏感，及时感觉到周围环境的改变，随时做出应对。如果总是沉浸在舒适安逸之中，终将无法摆脱被“水煮”的厄运。面对新课程改革，教师要及时更新教育理念，变革教学方式，实行角色转变，以组织者、参与者、指导者、管理者的身份和学生共同学习，一起成长。同时，要善于抓住任何一个锻炼的机会，积极参加公开课、展示研究课，在不断的历练、磨炼中成长。

追求思想活跃。苏霍姆林斯基说：“如果教师的智力生活是停滞的、贫乏的，在他身上产生了一种可以称之为‘不尊重思想’的征兆，那么这一切就会明显地在教育教学工作中反映出来。……学生能从他的话里感觉到他的思想是停滞的、僵化的，教师不尊重‘思想’，学生也就不尊重教师。然而更加危险的是，学生也会像教师一样不愿意思考。”所以教师应该不断思考，用自己的智慧启迪学生的智慧，在师生思维的碰撞中，相互提升。

丰实的教育生命由我们每一位教师一天天的教育教学实践来构筑，只有我们每天怀着精益求精的态度，一丝不苟地备好、上好每一节课，我们建造的“房子”才能完美，才能理想，才不会留下遗憾。

写在论文审阅之后

随着职称评定的硬性规定和各种考核的量化要求，以及教师专业化成长的自我需要，广大一线教师越来越重视教学论文的撰写。而且，各种形式、各种名目的论文评选也为教师的论文评奖提供了诸多机遇。教师通过撰写论文，及时总结自己的教学方法和经验，反思自己的教育教学实践，对提高教学水平，完善教学实践具有积极的推动作用，这是公认的事实。

市里举行学科教学论文评比，作为评委我有幸拜读了参评教师的论文。自然，也从中学到了许多东西，开阔了视野。然而，更多的是引起的思索。我想就论文如何选题谈一点自己的看法。

有时教师会抱怨，每天忙于上课，没有时间翻阅资料，学习理论，更没有精力去了解同行们在思索什么。如何写论文，写哪方面的论文，自然就成了教师最为苦恼的事情。于是，几经考虑，紧跟时代潮流和教育形势的“大”作就落笔了。诸如，《浅谈教学中如何培养学生的创新能力》《初中生物学教师要担负起素质教育的重任》《新课改新理念新教学》……毋庸置疑，创新能力的培养是关系到整个民族兴旺发达的大事，素质教育更是举国讨论的要事，并以法律的形式写入了《中华人民共和国义务教育法》，新课程改革更是目前基础教育的重中之重，这些意义深远、影响重大的话题又岂能是一个普通的教师，在所任教的一个学科中就能解决的？再者，短短两三千字的文章，又如何能阐释得清楚？

事实上，在这些大的题目下，教师所做的只是断章取义，或机械重复专家们的话语，最多是为理论做了一点注脚，缺乏的是自己的思想，失去的是文章的灵性。

其实，将我们教学中的独特做法稍加提炼和整理，就能形成闪烁着教学思想的精美之作。有这样一篇文章《问渠哪得清如许，为有源头活水来——生物教学中自主学习的几点探索》。文章就生物教学中，如何重视启发主体性、加强开放性、体现时代性、增强实效性等方面进行了探索。文中的3个小题目："打开'窗口'——激活思维，关注社会""做好'接口'——引导探索，自主学习""符合'胃口'——找好切入点，抓住兴奋点"，从"小"处入手，着眼于"实"字，突出了"效"字。这就是自己教学中的具体实践，它流露着鲜活的气息，文章的写作过程也一定是教师深入思考总结的过程，相信经过这样的深刻剖析，其今后的教学实践会更加完善，更加生动，更富实效。

我也比较喜欢一篇名为《生物学日记，照亮生物学科教学的启明星》的论文。文章通过具体鲜活的事例，总结了如何通过撰写生物学日记梳理知识，拓宽知识面，使知识更有趣味性，培养学生的情感价值观。同时，生物学日记使教师和学生亲密接触，增加了教育的实效性，读来亲切自然，感受颇深。这里没有高深的理论，有的只是自己的实践体会；这里没有大话套话，有的只是平实的言语。

我想，虽然我们缺乏深奥的理论，但我们有丰富的实践。只要我们以研究的目光和态度，审视我们的教育教学，就能从中发现许多问题。当我们通过学习找到解决办法，并在自己的实践中进行验证，消除了困惑，提高了教学质量后，我们所经历的这个过程就是最朴素、扎实、有效的研究。把这个过程中的主要观点和策略提炼出来，就是我们自己的主张和思想，这样有观点、有实践的论文也是有价值、有意义的论文。

悟性，让教师的教育生命更精彩

1994年教师节，已满38年教龄的陈老师光荣地退休了，欢送会后陈老师感慨地说："我的生命结束了。"当时年轻的我还宽慰陈老师："您身体硬朗得很，您会高寿的。"陈老师说，他说的不是身体的生命，而是事业的生命，因为教师的生命在课堂。并叮嘱我好好珍惜在课堂中的每一天，用心做事，用心体会，用心感悟。一直以来，我努力理解着陈老师那沉甸甸的话语。

一个认真地机械重复自己工作的教师，他的教育生命是充实的，但一个善于思考，有悟性的教师，他的教育生命不仅充实，而且精彩。

我不断地追问，教育的本质是什么？

从霍懋征大师"举左手，举右手"的故事中，我读懂了教育要从尊重开始，于是我学会了把每一个学生当成成长中的人，和他们同欢喜共思想；从大教育家陶行知"四块糖"的故事中，我明白了教育的艺术在于启发，于是我放弃了粗暴的强制和严厉的惩罚，努力启发学生的自我教育力；从苏霍姆林斯基"三朵玫瑰花"的故事中，我知道了教育要富有人性美，于是我实践着让学生学会同情和怜悯，感悟人性美……从无数折射出教育哲理的故事中，我不断地用心去思索，去领悟，去实践。渐渐地，理想中的教育在我的脑海中清晰地展现出来，引领我不懈地追求。

理想中的教育应该是使人成人的教育，教育的起点是人，终点是使人变得更加美好。理想的教育是充满人性、人情和人道的，是塑造人格，张扬个性，是为了每个学生全面和谐的发展与成长。

我不断地追问自己，学科教学的内涵有哪些？

曾几何时，我们的教学“只见分数不见人”，终日为无休止的单元达标、章节测试、月考统考忙忙碌碌；各种各样的评比使得分数不仅成了学生的命根，也成了教师的命根。本来富有生命力的知识，变成了一堆堆枯燥、乏味的符号。学生的学习变成了机械的记忆、单纯的模仿，学习过程的乐趣消失殆尽。新课程改革促使我们对教学进行反思，在新课程理念的烛照下我们有所领悟。

首先，教师要清楚地知道学科教学的本质是什么。不仅包括学科知识和技能，还包括学习的过程与方法、情感态度与价值观，以及有关的学科素养。

其次，教师要明了学科教学的价值有哪些，要看到学科知识背后蕴含着的深层次的东西。学生学习一门学科，不仅仅是为了获得学科知识，更重要的是通过学习对他的思维方式和生存方式产生积极的影响。

最后，教师要深入探求学科教学的方法。“工欲善其事，必先利其器”，有效的教学方法能起到事半功倍的效果。

成功的教师不能沉湎于简单机械地重复，这样只能成为缺乏思想的教书匠。一个教师最可贵的品质在于他能从日复一日的教育教学中领悟和体会到教育的真谛，开掘出教育的芬芳。这样的教师是能不断创造奇迹的教师，是有悟性的教师，是幸福的教师；这样的教师的教育生命会更精彩，更美丽。

难在哪里

"课时太紧，讲还讲不完呢，哪有时间做实验？"

"我们的学生能力太差，不会做。"

"我们的条件差，没办法开展活动。"

"考试又不考动手操作，还是讲课实在。"

"学生自己动手，太浪费时间了吧。"

……

上述的情形相信大家不会陌生，这可以说是教学中存在的普遍现象。我们一边学习着新课程理念，捧阅着新的实验教材，高喊着新课程改革；一边固守着原有的经验，延续着传统的思维，坚守着象征尊严的讲台。

我们习惯于带着教材和教辅，有时甚至不止一本练习册走进课堂；我们习惯于站在讲台上苦口婆心，滔滔不绝，即使双腿似灌了铅，嗓子疼得说不出话；我们习惯于打开课件，精心制作的画面连续播放，不停变换形式，生怕学生不明白……

尽管我们教得很累、很辛苦，可我们毫无怨言，我们始终坚持。因为我们坚信，有付出就有回报，教师讲得越明白、越详细，学生记得越牢固、越深刻。

难道"把课堂还给学生""让学生积极参与教学""动手做，做中学"等口号只能停留在口头和理论上吗？在教学实践中真的很难实施吗？如何推动教学方式和学习方式的转变呢？我们决定从优质课开始。

在一次全市优质课评选中，我们选择了人教版高中生物必修 1 第 2 章第 1 节"细胞中的元素和化合物"作为讲授课，教材安排了检测生物组织中的糖类、脂肪和蛋白质的实验。我们的导向很明确，凡是不安排学生实验的，一律按没完成教学任务对待。也真难为了参赛的教师，他们都精心准备了学生实验。课堂上学生愉悦的表情告诉我们，他们喜欢动手实验，而且他们能够做好实验。赛后，参赛教师认识到，原来，学生实验真的不像想象中那么难开展，难就难在不愿、不肯、不敢去尝试。

渐渐地，教师们开展了大胆尝试，课堂有了改变。去年到广饶一中随堂听了付老师的一节“减数分裂”的习题课，课堂上学生每人自制了染色体模型，尽管模型看起来简易了些，但是学生们都积极地演示，手脑并用，思维很是活跃。小小的几片纸、几个图钉，轻松地解决了抽象的生物学问题。

有一次去胜利一中听课，成老师的学生给了我们巨大的惊喜。高三第二轮复习课上，成老师完全放手，让学生自己当老师。听课学生深入追问，大胆质疑；讲课学生耐心释疑，精当点拨，加上成老师及时总结，整堂课学习效果非常显著。

在一次试讲中，东营市一中的徐老师用磁性黑板演绎了传统教具的魅力。徐老师讲的是“植物生长素的发现”。一上课，徐老师就让学生剥下自己培养的玉米胚芽鞘，这极大地激发了学生的兴趣。课堂上徐老师用硬纸片制作了“活动的胚芽鞘”模型，形象地演示每一个实验，之后让学生上台演示，真是方便极了。

这样的例子不胜枚举。如今，我们的教师昂首阔步在新课程改革的道路上。回过头来仔细想想，改革难在哪里?

来自制度、政策、习惯等诸多方面。其实，还有一个容易被忽视，恰恰是最重要的因素，那就是来自我们自身，我们的担心、我们的惰性、我们的思维定式。

我非常欣赏生物学泰斗朱正威老先生的那句名言：“一个好的生物老师，从不空着手进课堂。”

我坚信，一个出色的生物教师，从不机械地重复自己的工作。

“都是学生配合得不好”吗

如果教师自己感觉课上得比较成功，教学效果比较理想，就会兴致高昂地说：“学生配合得真好！”如果教师认为课上没有达到自己的预期效果，则会愤愤不平：“都是学生配合得不好。”于是，借班上课时，教师总是担心学生配合不好，课前反复叮嘱，恨不得把事先设计的所有问题都告诉学生，以免课上学生不能正确回答，影响课堂教学效果。

“都是学生配合得不好”这句话的背后，投射出的是一名教师的教学观，有这种认识的教师，其头脑中存在的是知识传递教学观。他们心目中的理想课堂应该是，教学目标明确、教学方法灵活、教学过程流畅、教学程序严格执行预设的教学方案，课堂完全在自己的掌控之中，能顺利地完成预设的教学任务。讲解时，学生正襟危坐，聚精会神；提问时，学生积极举手，踊跃发言；讨论时，学生热烈参与，不沉默冷场；汇报时，学生声音响亮，落落大方，结论正确。如果学生不认真听讲，回答问题有偏差，发言不积极，讨论不热烈，教学没有达到预期的效果，那原因自然在学生，因为学生没有好好表现、好好配合。

持这一观点的教师认为，教学是教师理解了教材内容，再将理解的知识传授给学生的过程。教材是教学的起点，学生是教学的终点。教师就像搬运工，将教材上的知识搬运到学生的头脑中。学生就像容器，无条件地接受教师传授的知识，并且内化到自己的头脑中。知识经历了从教材到教师的头脑，再到学生头脑的过程。加上我们现行的考试制度，一张试卷定优劣。所以，统一考试当然要统一进度，于是，教材的内容被细化为若干个小单位，具体到每一堂课。因此，在教师的头脑中，教学的重心就是教师的“教”，完成规定的教学内容才是一节课的“硬任务”，至于学生的学——学生是否能够接受，怎样接受，效果怎样，则是课堂教学的“软任务”。在这种观念支配下，学生成了配合教师教学的工具和手段。学生的工具作用发挥得好，课堂就成功；学生的工具作用发挥得不好，课堂就不完美。

在这样的课堂上，主体被异化，学习过程被固化，真正的学习主体消失了，学习变成了僵化的接纳，课堂则变得虚假了。其实，新课程理念强调，课堂真正的主人是学生，新课程改革背景下的课堂教学呼唤真实。

“真实的课堂”其内涵至少包涵三层含义：生本、生成、生动。

生本，就是变传统教学中以教材内容为主线的“教本”思想，为以学生发展为主线的“生本”思想。一名合格的教师，必须目中有“人”，既要教会学生读有字之书，使学生掌握基本的知识技能，又要教会学生读无字之书，使学生亲近自然，关注社会，懂得生存和做人的道理。

生成，就是教学过程既要注重预设的教学目标，又要根据课堂的实际情况，及时调整教学内容和教学过程，追求预设与生成的统一，实现课堂的丰满充实。

生动，就是要落实学生的主体地位，教师勇敢地退下来，适时把学生推出去，让学生动起来。通过师生互动、生生互动，使课堂焕发出生命的活力。

老师，请为自己“减负”

常常听教师抱怨，太忙，太累。教师的确辛苦，备课、批改作业、找学生谈心，事事费心，件件劳神，处处耗时。即便如此，所有的工作都能高效吗？付出与收获等值吗？

单说备课吧。这是发生在全市生物优质课上的几个环节。

“多细胞生物体的结构层次”一节有一个教学重点：人体是一个统一的整体，组成人体的各个系统相互协调，密切配合，共同完成人体的各项生命活动。如何创设一个有效的教学情境呢？教师可谓是煞费苦心。

情境一：请一名学生上讲台跳绳。原打算全班同学一起为他数数，然后请他说出剧烈运动后的感受，再请学生思考，跳绳时身体有哪些系统参与了活动？没想到的是，由于借班上课对学生不了解，那个自告奋勇的学生，跳绳的技术太差，半分钟只跳了 10 多个，根本无法呈现剧烈运动后的表现特征。

情境二：精选贝多芬的《命运交响曲》，欣赏后请学生说出，这是哪首乐曲？听时有什么感受？教师的用心是良苦的，既创设了情境，又增强了学生与命运抗争的勇气。然而，这些来自农村的学生缺乏欣赏名曲的素养。

情境三：教师突然急切地问道，谁是班长，门口有人找。于是，班长站起奔向门口，其他学生齐刷刷地朝教室门口望去。这时，教师亲切地说：“对不起，和同学们开个玩笑。不过，刚才同学们已经亲身体验了人体是一个统一整体这一知识点。请大家思考，在刚才的活动中，你身体的哪些系统参与了？”

同样是创设问题情境，上面的三种方法哪种最简单、最有效呢？显然，

第一种方法，教师课前要准备跳绳，通过试跳了解学生跳多少个才能出现剧烈运动后的表现特征。第二种方法，单是音乐的选择和剪辑就不是一件容易的事情，而且用时较多，可能冲击其他教学环节，还需要考虑音响设备的效果如何，学生的接受能力怎样，是否表达出了作品的内在魅力等。总之，这些创设情境的方法受到诸多外部条件的制约，自然需要教师花费大量的时间和精力。

第三种方法，于平淡处显奇特，看似无意的一个插曲让学生在自然状态下全身心地投入，全体参与体验了教学，这样简单而不平凡的情境，往往能引起学生的共鸣，激发学生的兴趣，产生意想不到的效果。我们的教学就需要这样的情境，这样的设计需要的是教师的智慧。俗话说，功夫花在刀刃上，教师不必过分注重教学外在的形式，不必一味追求现代化的高科技手段，也不必过分苛求出奇出新，而要在教学的实效上做足做透，在引导学生参与中下大功夫。

平实的教学是我们的不懈追求，老师，请为自己“减负”。

让课堂充满思维的魅力

在教学中，大家似乎走入了一个误区，认为内容浅显、趣味性强、与生活联系密切、学生外显活动多的课上起来简单、舒畅，这样的课才容易上出新意，故常常是公开课或示范课的首选课题。而对于那些理论性强、概念集中、深刻抽象的教学内容，教师认为学术味浓、趣味性差、学生难以理解，因而不愿碰触。“人的生活需要空气”就是这样的内容。碰巧，全市的优质课评选选中了其第一节“人体与外界的气体交换”作为讲授课，乍眼一看，难点遍地开花，如呼吸运动的原理、胸廓容积与肺内气压的关系、气体交换的原理等。

这样深奥难懂的理论，如何让课堂活跃，让学生积极参与呢？其实，关注学生不应只关注学生外显活动的兴奋度、热闹度，更要关注他们内在思维的发生、发展和达成历程。教师要注重那些对课堂教学过程具有推动作用的“举足轻重”的细节，并将之有效地转化为可操作的课堂教学行为，从而引领学生思维向纵深发展。现选取本节课的几个教学片段，就如何在生物课堂教学中“攻破”所谓的“碉堡”，如何激发学生的思维，引领学生经历思考的历程、体验探索的乐趣、享受思维的美丽，谈谈自己的看法。

片段 1：明确学习意义，我要学。“人的生活需要空气”的核心内容是人体的组织细胞如何从外界获取氧气，包括四个过程：肺的通气，肺泡里的气体交换，气体在血液中的运输，组织里的气体交换。如果直接学习四个复杂的过程，学生难免会产生畏难情绪。因此，如何使学生明确学习的意义和价值，增强学习的责任感，变“要我学”为“我要学”，是事关学习热情和学习效果的关键所在。对此，教师将“人的生活需要空气”放在人新陈代谢的

大背景之下，通过分析呼吸作用反应式，联系植物通过呼吸作用为植物体的各项生命活动提供能量，使学生了解了人体进行各项生命活动所需要的能量也是通过细胞内的呼吸作用产生的，人体的每个细胞都能利用氧气分解有机物，同时释放能量。问题的关键就是细胞内的氧气从何而来，既然氧气存在于空气中，所以人的生活需要空气。

思维着力点：明确的目标是行动的动力。我们注重学习目标，不论其是在课前出示还是在课后展示，无疑都对学生的学习起到导航和指引作用。设计这个环节，目的就是让学生从内在本质上理解人的生活为什么需要空气。当教师把目标分解细化到每一个教学环节，让学生明白具体目标后，就会增强学生思维的主动性和探索的欲望，增加学习的动力，学习就变成了“我要学”。

片段 2：直观体验探究，我能学。教师播放视频片段，介绍膈、骨、肌肉围成的胸腔，说明肺的位置及其受到胸腔的保护。然后，让学生找出自己身体上的有关结构，使学生对胸廓、胸腔、肺的位置关系有更直观的认识。接着，以班级内的纯净水桶为例，水桶中央的空腔相当于胸腔，水桶的壁相当于胸廓，让学生了解胸廓的上下径、左右径和前后径，为理解胸廓的容积变化奠定基础。

激疑：在呼气和吸气的过程中，胸廓的容积会有什么变化？

体验：让学生将手按在自己的胸骨或肋骨处，深呼吸，仔细体验呼吸时胸廓的变化。

激疑：体验的感觉是不是正确呢？（引入科学的测量）

测量活动：选择三名学生上台，示范测量胸围差的方法，让掌握测量方法的学生对其他学生进行指导，并让学生自己记录测量数据。

分析数据：呼吸过程中，胸廓的容积确实能扩大或缩小。

激疑：胸廓容积的扩大或缩小是怎样引起的呢？

点拨：胸廓的上下径变化是怎样引起的？胸廓的前后径和左右径变化是怎样引起的？

进一步探究：肋间肌、膈肌的舒缩引起胸廓容积的改变。

思维着力点：在这个教学片段中，教师引入学生熟悉的生活用品，通过视频展示和实物比照，在亲切的感知中化解抽象，使学生全方位了解胸廓的容积，为深入探究奠定坚实的基础。通过让学生亲自测量、亲眼观察、亲笔计算，培养了学生的生物科学素养。测量活动中学生分工明确，既有测量者、受测者，也有指导者、记录者，全体学生积极参与，既保证了活动的效果，又节约了时间。测量胸围差的活动是教材中没有的，这一活动的设计是

“用教材教”这一新课程理念的体现。胸廓容积的改变是怎样引起的？胸廓的上下径变化是怎样引起的？前后径和左右径的变化是怎样引起的？在环环相扣的问题探索中，学生的思维逐步深入，探究的乐趣愈加浓厚。

片段3：玩中学做中悟，我会学。肺容积的变化与肺内气压的关系是本节课的教学难点。对此，教师设计了两种简单易行的方案。

方案一可称为“塑料袋法”。首先将塑料袋鼓起，将塑料袋的开口处封起来，塑料袋因里面的空气而膨胀，此时让学生按压塑料袋的壁，能够按下，感觉不是太硬，表明塑料袋内的空气对壁的压力较小。保持袋内的空气不变，从封口处向内挤进，塑料袋的体积（容积）变小，此时，再用手按压塑料袋壁，则感觉变硬，按不下去了，表明塑料袋内的空气对壁的压力较大。学生通过这一简单的实验，明白了气体容积与气压成反比。

方案二可称为“一次性注射器法”。每个学生拿一个针管，右手把推进器拉出一段距离，左手手指将针管口堵住，此时针管内部相当于一个密闭的容器，里面有一定的气体。

教师：用手把推进器往里推进时，有什么感觉？

学生：逐渐推不动了。

教师：松开右手又有什么现象发生？

学生：推进器被推出来了。

师生共同分析：这与针管内气压的变化有关。当我们把推进器往里推进时，针管内部的容积变小，里面的气体量不变，气压就升高了，高于外界大气压，因此推进器推不动了；当右手松开时，因为针管内部的气压高于外界大气压，因此使推进器退出来了。推进器在退出的过程中，针管内的容积逐渐变大，气体压力逐渐下降，直到内外气压平衡为止。

学生得出结论：气体容积与气压成反比。

思维着力点：将常见的物品——塑料袋和注射器引入课堂，使学生通过动手做，直观感受容积和气压的关系，从而有效地突破教学难点。学生的思维不是凭空产生的，事实证明，有效的问题情境，可以激发学生的探究欲望，激活学生的思维。

片段4：趣味实践活动，我愿学。各环节学习完成后，学生能将所学知识融会贯通，系统把握，才是本节课的最终目的。为此，教师设计了一个趣味活动“假如你是空气中的一个氧分子，请说出你到达人体组织细胞的旅游途径”。这是一个思维含量颇高的问题，极具挑战性。

小组讨论后，学生进行了精彩的汇报。接着，教师又提出了另一个问题

"假如你是组织细胞中的一个二氧化碳分子，请说出你到达外界空气的旅游途径"。

思维着力点：一盘散落的珠子，需用一根丝线将它们穿起来，才能成为一串美丽的项链。而趣味实践活动恰如这根丝线，引导着学生的思维。本节课对四个复杂问题的学习，锻炼了学生思维的流畅性和条理性。从激烈的争论中，从紧张的凝思冥想中，学生体验着思维的魅力。

在教学实践中，很多教师在设计教学时，总想着安排一些显性亮眼、形式新颖、能为课堂造势的活动，却忽视了对活动核心问题的把握——思维活动。思维活动是一种最重要，最有潜力，成本最低的活动，它不像表演那么引人注目，不像游戏那么激动人心，不像实验那么直观形象，但它不流于形式，不浮于浅显，是实实在在的深刻思考和深度探索。也只有这样的活动才使学生常有茅塞顿开、豁然开朗、深得吾心、怦然心动、妙不可言的体验，彰显智力"爬坡"的魅力，从而有效提高思维能力。

解剖课堂

走出教室，或是欣喜，或是遗憾。夜晚，静静地坐下来，课堂上的一个一个场景竟然按着时间顺序一幕幕呈现在脑海中。叶澜教授说过，一个教师写一辈子教案不一定成为名师，如果一个教师写三年的教学反思就有可能成为名师。这话说得非常实在，其用意是鼓励教师珍惜反思，重视反思。成功之处固然应该反思而加以发扬，欠妥之处更应该认真反思，敢于把自我当作标本，精心解剖，诚心整理，从中寻求进步的力量。这需要勇气。

秋风无意乱关门

课刚刚开始，教师的声音在教室回荡，学生静静地聆听着。“嘭”，突然教室的门被风用力地关上了。“唰”，学生的目光齐齐地望向门口，教师的肩膀猛地一抖，打了个激灵。或许是被这突如其来的巨大声响惊住了，十几秒后，大家才回过神来，课随着刚才的思路又继续进行了。“请同学们回忆生物具有哪些生命现象?”学生大声地背着课本上的句子……

什么是教学机智，怎样看待课堂的动态生成？也许抽象的理论太过枯燥，但是在这里，秋风无意乱关门，随着“嘭”的一声巨响，教师和学生一起迅速地做出了剧烈的反应。这不正是“生物能对各种刺激做出反应”的最真实、形象的解释吗？如果教师抓住这一事件，顺势请学生思考“听到门响，马上摆头看，这是生物的什么特征”，相信学生会轻松地答出，并能加深对“应激性”的理解。

著名教育家马卡连柯说：“教育技巧的必要特征之一就是随机应变的能

力。有了这种能力，教师才可能避免刻板的模式，才能估量此时此地的情况和特点，才能找到适当的方法并加以正确的运用。”很多时候我们苦于无法巧妙地创设问题情境，其实，随机的突发事件有时恰恰是最直接、有效的情境。关键是教师要保持一份对问题的敏感，善于捕捉教学资源。

注意规范使用

这节课学习“显微镜的构造和使用”。

在学生对着插图初步认识了显微镜的各部分名称后，教师开始对照显微镜让学生一一识别。教师左手提着显微镜的镜臂，右手指着各个部件依次讲解。我真的好担心，一旦螺丝松动，镜座脱落怎样办？

该讲准焦螺旋的作用了，也许是为了便于全班学生清楚地看到结果，教师大幅度地转动着粗准焦螺旋，镜筒快速上升，直到极限。细准焦螺旋同样随着教师的手快速旋转着。

练习使用显微镜的第一步是显微镜的取拿与安放。在学生通过课本了解了相关注意事项后，教师安排一名学生到讲台上演示操作。第一步是“一手握镜臂，一手托镜座，将显微镜从镜箱中取出”。“老师，镜箱在哪里？”学生环顾四周后问道。教师解释道：“就当是从镜箱里取出了……”

我们常常要求学生注意规范，实验操作要规范，作业要规范，用具使用要规范。但是，我们做到了吗？作为教师，我们是否给学生做了表率？在这节课中，教师用一只手把显微镜高高提起时，是否注意到了取放规范？在单侧大幅度转动准焦螺旋时，是否注意到了应该两侧同时转动，使镜筒缓慢上升？面对初次接触显微镜的学生，教师就这样随意地将生物学中最常用、最精密，也是最重要的观察工具——显微镜，呈现在他们面前，很难想象学生日后会小心谨慎地操作和使用它。也许学生会由此认为，显微镜和普通的用具没有什么不同，那么，培养学生严谨的科学态度又从何谈起？教师的示范作用对学生的影响是巨大的，教师在要求学生规范使用，要求学生做到的同时，是否应该先审视自己是否做到规范使用了呢？

什么更重要

巩固练习环节，每个学生拿到一张印有显微镜图的试卷，图上用横线引出了显微镜的 14 个结构，还空出了 6 个结构的作用，要求学生填写。紧张

的作业后，教师安排同桌之间交换批改，每个题 5 分，刚好 100 分。很快，学生便完成了批改。真的不错，满分的学生占一半以上。“大家真不简单，短短的一节课居然记住了显微镜复杂的结构。”教师在大大表扬了学生一番后，带着成功的喜悦，开始了新的教学环节。

突然，前排的男生喊道：“老师，他给我批改错了两个。”也许是意识到了自己的唐突，男生随即站了起来，“这两个是对的，他批改错了。”这时，教师走了过去：“批改错了重要还是听讲重要?”教师没有看男生手中的卷子，声音里透射着威严。男生默默地坐下了，课仍按计划进行着……

这个细节也许其他人没有在意，但是那个男生在意了。一个人 2 道题，至多 10 分，对于 45 个学生的 900 道题，4000 多分来说，实在是微不足道的。忽略他，进行其他任务，真的太正常了。可是，那个男生今后对待这门学科的分数还会像今天这样在意吗？他会不会因为教师的指责而失去了听课的兴趣，失去了对这门学科的兴趣？会不会因为“分分计较”而感到丢面子，自尊心受到打击？会不会因为教师的冷漠而对教师不能理解？但愿我想多了。事实上，教师完全可以采取另外一种处理方式。比如，轻轻地对他说：“下课后老师再看看好吗?”或者把他的试卷郑重其事地拿过去，告诉学生课下会处理。

这让我想起了张文质教授对“生命化教育”的理解，要把对儿童的关爱在实践过程中具体地、细节化地体现出来。心灵因细腻而伟大，生命在细节中被关注。

学生展示的背后

“怎样设计实验证明肉汤变酸是由于空气中的微生物引起的呢?”问题一提出，学生就主动前后桌四人一组开始了热烈的讨论。学生你一言我一语，热闹极了。几分钟后，看到学生的讨论基本结束，教师便让各小组进行交流展示。

最前面的男生第一个站起来汇报：“取两杯肉汤，一杯放在地球上，另一杯放到太空，几天后观察哪杯肉汤变酸了。”他们的预测是地球上的肉汤因为接触空气而变酸，太空中的肉汤因不接触空气而不变酸。随即有学生提出异议，把肉汤放到太空中不好操作。不管可行性如何，看来学生听懂了第一组表达的意思。

第二个发言的学生站起来：“老师，我们是普通实验。”在吊起同学的胃口后，他说：“我们准备在同样的环境中放两碗肉汤，给第一个装有肉汤的碗封上保鲜膜，给第二个装肉汤的碗盖上第三个碗，并在第三个碗上打几个孔。”教老师追问在哪里打孔时，他先说在顶部，随后又改成侧壁，接着又说在第二个碗的侧壁上打孔。不少学生质问碗里的肉汤流出来怎样办。这下，这个学生说不清了，急得用手比划着：“肉汤到这里，孔打在这里……”小脸涨得通红，甚至有些口吃起来。无论他如何描述，同学们就是搞不懂他的实验装置。

第三个发言的是一个女生，她们组设计的实验是取两个烧杯，一个烧杯杯口竖直向上，另一个烧杯杯口是弯曲的，并且强调有两个弯，下面的弯低于瓶底。她们组考虑得很周密，要把两个瓶内的肉汤煮沸，杀死其中的微生物。但是，任凭学生怎样想，也想不出她说的有两个弯的烧杯是什么样的。

汇报交流十分热烈，但效果并不令人满意。

其实，交流展示是小组讨论或合作学习后的重要环节，通过展示，学生可以彼此分享，取长补短，完善提高。但是，如何展示更好呢？如果上述小组讨论时，教师能让学生将实验设计呈现在纸上，条件允许的话，直接利用实物投影仪展示，还可以把一部分小组研究的地点放在讲台上，学生将研究结果直接写在黑板上，效果要比学生口头描述更直观、具体。

课堂教学是由一个个的细节组成的。细节，往往决定教学的实效，反映教师的教学水平，折射教师的教学思想。关注细节就是关注教师的教学行为能否根据教学规律和理念重新塑造，就是追求教学的合理化、智慧化和精确化。对于课堂教学而言，我们需要匠心独运，精心琢磨，对课堂的细节进行巧妙的处理，进而打造成功的课堂。课堂教学是一门艺术，巧妙无处不在，只有做一个有心人，精彩才会层出不穷。

让手和脑一起“思考”

为了让学生真实感受 DNA 分子的平面结构模型，在了解了碱基互补配对的原则后，教师设计了搭建 DNA 分子平面结构模型的探究活动。材料盒中有若干蓝色的扁球，白色的小球，粗细不同的小棍，四种不同颜色、不同形状的碱基。教师提出简单的要求后，学生便兴致勃勃地忙碌开了。

面对花花绿绿、形状各异的部件，学生先是乱凑，意识到问题后，有的学生连忙查阅课本，按照课本上的彩色图示安装；有的学生权当玩积木，也不管碱基如何配对，只是一味地根据不同的形状安插，渐渐找到规律，按照颜色配搭。前 5 分钟，在学生的忙乱尝试中过去了，接下来的 10 分钟，学生对照课本图示完成了模型搭建。

学生动手了，却只是简单地参照模仿课本，根本谈不上动脑。没有思维和双手结合的活动不是真正的活动。真正动手的活动应该是，当学生用双手操控材料用具时，头脑中会出现一番极为复杂的景象：在每一瞬间，信号多次地由手传导到脑，又有脑传导到手；脑支配了手，手又发展了脑。这时候，脑中的“构思”不仅得到实现，而且在不断地发展、深入和完善。大脑处在高度兴奋的状态，皮层神经细胞之间的联系通路广泛而通畅，思维变得深刻而灵活。而在脑的指挥下，手也在“思考”。只有脑和手紧密配合、同步“思考”的活动才是有效的活动。

新课程改革背景下的课堂，活动形式越来越多样化，活动次数越来越频繁，在设计各种活动时，教师应当多考虑活动的实效性，让学生享受到“智力体操”的魅力。

关注学生　生成精彩

课堂上，常常会出现学生不跟着教师的思路走，“旁逸斜出”的现象，甚至会有与教师预设的价值取向迥然不同的想法和行为。跟着学生走，势必打乱教师原有的教学设计，冲击教师预设的价值取向；牵着学生走，无疑置“生成”于不顾，错失教育良机。如何正确认识并科学把握课堂中的动态生成，成为摆在广大教师面前的一个重要课题。对此，结合“染色体变异”的执教案例，我粗浅地谈点看法。

执教“染色体变异”一节前，我搜集了相关教学资源，并下载了关于“猫叫综合征”的视频，这是学习染色体结构变异的有效资源。课上，我适时播放该视频：一位女医生从婴儿床上抱起一个胖嘟嘟的婴儿，孩子小腿蹬摇着，闭着双眼，眉头紧缩，紧接着一阵尖细单调的哭声在教室里回荡，听起来像极了猫叫。一声声“猫叫”，瞬间揪紧了我的心，一阵撕心裂肺的痛感倏然涌遍全身，母亲的本能让我无法忍受如此的折磨。再看学生，有的捂住了耳朵，低着头不敢再看画面中的婴儿；有的在窃窃私语，惊恐、诧异和怜悯表现在不同学生的脸上……突然，几个男生的笑声在教室响起，随即笑声多了起来。在这笑声中，冷漠、讥笑、无动于衷、幸灾乐祸暴露无遗。视频播放完后，教室后面的一个男生居然大声喊道：“老师，再放一遍！”随即又引来一阵笑声。

按照课前设定的教学程序，接下来我要告诉学生“猫叫综合征”患者生长发育缓慢，存在严重的智力障碍，并讲述这种病是由第 5 号染色体的部分缺失引起的，从而顺利完成染色体缺失导致结构变异的知识性教学。这种设计和安排自然舒畅，水到渠成，教学结构合理。

然而，学生冷漠的笑声却使我无法平静，那些曾令人震惊的镜头，瞬间浮现在我眼前：2002 年 1 月，清华大学电机系学生刘海洋，先后两次用硫酸和氢氧化钠烧伤北京动物园熊山的 3 只黑熊、1 只马来熊和 1 只棕熊。2004 年 2 月，云南大学生命科学学院生物技术专业学生马加爵，因不能正确处理人际关系，为琐事与同学积怨，即产生报复杀人的恶念，先后将 4 名同学残忍杀害。

情感的冷漠、生命意识的匮乏、人性的丧失，是导致刘海洋、马加爵这类悲剧的一个重要原因，这也从一个侧面反映了人文教育的严重缺失！我们的教学不仅要教给学生科学的知识，还要帮助学生形成正确的情感态度与价值观。我们的教育不能培养无情的“机器人”和灵魂苍白的“空心人”，而应造就精神高尚、内心丰富、充满人性光辉的完整的人。此时，部分学生冷漠的笑声，不正好是进行人文教育的良机吗？想到这里，我的心情轻松了许多。我决定调整预设的教学内容，减少本节课的知识目标，以留出足够的时间来处理课堂中“生成”的“笑声”。

接下来，我介绍了“猫叫综合征”患儿的遗传缺陷，指出患者很少能活到成年。然后带着庄重的神情对学生说：“刚才有的同学要求再播放一遍视频，我就满足这部分同学的要求。”有的女生说：“不要放了，孩子太可怜了。”有的学生说：“好。”有的学生又发出了和刚才一样的笑声。“这次看视频时，请同学们思考并讨论以下几个问题：假如你是患者的亲属，你有何感受？我们应该怎样对待这类患儿？社会应该怎样对待有遗传缺陷的患者？造成这类遗传病的原因是什么？目前有办法医治好这类疾病吗？有什么办法避免这种不幸？”这一次视频播放完，学生的表情明显沉重起来，他们先是静静地思考，然后热烈地讨论。接下来学生都积极谈了自己的看法：“这个孩子太可怜了。”“这个家庭太不幸了。”“应该对患儿付出更多的爱。”“缺陷不是他自己的错。”“社会应该同情弱者，帮助弱者。”“有遗传缺陷的患者，他们与正常人一样具有平等的人格和尊严，我们应该尊重他们，尽可能地帮助他们。”“应该善待患者，尽一切努力治好他的病。”“可惜这类病目前还没有办法医治，这个孩子真是太可怜了。”“我们应该好好学习，用先进的生命科学造福人类。”……

显然，学生的表现与刚才已大相径庭，并且对“染色体结构变异”知识的学习，也表现出极高的热情和兴趣。效率之高，出乎我的预料。

接着，为引出“染色体数目变异”，我又播放了“天才”音乐指挥家舟舟指挥的交响乐的片段，看着舟舟矮小的身材和典型的“21 三体综合征”患者的特殊面庞，学生没有了笑声。我告诉学生："舟舟是'21三体综合征'患者，尽管已是30岁的成年人，但他身材矮小，智力仅相当于幼儿的水平。面对如此不利的先天条件，他付出了常人难以想象的努力，终于成为享誉世界的'天才'音乐指挥家。"听到这些，学生的脸上写满了钦佩、惊奇和赞赏。

显然，通过刚才的引导和讨论，"人性的种子"已经悄然埋在了学生的心中。我趁热打铁反问学生："染色体异常的舟舟尚能通过努力取得成功，身体健康的我们应该怎么做？有没有信心学好知识？"学生异口同声地回答："有信心！"

学生高涨的学习热情深深地感染了我，接下来的学习，学生的积极性很高。

当"猫叫"声再次响起，我的学生已不再冷漠！虽然没能完成预设的教学内容，但是学生有了更重要、深刻的"人性"的收获。这激发了我对生物教学的进一步思考，生物教师更重要的职责是什么，应该进行怎样的反思？

是将教案进行到底，还是从容地面对课堂中的生成？这是摆在每位教师面前的一道思考题。在该案例中，一个不太和谐的声音打破了我的教学预设，于是我"节外生枝"，引导学生就此进行思考和讨论，以至课堂教学预定的任务没能完成，预定的教学目标也没有实现。

怎样看待这种现象？首先，在这样的课堂里，没有达成的往往是预期的认知目标，而情感态度目标已经有所超越，所以这样的课应该得到肯定；其次，课堂教学目标是为教学目的服务的，如果这节课教学任务的完成与否并不影响学生的整体发展，那么未达成的认知目标完全可以在后续学习中完成；最后，教学目标本身也不是预设了就不能变更的，而应该随着学生的课堂学习状况及时调整。

新课程改革呼唤课堂的生成，但是受传统教学的影响，我们在教学设计时往往喜欢环环相扣，形成一种"线性序列"，使原本丰富的教学过程成了预设教学思路的演示，最终导致课堂教学刻板化和学生主体地位的丢失。生成性课堂强调教学的过程性和多元性，它以学生发展为根本，以动态生成为主旋律，以自主、合作、探究等学习方式为手段，引导学生在形象感知、情境感受、情感感染、心灵感动的学习中，内化知识，张扬个性，升华情感，完善人格。在这样的课堂上，学生获得了多方面的满足和发展，教师的劳动也闪耀着创造的光辉，师生都能感觉到生命活力的涌动。这种生成的课堂教学，就是生物教学的理想境界。

动态生成的课堂，学生参与的机会增多，出现师生意想不到的课堂矛盾很正常。这就要求教师具有良好的专业素质，能对课堂发生的情况做出正确的判断，能运用教学机智敏锐地捕捉生成的智慧火花，并以深厚的人文底蕴和智慧去引导或化解，使之绽放出生命活力，使课堂教学因“生成”而精彩！希望不久的将来，在课堂上，对于临场尴尬，我们能够镇静排除；对于瞬间顿悟，我们能够相机采撷；对于始料不及，我们能够灵活处理；对于意外碰壁，我们能够改弦易辙；对于外来干扰，我们能够因势利导。

总之，教师面对的是一个个鲜活的生命体，只要能做到以人为本，多一些机智，把握住生成，在迷茫处指点，在错误处引导，就能把学生“脱轨”的思维引导到有价值的发现上来，就能有效地促进学生的全面发展。只要我们相信学生，相信在他们的心里潜藏着人性的光辉；只要我们多一些表扬，少一些否定，多一些唤醒，少一些压抑；只要我们善于捕捉，善于随机应变，善于创造性地发挥，生物课堂定会充满人文精神，定会生成五彩缤纷的精彩。

人文化：新课程改革背景下生物教学的新追求

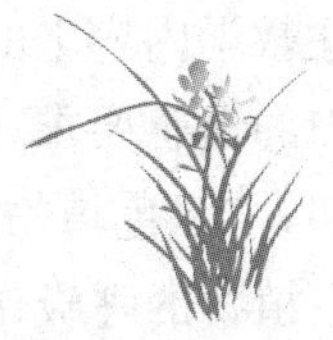

现代教学理论告诉我们，课堂教学不仅是一个掌握知识、发展智力的过程，同时也是一个完整的人的生长与成长过程，是一个个体生命潜能多方面得以彰显、丰富的过程。受传统教育思想的影响与束缚，我们以往的课堂教学目标局限于发展学生的认知能力，具体地说，就是把认知功能从生命整体中分割出来，把完整的生命当作认知体来看待。这种狭隘的课堂教学目的观，严重影响了学生自由个体与完整人格的养成。因此，新课程改革背景下的课堂教学应该以人为本，不仅要关注学生认知方面的发展，更要关注对学生情感态度与价值观的培养。对学生而言，课堂生活是一种特殊的生活方式，是展开生活的重要部分。只有创设人文化的课堂环境，实施人文化的课堂教学，才能落实学生的主体地位，培养学生的生物科学素养，促进学生的健康成长。

一、教学目标多维化

“一切为了每一位学生的发展”是新课程改革的最高宗旨和核心理念，凸显情感态度与价值观的教育是新课程改革的一个重要特征。课堂教学中，教师注重知识的传递本无可厚非，但是若仅仅关注知识，把知识的传递作为自己唯一的职责，就有失偏颇了。正如教学论专家斯卡特金指出的：“我们建立了很合理的、很有逻辑性的教学过程，但给予积极情感的食粮很少，必然引起很多学生的苦恼、恐惧和别的消极的感受，阻止他们全力以赴地去学习。”

生物新课标明确将课程目标分为知识、能力、情感态度与价值观三部分。与教学大纲相比，生物新课标突出了情感态度与价值观的教育。生物新课标对教师提出了新的挑战，如何科学全面地确立教学目标，如何精心设计教学程序，如何通过灵活多样的教学活动，培养、促进学生全面发展，成为摆在生物教师面前的重大课题。人的心理过程是一个复杂的统一体，知、情、意、行是相互联系、相互渗透的，在每一种行为中，既包含认知的成分，也包含情感的成分。这就要求教师在教学目标的设定上体现多元化，既需要关注教学内容上的要求，促使学生掌握知识，形成能力，同时也需要关注教学中的情感要求，培养学生良好的情感态度与价值观。

例如，“绿色植物的呼吸作用”一节按照教学大纲的要求，教学目标为：理解绿色植物的呼吸作用；了解呼吸作用原理在农业生产和日常生活中的应用；通过比较光合作用与呼吸作用的关系，帮助学生逐步树立辩证唯物主义观点。新课标下教学目标的设计主体指向学生，并且全面考虑知识、能力、情感态度与价值观三个领域，预期性的教学目标可以确立为：描述绿色植物的呼吸作用；举例说出呼吸作用原理在农业生产和日常生活中的应用；通过实验，培养猜想、观察、推理、分析、综合等能力；在实验中培养动手、动脑的能力，体验科学探究的一般过程，认同科学研究的求实、严谨，培养团结协作的团队精神；通过比较光合作用与呼吸作用的关系，初步树立对立统一的辩证唯物主义观点；积极参与调查，初步形成参与社会决策的意识，增强社会责任感。

课堂是动态的、生成的，完整的教学目标应该是预期性教学目标和生成性教学目标的和谐统一。生成性教学目标来源于学生内在的学习需要，来源于学生创造性的学习活动，是在学生积极思考的基础上产生的，是在师生互动过程中形成的，所以往往最能激发学生的积极性，更符合教学的实际，更有利于促进学生的发展。教师在教学过程中，要以开放的心态，对教学保持高度敏感，多维度审视课堂，以学生为本，凭借较高的教学艺术来把握和处理复杂多变的教学情境和问题，对预设的教学目标做出积极的、富有创意的调整，以促进生成性教学目标达成，实现课堂教学的优质高效，促进学生全面和谐发展。

二、教学模式主体化

新一轮基础教育课程改革强调，要充分调动学生学习的积极性和主动

性，落实学生在课堂教学中的主体地位，使学生真正成为课堂教学的主体，促进学生得到全面、充分和自由的发展。为此，必须实现课堂教学重建，进行教学模式优化。教学实践证明："主体—参与"教学模式能有效发挥学生的主体性，使学生最大限度地参与课堂教学活动。

"主体—参与"教学模式以学生主体参与教学活动为核心，以弘扬学生的主体性、能动性、创造性为特征，以促进学生发展为目标，在教师的引导下，学生通过动脑、动口、动手的积极活动，获得知识、能力等素质的全面提高。"主体—参与"教学模式的基本程序包括：激情引趣，调动参与；创设情境，引导参与；探索交流，合作参与；归纳总结，促进参与；迁移拓展，强化参与。其中，探索交流、归纳总结是核心部分，激情引趣、创设情境是探索交流的基础，迁移拓展是探索交流的应用和延伸。

如"绿色植物的呼吸作用"一节的教学，上课伊始，学生在欢快的乐曲中，欣赏着鸟语花香的优美画面，生发情趣，打开思维，叙说感受，认识到植物光合作用释放出的氧气是使人心旷神怡的原因之一。这时，教师设置问题启发学生思考："如果夜晚在卧室放置过多的花卉是否有益于人体的健康呢?"问题情境的创设，引导学生积极参与呼吸作用的新课学习。实验探索环节，学生积极动手，大胆设计，观察分析，猜测验证，在探索思考中放飞思维，在合作交流中体验感悟，全身心地投入教学活动，实现了真正意义上的主动参与。在学生获取大量感性认识的基础上，教师再引导学生归纳总结呼吸作用的概念，实现知识由感性到理性的飞跃。最后，联系实际，回归生活，指导学生运用所学知识，分析解决生产生活中的生物学问题，让学生在迁移拓展中感受身边的科学，体验成功的快乐。

这样，课堂由单纯的传递知识转变为引导学生主动发展，学生可以获得表现的机会，热情被调动起来，课堂充满情趣，教学凸显人文性，学生在主动参与中学会学习，感悟成长，能动性、积极性、创造性等素质都得到很大发展。

三、教学内容实现科学性和人文性的融合

1. 教学素材的选择：渗透生物科学史的教育

生物科学的发展离不开一代代生物学家艰辛的劳动和大胆的创造，科学家给人类留下的不仅仅是物质文明，他们的科学理念、人格品德，同样给人类的精神文明留下了巨大财富。教学中，我们应该充分挖掘，合理利用这些

宝贵财富，让生物课堂教学洋溢人文情怀。

生物科学发展史上许多重大发现都经历了曲折的历程，依靠生物科学家实事求是的科学态度和坚韧不拔的科学精神，才最终取得了成功。例如，从1880年达尔文首次进行植物向光性实验到1934年生长素提纯，生长素的发现历经半个多世纪，经过多位科学家的不懈努力才得以完成；孟德尔本着对生物学的浓厚兴趣，从1856年至1864年连续8年进行豌豆杂交实验，最终取得了成功，但当他于1865年将研究结果整理成文，并在布隆博物学会上以“植物杂交实验”为题分两次作报告时，并未引起学术界的重视，直到1900年才被人们重新发现。这些过程能使学生理解科学道路上的艰辛，帮助学生树立战胜困难的信心，增强承受挫折的能力。此外，孟德尔的豌豆杂交实验贡献给生物科学的不只是“分离规律”和“自由组合规律”，还包括科学选材、控制变量、实验设计、数学统计、提出假设、重复验证等一系列严谨的科学方法。其过程向人们昭示，任何一项科学研究，不仅需要有坚韧不拔的意志和持之以恒的探索精神，还需要有认真求实的科学态度和严谨科学的研究方法。

在生物教学中渗透科学史教育，将这些典型的科学史实与生物学科知识相融合，使课堂教学充满人性的光辉，潜移默化地影响、熏陶学生，将极大地促进学生人文素养的提升。

2. 教学内容的处理：突出科学的“善”与“美”

科学的本质是真善美的统一。我们曾经过于重视科学知识的教育，突出强调科学“真”的内涵，以为这就是科学教育的全部，其实，生物科学还包含“善”与“美”。新课程改革背景下的生物教学中，教师还应积极挖掘生物科学蕴含的“善”与“美”，引导学生从科学真善美的本质属性中汲取健康成长的营养，获取进步发展的动力。

生物科学中蕴含着许多“善”的因素，有利于学生形成科学的思想观和积极的情感态度。生物教学中，通过介绍我国丰富的自然资源和生物资源，增强学生热爱祖国、热爱自然的感情；通过了解与生物学有关的世界重大热点问题，如资源、人口、粮食、环境等，培养学生的社会责任感和忧患意识；通过了解沃森和克里克密切合作发现DNA双螺旋结构的过程，培养学生团结合作的精神；通过学习生物科学发展史中的杰出人物和重大成果，激发学生热爱科学、追求真理、勇于探索的精神，培养学生积极的情感和态度等。

生物科学还蕴含着独特而深刻的美学价值。让学生发现美、欣赏美、创造美，以美激情，以美求真，是提高学生人文素养，培养全面发展人才的有效途径之一。在教学过程中，我们可以结合教学内容为学生展示一幅幅美丽的图画，如发育过程中基因表达的有序性、细胞内各种代谢活动的协调性、生物体内环境的稳态、种群间的协同进化、生物圈的稳态等，让学生在认识生物界各层次的关联性、多样性和统一性的基础上，领略生物界普遍存在的内在和谐美。再如DNA分子双螺旋结构模型的简明、和谐、流畅和对称美；边解旋边复制并遵守碱基互补配对原则，将复制的差错率降至最低限度的严谨美等，能让学生领略生物科学理论或模型的科学美。

3. 教学资源的开发：接通书本知识与现实生活的桥梁

重构课堂，打开课堂教学与学生现实生活之间的界限，让课堂教学真正走入学生的现实生活，使教材中缺乏活力的静态知识转化为融合生活经验、散发时代气息的鲜活知识，促进学生生动健康发展，是新课程改革应有之义。

一要联系学生实际生活。生物教材中有许多教学内容与学生的实际生活接近，很多生物现象在生活中随处可见。例如，水果保鲜为什么需要低温、低氧？新移栽的花卉、树木为什么要剪去部分叶片遮阴处理？松树形成塔形树冠的原因是什么？盐水为什么能防腐？为什么空腹喝牛奶不科学？为什么清晨锻炼要在太阳升起后进行？使用加酶洗衣粉为什么不应该用开水？发高烧时为什么消化不好？教师在教学时可根据教学内容，选择适当的生活素材作为切入点，让学生在现实生活的背景中学习生物学，使真实的生物现象与学生的认知结构发生碰撞，从而使学生在解决实际问题的过程中深入理解生物学，认识到生物学的社会价值。

二要联系最新科技成果。正如一位特级教师所说，时代在发展，教材也在发展，但教材再先进，印刷出来的日期也是昨天的。新的科技成果不断涌现，教师只有及时将新科技吸纳添充进自己的课堂，才能彰显生物学本身的生命活力，体现生物课堂的时代性。如学习“输血和血型”时，补充“利用外周血等造血干细胞移植治疗血液病”技术，学生听后纷纷表示希望做捐献志愿者，帮助别人的同时，提升了自己的生命价值。

三要联系当前社会重大话题，使生物课堂呈现出鲜活的时代气息。艾滋病是当今社会关注的重大话题。每年的12月1日是世界艾滋病日，我们就把“病毒”一课安排在世界艾滋病日前一周学习。课前，指导学生从报刊或网络上查阅资料，教学中组织学生分组讨论，汇报展示。通过教学使学生明确，艾滋病威胁着每一个人和每一个家庭，预防艾滋病是全社会的责任，每个人都应该懂得预防的基本知识，加强保护，珍爱生命。通过学习，学生形成了相互关爱、共享生命的情感，增强了关注社会、关注生命的责任感。

四、教学评价发展化

在现代教学理论看来，课堂教学评价的根本作用不是“选拔适合教育的儿童”，而是努力“创造一种适合儿童的教育”。《基础教育课程改革纲要(试行)》明确指出，应改变课程评价过分强调甄别与选拔的功能，发挥评价促进学生发展、教师提高和改进教学的功能。“建立促进学生全面发展的评价体系。评价不仅要关注学生的学业成绩，而且要发现和发展学生多方面的潜能，了解学生发展中的需求，帮助学生认识自我，建立自信。发挥评价的教育功能，促进学生在原有水平上的发展。”因此，课堂教学评价必须实现评价中心的转移，从选拔性评价走向发展性评价，逐步淡化甄别与选拔功能，充分发挥课堂教学评价的发展性功能，激发学生的内在学习动力，促进学生知识、能力、情感态度和价值观的协调发展，实现学生的全面进步。

为此，在教学实践中，我们要做到：第一，从“一把尺子”到“多把尺子”，实现课堂教学评价标准的多元化。尊重学生发展的差异性和独特性，全面、客观、科学地评价每个学生，使每个学生不仅能清楚地看到自己的长处、优势和潜能，还能明确下一步的努力方向。第二，实施鼓励性评价，努力实现由以指责、奖惩为主的否定式评价向以鼓励、肯定为主的鼓励性评价的根本性转变，引导学生明确自己身上蕴藏的丰富的发展潜能，使学生树立自信心，坚信“我能行”。第三，注重过程性评价，为每个学生创造体验成功的机会。充分发挥过程性评价对学生发展的积极作用，通过关注“过程”来收获“结果”，通过重视平时的细微进步来实现全面整体的提高。

五、教学环境人文化

1. 创建人文化的课堂“硬”环境

课堂“硬”环境是学生参与学习活动的物质空间，它以具体可感的形象作用于学生的感官，形成显性的场景，从生理上和心理上给学生以影响，进而感染学生的情绪，激发学生的内驱力，使之积极、主动、愉快地参与课堂教学。因而，课堂教学要为学生提供一个充满人文味的，能使之欣然参与教学活动的理想空间。例如，改变教学组织形式，教室内的桌椅可根据教学需要摆成马蹄形、圆桌形、对称形、品字形等；教室窗台上摆放几盆绿色植物，既可以观察叶片的形态、结构，也可观察植物的向光性，还能探究绿叶的光合作用和蒸腾作用；窗台上还可以放置小鱼缸，为学习生态系统提供材料；生物实验室的墙壁上张贴生物学家画像或者学生的生物作品，营造催人奋进的环境。让教学环境呈现出浓浓的人文味，学生参与学习的热情自然会得到提高。

2. 营造人文化的课堂“软”环境

要实现学生真正意义上积极主动参与课堂教学，就必须为学生创设一个自由安全、充满人文精神的环境，即“软”环境。

（1）转换角色

要重新定位师生角色，构建一种新型的师生关系，即作学生的“老师＋家长＋朋友＋学生”。首先是老师，对学生孜孜不倦，严爱有加；其次是家长，对学生倍加呵护，无限关爱；第三是朋友，与学生友好相处，诚心帮助；第四是学生，教学相长，共同成长。新课程改革强调，教师要放下居高临下的威严，走到学生中去，努力成为“平等中的首席”，这样，学生的尊严感提升了，参与教学活动的主动性、积极性自然就产生了。

（2）沟通情感

罗杰斯认为，教学环境与其说是物质的，不如说是情感的。只有营造和谐融洽的情感氛围，师生之间产生强烈的情感共鸣，教学活动才能在轻松自然、和睦融洽的气氛中进行。教学实践证明，教师做到“三个多一点”就能有效地和学生沟通情感，创设愉快的环境。一是“多一点微笑”。教师要以饱满的热情、良好的情绪和真诚的微笑面对每个学生，让学生受到感染。二是“多一点尊重”。教师要尊重学生的人格，不伤害学生；尊重学生的选择，不横加阻拦；尊重学生的观点，不漠视讥笑；尊重学生的思考，不匆忙打断。三是“多一点赞美”。教师要用放大镜发现学生的优点，用望远镜瞄准学生的将来，对学生多一些肯定，多一些鼓励，少一点指责，少一点批评。教师对学生真挚的爱和信赖，可以使学生充分感受到自身价值被肯定和认可，从而焕发积极进取的精神活力。

（3）营造氛围

新课程改革的实施，是以民主、宽松、和谐的课堂氛围为基础的。在心理安全自由的课堂氛围中，师生形成平等、包容、对话的关系，学生才会感到心情舒畅、情绪高涨，才能思维活跃、求知欲高涨，“群体共生效应”才能产生，创新活力才能竞相迸发。为此，在教学过程中，教师要积极帮助学生树立自信心，为学生创造体验成功的机会。当学生提出不同意见，冒出奇思怪想时，教师要鼓励学生大胆发表自己的看法……在这样的氛围中，课堂成了快乐学习的乐园，学生就能欣然投入教学，主动体验成功。

生成：新课程改革背景下生物教学的重要理念

“生成”是新课程倡导的重要教学理念之一。它强调课堂是动态的，是鲜活的，是情境化的，也是富有个性的，不存在一模一样的课堂。正如古希腊哲学家所说的“人不可能两次踏进同一条河流”，教师也应该明确“一个教师不可能两次踏进同一个课堂”。课堂是受多种因素综合影响的，随时会出现种种意料之外的情况，如果课堂的一切都在教师的意料之中、掌握之内，那么教师的教学也将逐渐成为沉闷的、机械的重复性劳动了。这就要求教师在课堂上要根据变化的情境，随时调节课堂的目标、程序、内容、节奏等；要求教师在教学时要跳出备课既定的思路，尊重学生的思考，尊重学生的发现。这样，教师和学生的积极性才会被调动起来，进而产生灵感，课堂就会因动态生成而精彩。

一、教学设计在情境中灵活生成

为了课堂的高效，教师无疑应根据教学目标和课程内容，精心进行教学设计。但是，这种设计不应是限制教师与学生探索、创造的框框，课堂中的教学操作也不应是“教案剧”的照本上演。新课程改革提倡的“为学习而设计”的教学理念强调，教学是教师“教”与学生“学”的共同活动，教学本身是围绕学习而展开的，“教”是为“学”服务的。为学习而设计教学就意味着应该把学生作为教学的出发点和核心，教师要应学生而动，应情境而变，充分运用自己的教育智慧，与学生一起，共同“生成”课堂。

如“鸟类”一节，其主要内容是鸟类与飞行生活相适应的形态结构和生

理特点。课前我准备了丰富的教学材料，设想通过学生的观察思考、合作交流等完成教学。可走进教室后，我发现学生异常兴奋，有几个学生在扔纸飞机，他们还沉浸在室外活动的快乐中。

此时，教师应采取积极有效的措施，集中学生的注意力，帮助学生的思维及时回拢定位。看来，平铺直叙的教学方法难以奏效，强行使用预先的教学设计效果肯定不会理想。这时，学生手中的纸飞机引起了我的注意，何不借用一下呢？于是，一上课我便让学生比赛扔纸飞机，看谁的飞机飞得又快又远。兴致高涨地“玩”过后，我请学生思考，怎样才能使飞机飞得又快又远呢？通过分析、讨论，学生认识到飞机要飞得远需要考虑减小空气阻力，减轻重量等因素，然后，由飞机的特点自然地迁移到鸟类与飞行相适应的特征上来。在亲身体验的基础上，在积极主动的探究中，学生轻松地理解并掌握了鸟类的身体呈流线型，可以减少飞行时的阻力；前肢变成翼，生有大型正羽，排成扇形，适于飞行；正羽控制飞行的方向；有的骨薄，有的骨愈合，长骨大多中空，能够减轻体重等一系列与飞行生活相适应的形态结构特征，这节课就这样精彩高效地完成了。

教学设计需要预设，但是课堂教学如果一味地按照预先设计进行，不考虑教学环境的变化，课堂教学将变得机械、沉闷，失去生机和乐趣。因此，教师应根据教学情境、学生状况，及时调整教学设计，以便更有利于教学活动的开展，教学目标的深化。

二、教学目标在实施过程中动态生成

教学目标是统领教学活动的灵魂，是教学活动开展的核心，教学设计首先要确立预设的教学目标。教学目标并不是一成不变、不可调整的。课堂教学具有较强的灵活性，在教学过程中，学生的学习状态、学习条件、学习情境随时会发生变化，当学生的学习情况发生变化时，预设的教学目标可能会显得不合理、不完善、不适宜，因此，教师在教学实施过程中，需要接纳始料未及的信息，关注学生独特的体验，超越既定的预设目标，及时生成新目标。

如在教学“人在生物圈中的作用”一节时，我安排了“水污染对动物生活的影响”的探究实验。按照预先的教学设计，学生分组完成探究实验后，进行小组汇报交流，师生共同评价总结，从而得出水被污染会影响鱼的生活的结论，达成培养学生科学探究、合作交流、分析表达能力的目标。实验按照预先的设计按部就班地进行，实验现象非常明显。当各小组汇报实验结果时，课堂上却没有了实验操作时的热闹和兴奋，学生变得沉默不语。原来，鱼在被污染的水中挣扎的情景刺痛了学生的心。这不正是进行生态环境保护教育的好时机吗？经过斟酌，我决定改变预设中让各小组汇报实验结果的环节，及时提出了三个问题请学生思考：一条条鲜活的生命在被污染的环境中痛苦挣扎，渴望生存，假如鱼会说话，你觉得它会说什么？假如你发现鱼塘中有污染物，你会怎样做呢？保护环境，从我做起，作为一名中学生，我们能为环境保护做些什么？三个问题环环相扣，层层深入，学生积极思考，踊跃发言，全身心地投入学习中，保护环境、爱护动物的教育就这样悄然进行着。在学生的讨论中，这节课结束了，虽然没能完成预设的教学目标，但是学生保护环境的意识和能力得到了提高，这难道不是更重要的教学目标吗？

三、教学程序在生成中及时调整

“课堂应是向未知方向挺进的旅程，随时都有可能发现意外的通道和美丽的图景，而不是一切都必须遵循固定线路而没有激情的行程。”这句话告诉我们：课堂上，学生的学习不是预约的，而是学生与教师和同伴思维碰撞的动态过程，在这一过程中，会有许多意外与惊喜发生。作为课堂教学组织者的教师要努力在教学过程中挖掘动态生成资源，让课堂更精彩，更充实，更丰富。

如在“探索影响鼠妇分布的环境因素”实验课上，在探索出鼠妇适于生活在阴暗、潮湿的环境后，一名平时爱动脑筋的男同学提出一个新问题：“既然鼠妇喜欢‘阴暗’和‘潮湿’，不喜欢‘光亮’和‘干燥’，那么‘阴暗’和‘潮湿’鼠妇更喜欢哪一个呢？‘光亮’和‘干燥’鼠妇更不喜欢哪一个呢？”这是我在备课时没有想到的。但随即我决定将这一突发事件，开发成教学资源。学生分组讨论，大胆设计了光亮潮湿和阴暗干燥的对照实验，最后发现大多数鼠妇爬到了阴暗干燥的环境中。学生自己设计的实验完成后，思维更加活跃了，有的学生提出可不可以设计其他的实验。考虑到教学要激发学生探究的热情，我鼓励学生大胆设计。学生的潜力得到了开发，奇思妙想不断涌现，一个个有创意的设计呈现出来：温度对鼠妇的生活有影响吗？声音对鼠妇的生活有影响吗？……探究实验激活了学生的探究欲望，点燃了学生的思维火花，培养了学生的创新精神。

随着学生在课堂中主体地位的增强，学生的自主性得到了进一步体现，

质疑、争论的机会大大增加，独特的问题不时提出，这就要求教师要尊重学生，学会欣赏与倾听，并在欣赏与倾听中肯定、鼓励学生，及时发现学生所提问题的价值，及时调整教学程序，改变教学节奏。这些“意外”或许打乱了预先的设计，影响了教学的进程，但是许多不曾预约的精彩也会因此不期而至，课堂教学会因为变化而生动、深刻起来。

四、教学资源在生成中开发利用

新课程理念下的教学资源观认为，学生不仅是教学的对象、主体，还是教学的资源、课堂生活的创造者。生物新课标更是明确指出，学生的生活经验是无形的课程资源。这就要求教师把教学的立足点转向学生，关注学生的生活。每个学生的生活世界都是不同的，不同的生活世界让学生拥有不同的生活经验，这些丰富的生活经验便是重要的课程资源，它不仅对学生本人的成长起着重要作用，对于同伴来说也是一种资源，同伴可以从他那里获得知识和经验，而且同伴之间的互动，更能激发学生学习的信心和热情。在生物课堂教学中，教师应善于吸纳这些鲜活的“营养成分”，充分发掘、合理利用这些无形的资源，使其在学生中多向传递，做到经验共享，使学生学得生动，学得积极，学得活泼。

如在执教“生物的无性生殖”一节时，我安排了“尝试嫁接”的实践活动，考虑到学生缺乏经验，所以备课时的设计是学生浅尝辄止，做大概的尝试即可。课堂上，我把事先准备好的材料发放给学生，让学生按照课本上的操作步骤分组练习。由于多数学生是第一次拿嫁接刀，操作起来显得非常笨拙，不过看着学生们的认真劲儿，也别有一番情趣。巡视中，我发现有一个小组的嫁接方式和课本上的不太一样，而且速度也比较快。询问后得知这个小组中有一个学生家有果园，他跟家长学习过嫁接技术。于是，我让这位学生做“小老师”，为其他同学演示。只见他一边娴熟地操作，一边详细地讲解关键步骤，他还特别强调，嫁接成功的关键是确保接穗和砧木的形成层紧密结合在一起，俨然一个小小“技术员”。

学生是学习的主人，学生的已有经验是学习的基础和起点。课堂教学中，关注学生的经验，不仅能找准新知识的生长点，还能激发学生学习的兴趣，使学生享受自主构建知识的快乐。

五、教学机智在生成中施展发挥

课堂是生成的、动态的，有些课堂中的突发事件、生成问题根本是教师在教学设计时无法预见的，这就要求教师高度重视，融入智慧，妥善解决。在新课程理念下的课堂教学中，教师更应该以学生为本，关注学生在课堂活动中的状态，随时捕捉、利用意外的生成资源，点燃学生思维的火花，拓展学生思维的空间，活跃学生的情趣，深化学生探究的兴趣，使课堂教学更加生动、鲜活、精彩。

人体的“血液循环途径”是七年级生物课程中的重点，也是难点。如何让学生深刻理解并有效记忆，一直是困惑教师的难题。以往我们通常采用的方法是识图作答或画图强化，但是面对呆板冷漠的图示和文字，学生难免感到厌倦。在一次学习“血液循环途径”即将结束时，个别好动的男生开始坐不住了，甚至有学生下位走动借东西。学生的走动开阔了我的思路，何不借助游戏活动来学习这一难点呢？于是，我让这个学生扮演红细胞，其他学生扮演血液循环途径中的各个器官。让该生在班级中走动，随意指定在座的同学说出以他代表的器官为起点的血液循环途径。同学们都情绪高涨地投入游戏中。基于一个学生说的内容太多了，其他人只能闲下来，我们把游戏改成了“循环列车”，即全班同学每人代表一个器官，随即指定一个顺序，按照血液流动途径和自己所代表的器官依次快速作答，从而让学生真正地“循环”起来。

学习如游戏，情趣在其中，游戏的趣味性诱发了学生浓厚的学习兴趣，调动了学生参与活动的积极性，缓解了纯知识学习带来的紧张焦虑，使学生体验到学习的乐趣。那个好动男生的走动引发了我的教学机智，促使我们的生物课堂变成了游戏活动课，改变了课堂机械沉闷的气氛，为课堂增添了无限生机，使课堂焕发出生命活力。

课堂是动态的课堂，课堂教学需要预设，但绝不能完全依靠预设进行教学，教师要随时审时度势，根据课堂的变化而变化。苏霍姆林斯基说过：“教育的技巧并不在于我能预见到课的所有细节，而在于根据当时的具体情况，巧妙地在学生不知不觉之中做出相应的变动。”课堂教学中，教师要处理好预设和生成的关系，把预设和生成结合起来，遵循“心中有学生、眼中有资源”的原则，将弹性灵活的成分、始料未及的信息等生成性资源及时捕捉并纳入课堂临场设计的范畴中，及时调整教学进程，让课堂弹性化、开放化，从而真正让课堂教学呈现出生机和活力。

也谈一节好课的标准：构建“四有课堂”

无论过去还是现在，课堂教学一直是教学活动的基本组成部分，课堂学习一直是学生人生中一段重要的生活经历。课堂是否高效很大程度上取决于教师对课的理解及设计，继而课的质量高低将会直接作用于课堂，影响学生当前及今后多方面的发展和成长。伴着新课程改革的步伐，新理念下的课堂被赋予了鲜明的时代色彩。怎样的课才是理想的课，已成为新课程改革背景下一线教师不断探讨的话题。有人说，自由活泼的课是理想的课；有人说，动态生成的课是理想的课；也有人说：对话互动的课是理想的课……我认为，理想的生物课堂应是着力构建“魂、神、本、根”兼备的“四有课堂”，下面结合优秀教学案例“尿的形成”进行浅显的阐述。

一、课之魂——着眼于人的成长与发展

德国教育家斯普朗格认为，教学活动不仅是一个认知性的知识授受过程，更是一个完整的人的生成与发展过程。现代教育特别强调人的发展，认为教育的本质就是提高人的素养，促进个体发展。生物新课标的理念之一就是“提高生物科学素养”，其中明确指出：“生物科学素养是指一个人参加社会生活、经济活动、生产实践和个人决策所需的生物科学概念和科学探究能力，包括理解科学、技术与社会的相互关系，理解科学的本质以及形成科学的态度和价值观。”这就要求教师在生物课上不仅要教给学生知识，更多的是帮助学生形成生物学的基本观点和思维方式，从而提高学生的学习能力，使其树立健康的生活态度，培养其科学求实的作风等。这一切不仅是学好生

物学必不可少的，还对人的求知、做人、生活等都具有指导价值。这正是我们生物学科教学的应有之义，是我们所追求的课的灵魂。

1. 课始：在亲情感动中拉开序幕

执教“尿的形成”一节时，教师先播放“田世国捐肾救母”的视频和《感动中国》对其的颁奖词：“‘谁言寸草心，报得三春晖？’这是一个被追问了千年的问题。一个儿子在2004年用身体做出了自己的回答，他把生命的一部分回馈给病危的母亲。在温暖的谎话里，母亲的生命也许依然脆弱，但是孝子的真诚已经坚如磐石。田世国，让天下所有的母亲收获慰藉。”此时，课堂的气氛明显肃穆了很多，有些学生的眼角已经湿润……此时教师问：“观看了田世国捐肾救母的壮举，你有什么感触？”学生纷纷发言：“田世国很勇敢、很孝顺，是个好儿子。”“他知道母亲生育他不容易，懂得知恩图报。”“我们以后要多帮父母做事情，让父母为自己骄傲、自豪。”……教师赞同道：“田世国的行为温暖了天下父母，他的孝心感动了我们每个人。在感动之余，让我们用生物学的眼光来审视，不禁要问：为什么肾移植能够治疗尿毒症？肾脏对人体有什么重要的作用？肾脏的结构是怎样的？带着这些问题，我们一起走进今天的课题‘尿的形成’。”

这是一个平常而又“高贵”的开场，二者结合得天衣无缝。开场紧扣主题，导入亲切自然、水到渠成，激发了学生强烈的学习欲望。此开场选得真，选得善，选得美：田世国捐肾救母是真实存在的，其壮举是人性善的体现，背后蕴含着母子情之美。也正是从这个角度上，我们说，这样的开场是高贵的，它的内涵已超越了课堂教学和课程本身。它的价值在于从一个侧面展示出教育的本意，并向我们讲述了一个关于亲情、感恩与人性之美的故事，这一切却来得“春风化雨，润物无声”。

2. 课中：在严谨的科学态度中开展探究

在学生上台指出肾的宏观内部结构时，教师问：“你发现什么问题了吗？为什么皮质的颜色和课本上描述的不一致？”这一提醒打破了学生平静的思维状态，这无异于“自找麻烦”，讲台上的实物与教科书之间发生了“矛盾”，怎么办？正当学生疑惑之时，教师说道：“我们必须以实事求是的科学态度来进行观察，观察一定要客观、真实，这是生物科学素养的一个重要方面……我们观察的猪肾，由于离体时间较长，皮质中的血液流失了，所以皮质的颜色较浅。”

接下来的细节可谓用心良苦。教师展示完肾单位的结构示意图后，让学生用电子显微镜观察真实的肾单位。很多教师也是第一次看到，因为大家从来都是照着课本讲，很少有千辛万苦寻找实物的。也许有人认为这是超纲和多余，但教师却教给了学生一种严谨的科学态度，让学生通过实物懂得了生物结构的严整繁杂。

3. 课尾：在人格感染中提升境界

新课结束后，回扣引课时的情境，教师说道："田世国的妈妈是幸福的，儿子健康的肾脏挽救了她的生命。然而，还有很多尿毒症患者因为肾源不足，依然忍受着病痛的折磨。死后我自愿将遗体捐献给更加有需要的人，用以延续自己和他人的生命。"教师语毕，先是短暂的沉默，紧接着，教室里爆发出热烈的掌声。这就是教师的人格魅力，这种巨大的力量引领着学生的价值观，指引学生超越小我，关爱他人，提升做人的境界。

反思我们的课堂，作为教师关注最多的可能就是知识点是否讲全，学生记住了多少，这节课还有多少时间可以让学生复习和背诵，还有几分钟可以检查和提问，测验中学生能考多少分……知识固然重要，然而对待知识时的严谨态度和质疑精神更是人求知必不可少的"食粮"。若干年后，学生也许早已忘记了那节课上的知识点，但他却懂得了感恩和回报，依然践行着科学求实……因为那是来自生命最真诚的渴求。唤醒人性之美、阐释教育本意即是我们的课的灵魂。既是灵魂，故将永存。这也许是一门课程开设的价值和意义所在吧。

二、课之神——追求课的"形散而神不散"

形散而神不散，是散文最显著的特点。"形散"与"神不散"是和谐统一的，既放得开——"形散"，又收得拢——"神不散"。"形散"是外在表现，"神不散"是根本前提，"形"最终是为"神"服务的。其实，不仅散文，大凡优秀的文学作品，都有一条主线贯穿始终，这就是其作品的"神"之所在。由此，我想有效的课堂教学也应有其"神"——一条清晰明确的教学主线。也就是说，课堂的几个教学环节和板块之间不应是彼此孤立、零散堆砌的，而应是围绕一个中心，指向一个主题的。

如"尿的形成"一节，"尿"看似是本章"人体内废物的排出"中的新内容，但教师从对教材的精心研读中，抓住了其"神"——生物体的结构与功能相适应这一观点，并以"血液流向"作为切入点，从而理出了该章节的教学主线。

首先，对"宏观"的肾脏的学习，使血液、肾和尿液三者关系渐显。学

生在对猪肾的观察中发现与肾相连的管子有三条，自上而下依次是肾动脉、肾静脉和输尿管，从而感受血液、肾和尿液之间的密切关系——血液流经肾脏就会产生尿液。那么，肾脏何以能担此重任？在肾脏中血液的流向又是怎样的？肾脏中的什么结构行使着从血液分离出尿液这一功能？这个结构又有何特点？由此进入肾的微观结构。如果把“尿的形成”一节的学习比作一次“对尿如何产生”的探险故事，“血液流向”则是这个故事的线索，它必将推动整个“情节”的发展，吸引着读者追随它继续“探险”。

其次，对“微观”的肾单位的学习，使学生认识到血液、肾和尿液三者关系密切。接下来，师生一起探究了肾单位。从宏观上看，是血液在流经肾脏时，被分离出尿液，本身得以净化。那么微观上应该是肾单位承担起产生尿液的重任，于是，将血液在肾脏中如何流动的问题转化为血液是如何在肾单位中流动的，“尿是如何形成的”也就在对肾单位中的“血液流向”的探索中“浮出水面”了。这样一路追寻下去，很自然地找到了尿液形成的两个过程：肾小球的滤过作用（将血液过滤形成原尿）和肾小管的重吸收作用（将原尿中对人体有用的物质重新吸收回血液，剩余物为尿液）。

最后，通过尿形成示意图的巧妙构建，借助不同颜色、结构名称的标注和有关箭头表示，形象直观地表示了在肾单位中，血液是如何得以净化，并形成尿液的。至此，“尿的形成”一节教学圆满结束。

整节课，教学方法和形式都在不断变化，但有一点始终如一，那就是教师一直在向学生传递着生物学中的一个基本观点，即生物体的结构是与其功能相适应的（不能孤立地学习肾单位的复杂结构，还要思考肾单位这样复杂的结构基于怎样的功能和作用上）。而学生也认识到，肾脏之所以能承担起净化血液，产生尿液的重任与其结构是密不可分的。如果每节课，我们都能让学生在头脑中构建一些生物学的基本观点，教学生学会用生物学的基本观点去审视问题、分析问题、解决问题，那么日积月累，学生一定会在潜移默化中提高自身的生物学素养，并将因此受益终身。正是由于本节课找到了“血液流向”这条主线，紧紧围绕生物体结构是与其功能相适应的这一生物学观点，即本节课的“神”进行了教学设计，使得整节课思路清晰、干净利落、简约流畅、一气呵成，显示出课的大气与神韵。

三、课之本——立足课堂教学的“三个中心”

众所周知，在课堂教学中，学生并不是空着脑袋走进教室的，更不是接受知识的容器。那么，如何让生物课堂真正有效地促进学生的学习，就必须关注课之本——立足课堂教学的“三个中心”。

1. 以问题为中心——激活有效课堂智慧的“金钥匙”

著名教育家陶行知先生说：“发明千千万，起点是一问。禽兽不如人，过在不会问。智者问得巧，愚者问得笨。”现代心理学认为，一切思维都是从问题开始的。由此看来，一堂课的成功与否，问题设计是关键，好的问题可以开启学生心智、促进学生思维、增强学生主动参与意识。

如在“感动中国——田世国捐肾救母”的感人氛围中，教师自然而然地抛出了本节课的第一个问题：“在感动之余，让我们用生物学的眼光来审视，不禁要问：为什么肾移植能够治疗尿毒症？肾脏对人体有什么重要的作用？肾脏的结构是怎样的？”

在现实生活中，有很多尿毒症患者，但真正能进入学生视野的没有几个，自然也就无法唤起学生发自内心的一种关注。而此时，真实情境的创设，很快地将学生引入所要探究的课题中。面对这种真实的“挑战”和任务的驱动，学生将会全身心投入学习活动。

又如，在学习“肾的微观结构——肾单位”时，教师问：“当血液由肾动脉流入肾时，肾将体内的一些代谢废物和多余的物质，从血液中分离出来，形成尿液，使血液得到净化。净化后的血液由肾静脉运往身体各处。那么，肾中的什么结构担此重任？尿液是在肾中的什么结构中形成的？”从而引入对肾的微观结构——肾单位的学习，并追问：“肾单位的结构如何呢？”

教学是解决不知与知、浅知与深知的矛盾，也可以说是要学生解决问题。因此，教师应在学生疑难之处设计一些有思维“分量”的问题，让问题成为思维的路标，开启学生的心灵之窗，激发学生去思考，将学生逐步引入学习佳境。

再如，教学中教师设置了“分析数据，自主提问”环节：“这是血浆、原尿和尿液的成分及含量，通过比较各种成分数据的差异，你能提出什么问题？并进行进一步解释。”于是课堂出现了学生相互提问、自主解答、互动交往的学习场面。学生提出了诸如“血浆与原尿的成分有什么区别”“原尿与尿液的成分有什么区别”“血浆与尿液的成分有什么区别”等问题，更令人兴奋的是，有学生还提出了“尿液中尿素、尿酸和无机盐的含量为什么增加了”这种含金量很高的问题。

在传统的课堂教学中，大都是由教师提出问题。如此一来，使学生只会“学答”而不会“学问”。爱因斯坦曾强调：“提出一个问题比解决一个问题

更重要。”因此，教师要有意识地培养学生的自主提问能力，把课堂上的问题下放给学生，让学生发现问题，提出问题，发展思维能力。

2. *以活动为中心——构建有效课堂生动的“抓手”*

学生天性好玩，生性好动，课堂活动正好满足了学生在玩中学的天性和欲望。活动不仅是学生认识的源泉，也是其发展的基础。新课程理念下，要让学生真正成为课堂的主人，就必须以活动为中心，寓教育于活动中，让活动成为构建有效课堂的“抓手”，发掘每个学生的潜能。

活动 1：动手制作，构建模型

在学习“肾的微观结构——肾单位”时，教师设计了动手探索活动：小组利用橡皮泥、白色卡纸、红色毛线、蓝色毛线等材料制作一个肾单位模型，并进行展示和评价。课堂立刻变得活跃、生动起来。小组学生有的用橡皮泥捏肾小体，有的捏肾小管，有的将红毛线和蓝毛线衔接起来表示肾单位中动静脉血的变化……我们看到了学生忙碌的身影、合作的快乐以及自信的笑容。不知不觉中，“肾单位”这一肉眼不可见的抽象结构在学生的手中变得具体生动起来，在学生的头脑中逐渐清晰、深刻起来。

活动 2：模拟活动，巧妙类比

在学习“尿的形成”时，教师设计了模拟活动“让我们做做看”。

教师：这里有一包粮食，有花生、大豆、绿豆、黑米，但也掺杂着沙粒、石子。你怎样模仿农民伯伯有效地去除杂质呢?

(有学生提到了用筛子筛，于是教师出示筛子，并请学生操作)

教师：同学们，看一下筛出去的杂质，能不能直接丢掉呢？为什么？

学生：不能，因为杂质中还有一些小粒的粮食。

教师：对呀，唐代诗人李绅曾写过一首诗。锄禾日当午，汗滴禾下土，谁知盘中餐，粒粒皆辛苦。既然“粒粒皆辛苦”，我们就应该把漏掉的小粒粮食从杂质中捡回来。

显然，这个活动包含了两个过程：第一个过程是“筛出去”，即把粮食中的杂质筛出去——类比肾小球的滤过作用；第二个过程是“捡回来”，即将漏掉的粮食捡回来——类比肾小管的重吸收作用。

这个模拟活动，使学生的学习变得有条理，变得清晰而生动、简单而有趣、好玩又好记。

活动 3：手势演示，理解记忆

肾单位的结构和尿的形成过程毕竟是微观抽象的，因为看不到、摸不着而使学生感到深奥枯燥，晦涩难懂。于是教师充分利用手势，让每个学生在自己的双手上创造发现奇迹。一只手的拇指和其他合拢的四指相对半握，模拟肾小囊；手腕和弯曲的胳膊即是细长曲折的肾小管。另一只手的大拇指代表管径较粗的入球小动脉；食指、中指和无名指代表入球小动脉分出的数十条毛细血管，三指并拢握起代表毛细血管弯曲盘绕形成肾小球；小指则代表管径较细的出球小动脉。将“肾小球”放入另一只手的“肾小囊”中，就构成“肾小体”。再加上胳膊“肾小管”就组成了完整的“肾单位”。学生在摆弄手指的过程中，自主构建了知识；在欣喜与惊奇中，化解突破了难点。

对于尿液形成的两个过程的演示，需要利用红色毛线和蓝色毛线。将红色毛线缠在大拇指“入球小动脉”、并拢握起的三指“肾小球”和小指“出球小动脉”上，在胳膊“肾小管”处用蓝色毛线，以代表血液的变化。学生在不断握松“肾小球”和摇动胳膊“肾小管”中，再现着滤过作用和重吸收作用。在全身心投入的游戏中，两个生理过程由深奥变得浅显，由抽象变得具体、由隐蔽变得显性，由晦涩变得生动，使学生在玩中，理解了，记住了，掌握了。

现代学习方式的突出特征是学生的亲身体验。亲身体验可以理解为学生在实际的学习过程中，用自己的身体去经历学习的过程，用心灵去感悟其中的道理，在积极参与学习活动的过程中，使学生的耳、目、手、口、脑都“活动起来”。苏霍姆林斯基说：“教育者不能毫无热情地把知识从一个头脑灌入另一个头脑。”学习知识是需要内化的。只有在活动中充分调动学生的学习积极性，充分利用生活情境和学生的已有知识，才能激发学生的学习兴趣，让学生自主地以独特的方式去学习、去感悟，其内在潜能才能被充分发掘。

3. 以探究为中心——追求有效课堂理想的“魅力源”

生物新课标将“倡导探究性学习”作为生物课程的理念之一，“力图改变学生的学习方式，帮助学生领悟科学的本质，引导学生主动参与、勤于动手、积极思考，逐步培养学生收集和处理科学信息的能力、获取新知识的能力、分析和解决问题的能力，以及交流与合作的能力等，突出创新精神和实践能力的培养”。它旨在引导学生主动参与科学探究过程，激发其学习生物学的兴趣，全面提升学生的生物科学素养。

教学中，一提到探究性学习，大家脑海中马上就会浮现出一些“经典探究”。诸如“探究种子萌发的条件”“探究鼠妇的生活环境”等。毫无疑问，在这些探究活动中或多或少都有学生的动手操作，并符合科学探究的一般步骤，即提出问题—作出假设—制订计划—实施计划—得出结论—表达交流。

然而，实际上不少教师对科学探究的理解存在一定的偏差，其中最典型的就是将探究等同于动手。显而易见，这种认识是有失偏颇的，探究性学习不光有显性的动手，还应有隐性的动脑——思维。

比如，教师出示血液和尿液成分表，让学生分析思考，血液中的哪些成分形成了尿？排尿主要排出了哪些物质？此处的数据处理，就是探究的一个方面。

再如，“分析数据，自主提问”环节：当教师抛出“这是血浆、原尿和尿液的成分及含量，通过比较各种成分数据的差异，你能提出什么问题？并进行进一步解释”这一问题时，表面看来是问题更进一步，内容更深一些，实际上这个过程真正推进的是学生的思维发展，要求学生进行的是一番思维探究。而课堂中出现的学生相互提问、自主解答、互动交往的学习场面，学生提出的诸如“血浆与原尿的成分有什么区别？原尿与尿液的成分有什么区别”等问题，以及“尿液中尿素、尿酸和无机盐的含量数值为什么增大了”这样含金量很高的问题都是学生思维参与的体现。在此过程中，教师的引领使学生经历了“结果是什么”“结果为什么这样”“说明了什么”等一系列思维活动。这是一次次思维的探险，使学生在历经困惑、迷茫、顿悟、释然中，体验着思维的美丽，这种思维探究无疑对提高学生的科学素养大有好处。

生物科学是自然科学中的基础学科之一。在初中生物教学中，要培养学生的创新精神和探究能力，就需要寻找合适的突破口。生物课堂中的探究活动无疑为学生提供了探究和创新的机会。无论何种探究，我们都应力求在学生主动参与、勤于动手、积极思考、推理清晰的背后让其充满理性的思维的探究之美。

四、课之根——关注人当下和未来生活

20 世纪初，杜威就提出了著名的“教育即生活”的理论。他认为，最好的教学活动是从生活中学习，从经验中学习。在他看来，学校“必须呈现现在的生活”，加强教学活动与学生当前所处的现实社会生活之间的联系，重视学生现实生活的内在价值和意义，把教学活动与学生眼前的现实生活融合为一体，使学生能从现实生活中得到乐趣，学到知识，并在“现在”的不知不觉中参与“将来”。我国著名的教育家陶行知曾提到“生活即教育”。的确如此，不论是“教育即生活”，还是“生活即教育”，教学与生活之间都是浑

然天成、有机统一的。教学中有生活，生活中有教学，教学与生活是互动的。生物作为自然科学的一门基础学科，较其他学科更接近于人类认识和实践的实际，与人类生活息息相关，因此，我们要让生物教学回归学生生活，融入学生生活。

1. 课堂教学资源源于生活

如“尿的形成”一节，教师为了加深学生对肾的微观结构——肾单位的认识，在“动手制作”活动中所选用的橡皮泥、白色卡纸、红色毛线、蓝色毛线等都是学生常见的物品。又如，为了使学生对“尿的形成”有一个深刻的理解，在“让我们做做看”模拟活动中所选用的花生、大豆、绿豆、黑米、沙粒、石子和筛子也都是学生所熟知的东西。并且在后一活动中，还很好地借助了用筛子筛东西这一生活经验，在巧妙的类比中突破了本节的难点——肾小球的滤过作用和肾小管的重吸收作用。总之，课堂教学是一种特殊的生活过程，生活是课堂的延伸，我们需要从生活中汲取养分来丰实我们的课堂。

生物新课标指出，要更加关注学生已有的生活经验，将学生从身边的生活世界带入生物学的科学世界，然后再回归到学生的生活世界中来。这就给了我们一种可能性，即将我们所熟知的生活元素，适当地引入课堂，使生物课堂充满生活气息。

2. 课堂教学服务于人的生活

如“尿的形成”一节，课尾，在学完了肾脏对人体的重要性及尿毒症的补救措施（如肾移植和人工肾）之后，教师深情地说：“无论是肾移植还是人工肾，都是亡羊补牢之举。关注健康，保护肾脏才是根本所在。”之后提出在良好的饮食和生活习惯中来保护肾脏，如坚持低盐、清淡饮食；不暴饮暴食增加肾脏负担……

回想我们的课堂，有几次是从学生的角度、从教育的角度来进行设计和教学的？我们的教学设计，大多是知识点的罗列和整理；我们的教学，紧紧围绕课本进行，不越雷池一步；我们似乎对教学尽心尽力，对知识精挑细选，对时间充分利用……然而这背后却丢掉了多少鲜活的与生命相关的内容，放弃了多少对学生生活有意义的指导，抛弃了多少本门课程所承担的责任和道义，不经意间忽视了教育的本意——使人成“人”，让人更好地生存和发展。然而，此处我们看到，教师着力于帮助学生树立健康的生活态度和良好的生活方式，教师通过健康习惯的养成，升华了本节课的主题——我们的课堂教学最终是为了服务于人的当下和未来的生活。

有人这样阐述“教育”：教育是当你忘记了所学的一切之后留下的东西。看到这句话我们不难想到，在知识更新迅速、网络十分发达的今天，学生离开学校走向社会后，对他一生影响最大的恐怕不是知识，而是品格和态度。可见，教育不仅应“传道，授业，解惑”，更应包含智慧之爱，关乎人生的幸福，使学生的心灵滋长出精神、思想、理念、情感、意志……有人说，水滴虽小却能折射出太阳的光辉。我想说，一节课时间虽短，但如果我们能让每节课都在着力构建“魂、神、本、根”兼备的“四有课堂”中焕发出生命的色彩，给予成长的必需，滋养健康的观念，提升科学素养……就能演绎好教育的本意——使人成“人”。

生物多维化考试机制初探

美国课程理论家斯塔弗尔比姆认为："评价最主要的意图不是为了证明，而是为了改进。"《基础教育课程改革纲要（试行）》明确指出："建立促进学生全面发展的评价体系。评价不仅要关注学生的学业成绩，而且要发现和发展学生多方面的潜能，了解学生发展中的需求，帮助学生认识自我，建立自信。发挥评价的教育功能，促进学生在原有水平上的发展。"新一轮课程改革倡导"立足过程，促进发展"的课程评价，这不仅仅是课程体系的变革，更是评价理念、评价方法与手段，以及评价实施过程的转变。生物新课标强调三维目标的和谐统一，而以往的一张试卷定成绩这一评价方法，过分重视对知识的考查，忽视了学生的能力和情感，阻碍了新课程理念下课堂教学的改革。基于此，我们尝试建立了多维化的评价机制，将考查内容分为三方面。

一、知识考查

通过常规的书面考试、平时作业等途径，考查学生对基础知识的掌握情况。纸笔测试是重要的考查方式，如何高效地进行，我们进行了研究和探索，这里不做具体阐述。

二、能力考查

1. 动手能力

动手操作是实用型人才必不可少的能力之一。如显微镜操作、装片制作等，这是进行生物实验必备的基本技能。考核时事先将考核标准分发给学生，培训实验考评组长，实行单人操作并当场评分；植物标本和昆虫标本的制作，要求每个学生制作一个标本，将全体同学制作的标本进行公开展评，部分动手能力强的学生和教师共同打分，并记入总评成绩。

2. 实践能力

结合教材中的“动动手”，学生在家庭中进行实验，将实验过程和实验结果写成实验报告，在课堂上向全班同学汇报，由师生评价打分。或者学生自己选择小课题进行实验研究，搜集有关资料，撰写科技小论文，由教师进行评价。通常实践内容在学期初布置，每个学生一学期内完成一项即可。

3. 表达能力

学生把平时在课外搜集到的生物知识或课本的有关知识，在课堂上通过口头表达介绍给大家，由师生评价打分。可以通过课前的 5 分钟演讲来完成。

三、情感态度价值观考查

可以尝试在这方面列出几项可操作的评分细则，如热爱校园花草树木，爱护实验仪器，在学习中团结合作、勇于质疑问难等，这方面主要通过学生自评、小组内互评、任课教师和班主任共同评价完成。

智者问得巧

亚里士多德曾经说过："思维是从疑问和惊奇开始的。"苏霍姆林斯基也强调："教师要积极创造条件，使学生'面临问题'。"的确，学生的头脑不是一个需要被填满的容器，而是一把需要被点燃的火把。教师的责任就是用自己的星星之火，去点燃学生思想的"火把"，而有效的课堂提问正是这星星之火。当今，课堂提问依然魅力不减，提问仍然是使用最频繁的课堂教学技能与艺术之一，我们几乎找不到一节自始至终没有提问的课堂，但优秀课堂和一般课堂区别就在于"智者问得巧，愚者问得笨"。优秀的课堂教学往往波澜起伏、有声有色，令学生入情入境、欲罢不能，其中精彩迭出的课堂提问发挥着不容忽视的作用。这正如日本教育家斋藤喜博所称："课堂提问是'教学的生命'。"然而，面对课堂提问的现状，冷静下来透视，我们会发现，课堂教学中的许多提问都不痛不痒，多追求热闹场面，要求一问齐答，表面轰轰烈烈，实则空空洞洞，收效甚微……

一、质疑：这样的提问有效吗

【案例 1】

在学习"基因控制生物的性状"时，教师取出两个辣椒，左边辣椒：绿色、大、长条形；右边辣椒：红色、小、接近圆形。

教师：大家仔细观察，这两个辣椒从颜色上看，左边的是——

学生：绿色。

教师：右边的是——

学生：红色。

教师：从大小上看，左边的——

学生：较大。

教师：右边的——

学生：较小。

教师：从形状上看，左边的——

学生：长条形。

教师：右边的——

学生：接近圆形。

教师：非常好，我们称这些为性状和相对性状……

显然这位教师没有认真对问题进行设计，只是拿一些显而易见的直白问题来发问，学生都能不假思索地回答出来。看似师生互动频繁，一问一答，教材的知识点也都涉及了，似乎凸显了提问教学，实则学生的思维能力并没有得到任何实质性的提升。这样“虚假繁荣”的课堂教学，除了热闹之外能给学生多少启发呢？没有学生认真而独立思考的活跃又有什么意义呢？所以，这样的课堂提问不能称为“问题”，而只是语言“接力”。这样的发问不仅没有必要，反而有害，导致学生不能探究问题实质，浅尝辄止，长此以往，就会出现思维萎缩。

【案例 2】

学习“通过神经系统的调节”时，在没有事先提醒的情况下，教师突然发问。

教师：你来回答一下这几个问题，什么是反射？

学生：在中枢神经系统的参与下，机体对内外环境刺激所做出的规律性反应。

教师：很好，你能举出几个反射活动的实例吗？

学生：望梅止渴，人的眨眼现象。

教师：不错，草履虫能够趋利避害，含羞草叶被触碰后会下垂，这属于反射吗？

学生：应该不属于吧！

教师：嗯，存在疑问，不过很好。再问你一个，如果有人用针刺了你一下，你感到了疼痛，这属于反射吗？

学生：属于，因为有大脑的参与。

这样的教学表面上看好像很成功，因为学生几乎完美地回答了教师提出的所有问题。但可以想象出，除了这个学生外，其他学生或者无所事事、东张西望，或者干脆看热闹，俨然是一个“局外人”。教师这种随意先把学生喊起来，再提出问题的方式，只能使这一个学生认真思考，其他同学很少思考或者不思考，这也是一种无效提问。新课程理念之一就是“面向全体学生”，从这一点来看，我们的课堂提问应尽量满足不同层次学生的要求，尽量使每个学生都有回答的机会，都能体会到成功的喜悦，从而调动起每个学生参与的积极性。

从上面的案例来看，许多课堂提问依旧处于一种盲目的状态，是低效甚至无效的课堂活动。事实上，这也是目前中学生物课堂教学中较为普遍的一个问题。

二、剖析：提问低效或无效的原因

1. 质疑时机不当，削弱提问效果

俗话说：“好雨知时节，当春乃发生。”提问也当如此。在教学过程中，不是任何时候都要提出问题，课堂提问必须围绕教学目的，从教材的具体内容、学生的实际水平和教学需要等方面考虑选择适宜的问点，问在教学当问之处。许多教师的课堂提问缺乏目的性和针对性，不择时机地“满堂问”，无意义的问题多，真正切中教学要害的问题少；事实性、记忆性的问题多，能够触动学生思维“穴位”的问题少；想问就问，随心所欲，频繁问答，时机选择不准，结果往往事倍功半。

2. 问题设计欠妥，难以启迪思维

这类问题主要表现为，问题设计难以根据学生的思维兴奋点选择恰当的切入点；问题的组合不能围绕教材的核心形成一个层层铺垫、不断深入的思维框架；忽视学生的年龄特征，提问偏题甚远，脱离学生的“最近发展区”等。例如，有教师教授“鸟类”一节时，一开始就向学生提问：“飞机是模仿什么动物制造出来的?”学生：“鸟类。”“哪位同学能谈一下鸟为什么能飞呢?”“因为鸟有翅膀。”“有翅膀就能飞吗?”学生回答不出。教师提问的本意是想引出本节课的重点：鸟类与飞翔生活相适应的特点有哪些?问题貌似宏大，实则抽象空洞，使学生茫然失措，导致提问后的“冷场”和“卡壳”，达不到提问的目的。

还有一些提问难度不当，缺乏思维含量。有调查发现，在教师的课堂提问中，大部分的问题只停留在知识水平，即所提的问题不能激发起学生思考、探索的兴趣，缺乏挑战性和探究性。对学生思维能力有促进作用的提问只是少数，而对学生的创造性、情感态度和价值观的培养有帮助的提问则更少。

3. 提问节奏失调，过分追求气氛

新课程改革以来，讲授法受到了质疑与批判，有人甚至把它片面视为“满堂灌”。于是，很多人便以提问法活跃课堂气氛，其结果是从一个极端走向了另一个极端，变“一讲到底”为“一问到底”。有调查发现，有些教师平均每节课要提30个左右的问题，为了节约时间，教师往往在提问之后立即叫学生回答，没有给学生留出适当的思考时间，尤其是问题本身有一定难度时，学生思维的节奏往往跟不上。如此高的提问频率，大大限制了学生思维活动的空间，学生几乎没有发现、体验的机会，只能跟在教师的后面亦步亦趋，几近丧失了学习的自主性和创造性。

4. 注重提问结果，忽视探究过程

学生的思维过程往往比最终结论更重要，然而不少教师设计的问题，往往偏重于“对不对”“答案是哪一个”，却很少涉及“为什么这个是对的”“你是怎么分析的”等问题。结果导致学生死记硬背教材上的结论，但原因模糊不求甚解，更谈不上独到见解。此外，在学生回答问题时，教师随意打断自行补充；学生答错之后，教师不考虑启发学生思考就匆忙评价；学生回答问题时，教师目光游离，只为等待正确答案；等等。这些行为是极容易挫伤学生思维积极性的。

三、探索：提高提问有效性的策略

1. 巧选时机，启迪学生思维

孔子曰：“不愤不启，不悱不发。”只有适时提问，才能有效地调动学生学习的积极性和创造性，点燃学生思维的火花，激发学生求知的欲望。

（1）在知识的重点和难点处提问

每节课都有它的教学重点和难点，只有把这些重难点逐一突破，才能实现教学效益的最大化。因此，教师应抓住这一有利时机巧妙设问，使学生的思维凝聚在教学的重难点上，让学生由疑惑不解，进而积极思考，最后豁然开朗。如在学习“呼吸作用与光合作用的关系”时，学生常会混淆概念，不得要领，此时，我们可设计如下问题：有人说，植物的呼吸是吸进二氧化碳，释放氧气；动物的呼吸是吸进氧气，释放二氧化碳，这种说法对吗？有人说，植物在白天进行光合作用，吸进二氧化碳，释放氧气，晚上进行呼吸作用，吸进氧气，释放二氧化碳，对吗？植物在白天进行呼吸作用，那么呼吸作用为什么显示不出来呢？呼吸作用和光合作用的关系怎样呢？这样由远而近地提出思考问题，摆出矛盾，有针对性地引导学生进行思维，不但使模糊的概念得以澄清，而且训练了学生的思维能力。

（2）在新旧知识的联结处提问

生物学是一门系统性很强的自然学科，知识之间有着紧密的联系，其知识的“网眼”是相通的，旧知识可以作为学习新知识的开始，以旧引新，以旧启新，而新知识又是旧知识的延伸和发展，从而实现新旧相连，不断拓展。在学习新知识时，教师要充分利用学生已有的旧知识，把新知识放在整个旧知识的背景中，着力寻找新知识的“生长点”，在新旧知识的联结处设计导向性问题，铺设“认知的桥梁”，促进新旧知识间的渗透和迁移，使学生逐步建立完整的认知结构。如在学习“鸟类”时，之前，学生已经学习了“鱼类”，可先问：“大家回忆一下，鱼类有哪些形态结构特点适应水中生活?”再问：“鸟类能在空中飞翔，这说明什么？你能找出鸟类适应飞翔生活的形态结构特点吗?”然后逐步引导学生从鸟类的外部形态到内部结构顺次梳理探寻，这样，紧紧抓住学生已有的背景知识，使重大问题深入浅出，既培养了学生的思维能力，又使知识环环紧扣，巧妙联结。

（3）在思维发展的矛盾处提问

所谓矛盾，是指两个或更多的陈述、想法或行动之间的不一致。在教学过程中，有许多看似矛盾实则对立统一的问题，教师应着力抓住教学契机，巧妙利用“矛盾情节”向学生设问，刻意营造认知冲突，把事物、概念之间的矛盾以问题的形式呈现出来，以此激发学生的求知欲望和学习热情。如在探究“光照强度对光合作用的影响”这一内容时，其一般规律是，白天光合作用的强度随光照强度的加强而加强，但在夏季中午 12 时，光照最强，而光合作用的强度反而下降了，这是为什么？通过这一问题，既活跃了课堂气氛，又调动了学生学习的积极性，同时培养了学生的逻辑推理能力和分析综合能力，加深了学生对知识的理解。

（4）在思维的转折处提问

人的思维总受到现实生活和个人经历的影响，而常规思维大多为顺向思维。事物本身又往往具有多面性，这对于阅历较浅的中学生来说，有时是不容易理解的。这就要求教师在学生思维处于转折时，给予适当点拨，引领他们一步一步地去探寻答案。如学习“克隆技术”一节时，文中提到科学技术

就像一把双刃剑。对于克隆羊“多利”学生是熟悉的，通过它学生知道了克隆技术已被广泛应用于许多领域（如快速培育具有优良品质的作物和家畜品种），为拯救濒危生物开辟了一条新途径。然而对于克隆技术所衍生出的危及人类传统伦理及人类基因进化等问题，学生则不太容易理解。此时教师提出问题：“你赞成克隆技术吗？请给出理由。”可以此引起学生深思、多思，促使学生的思考由表及里、由浅入深，引领学生抵达深刻理解的彼岸。

2. 把握维度，经历构建过程

（1）注重提问难度的适切性

课堂提问要难易适度。提问太易，问题所包含的思维量小，难以激发学生思考的积极性，容易造成学生不假思索、浅尝辄止的习惯。提问过难，超出学生思维所能达到的水平，则容易造成“问而不答，启而不发”的尴尬局面。而且，深奥的问题会使学生望而生畏，不仅不能引发其思考，反而会挫伤他们的积极性，使学生自信心受到很大打击，因此不具有提问的价值。

如何才能做到提问难度适中呢？有位教育家说得好，要把知识的果子放在让学生跳一跳才够得着的位置。这个比喻生动而准确地告诉我们：课堂提问既不能让学生觉得高不可攀，也不能让学生觉得唾手可得，而应该让学生“跳一跳，摘到果子”。也就是要以学生原有的知识基础为起点，找到其思维的“最近发展区”，使学生的思维强度达到“最佳状态”。如“动物细胞和植物细胞有什么异同”“为什么一般陆生植物的叶子上表皮比下表皮颜色深”“花的结构中哪部分最重要”等问题都需要学生经历或判断、或归纳、或比较、或推理等一系列思维活动，这样才能让学生在思维的“最近发展区”内思考、讨论，知其所以然，从而引导思维逐步向纵深方向发展。

（2）注重提问坡度的梯次性

所谓坡度，就是在提问时，做到由易到难，由浅入深，由简到繁，层层递进，引导学生思维步步深入，促使学生的思维由已知区向最近发展区转化，再向未知区转化，在循序渐进中让学生体验思维的“爬坡”，历经新知的构建。其实，这在心理学上，涉及一个名词——解答距。心理学家将问题从提出到解决的过程叫“解答距”。教师要让学生经过一番思考才能解决问题，要让学生的思维“轨迹”有一段“距离”。一般来说，根据“解答距”的长短，可将提问分为四个级别。第一级属于初级阶段，所提的问题，学生只要参照学过的例子，就可以回答，属于“微解答距”范畴。第二级属于中级阶段，所提问题并无现成的“套子”可以依傍，但都是现成“套子”的变化与翻新，属于“短解答距”的范畴。第三级则是高级阶段，所提问题要求学生能综合运用学过的知识进行解答，属于“长解答距”的范畴。第四级，则是高级阶段的发展，属创造阶段，所提问题要求学生能采用特有的方式去创造性地解决，属于“新解答距”的范畴。教师应从学生的实际出发，合理设置所提问题的坡度，为学生增设台阶，使之能拾级而上，直达知识的顶峰。如在学习“传染病与免疫”时，归纳设置问题：① 什么是传染病？② 传染病有哪些特点？③ 常见传染病的类型有哪些？④ 不同的传染病预防措施有什么不同？⑤ 为什么注射了麻疹疫苗的人一般终身不会患麻疹，而注射过流感疫苗的人第二年还会患流感？这几个问题，由于“解答距”长短不一，形成了提问的坡度，调动了学生思考的积极性。在解答问题的过程中，学生的思维水平会随之逐步提高。

（3）注重提问广度的全面性

所谓广度，是指事物的范围。这里，我们可以这样理解提问广度。

首先，是提问内容的广度。生物学教材内容涵盖面广、纷繁复杂，教师的课堂提问既要做到重点突出，还要灵活把握，兼顾各方面的知识。

其次，是提问学生的广度。提问要面向全体学生，让不同水平的学生都有回答问题的机会，让他们都能融入课堂，享受成功的快乐。然而，许多教师的课堂提问总是集中在几个优等生身上，认为这些学生能很好地配合自己的教学，而对那些学习成绩平平的学生，则担心因他们答不出或回答不正确而影响了教学进程，这样就使得优等生成了课堂回答问题的“常客”，大部分成绩平平的学生成了“局外人”，不能主动参与、积极思考，这与“为了每一位学生的发展”的新课程理念背道而驰。这就要求我们在课堂提问中，要尊重学生的个体差异，设问要“量身定做”、提问要“量才而问”。如难度较大的问题由优等生回答，难度一般的问题让中等生回答，较容易的问题让学困生回答，比较专业的问题则让有这方面特长的学生回答。这样，每一个问题对于回答的学生来说都属于“跳一跳就能摘到的果子”，使每个学生都能在课堂上找到自信，享受思维的快乐。

（4）注重提问密度的节律性

常言道：“过犹不及。”适量的课堂提问具有诊断学习、激发兴趣、集中注意、启发思维、反馈调控等教学功能，然而，“所有真理跨过一步将会变成谬误”，不恰当的提问必有悖于上述目的。提问太多，学生没有思考的时间，对所学知识难以理解、消化；提问太少，讲授太多，学生难有参与的机会，最终会产生厌倦情绪。因此，在教学时教师要做到精讲巧问，给足空间——把握好问题的密度。教师在课堂提问上要做到精挑严选，严格控制数量，合理安排提问的频次和节奏，克服课堂提问的随意性。同时教师在每个

问题提出之后，要给予适当时间，再让学生回答。这样做的好处是，可以让更多的学生主动而又恰当地回答问题，可以增强学生的自信心，可以增多发散思维的成分，可以增加学生回答的多样性等。

3. 立足生活，架起沟通桥梁

知识建构理论认为，学生是在自己的生活经验基础上，在主动的学习活动中构建自己的知识的。也就是说，学习者走进教室时并不是一张空白的纸，而是已经在日常的生活、学习和交往中，逐渐形成了自己的理解和看法；学习不单单是知识由外向内的转移和传递，而是学习者主动地构建自己知识经验的过程，即通过新经验与原有生活知识经验的相互作用来充实、丰富和改造自己的知识经验。因此，教师应该立足于学生的生活世界来提问，将学生从生活世界带入生物学的科学世界，然后再回归到学生的生活世界中来，使生物课堂充满生活气息。如在学习“血液的组成和功能”时，教师可以以学生的亲身感触来引入新课：“为什么血液是红色的”“为什么贫血的人体质较弱，不能从事剧烈活动”“为什么皮肤伤口会出现化脓现象”“为什么一般情况下，皮肤划伤出血后又会自然止血”……这些问题几乎是每个学生都有过的生活经历，能够很自然地让学生进入下一个新的学习氛围。

又如，针对迎合人们“吃什么，补什么”心理而产生的保健品大为流行现象，教师提出了这样的问题：“有人提出吃什么补什么，所以认为‘吃基因就补基因’。你是否赞成这种观点？试从新陈代谢的角度简要地说明理由。”学生讨论后提出两种不同的观点：一是不赞成，因为基因被吃后与其他大分子物质一样，需消化后才可吸收，不能以原始状态被利用，更不可能补充或整合到人体原有的基因组中去。二是赞成，理由是基因被食后分解成核苷酸被吸收，可作为 DNA 的原料，有利于生物体 DNA 的更新。问题的探索过程比本身的结论更重要，它指导学生用所学知识辨析生活中的问题，提高了学生的生物科学素养和社会适应性。

我国著名教育家陶行知认为，“生活即教育，社会即学校，没有生活做中心的教育是死教育”，“教育只有通过生活才能产生作用并真正成为教育”。课堂提问回归生活，也是课堂教学的应有之义。

4. 激励评价，促进学生发展

在生物教学中，教师在教给学生知识和技能的同时，更应关注学生的情感态度与价值观，要让学生在回答问题中获得成功的情感体验，以促使学生保持足够的思考热情，进而产生强大的内在动力。

然而，在我们的课堂教学中，经常看到有的教师在学生回答问题之后，就令其坐下并立即转入下一项活动；有的甚至不请其坐，导致学生站也不是，坐也不是，处于尴尬境地……学生的回答到底如何，只有教师自己知道。事实上，教师的评价非常重要，它既能让全体学生明白正确答案是什么，又能让回答问题的学生保持学习的积极性，享受回答问题带来的成功乐趣，从而以积极主动的心态投入新一轮的学习。对于回答正确且有独到见解的学生，教师应不吝啬自己的“大拇指”，给予其必要的甚至放大的赞扬；对于回答不够全面的学生，教师也要给予充分的肯定，并进一步启发学生全面考虑问题；对于回答错误的学生，教师应在不伤害其自尊心的前提下，进一步追问，逐步启发学生得到正确答案；对于回答不出问题的学生，特别是在提问时保持沉默的学生，教师最好机智地创设生动、活泼的教学氛围，引导学生回答或激励学生开口，并适时让学生“体面”地坐下。只有充分尊重、激励学生，才能使学生产生心理安全感，使学生积极思考、踊跃发言。

5. 优化形式，力达变中求新

课堂提问不仅有“问什么”的问题，还有“怎么问”的问题。尤其对于“怎么问”的问题，要讲究提问的方法与技巧。教师要善于提问、精于提问，要问得巧妙。

比如，曲问——运用“迂回战术”，变换提问的角度，让脑筋转个弯儿，问在此而意在彼，使学生通过一番思考才能回答。如学习“生物的遗传”时，可运用有趣的谚语提问：“‘种瓜得瓜，种豆得豆’‘龙生龙，凤生凤，老鼠的儿子会打洞’，这是为什么？”使学生产生浓厚的兴趣。然后指出这就是遗传。那么，为什么亲代的性状能传给子代？这时学生思维不仅开启，还需转弯——亲代并没有将性状直接传给子代，仅仅将生殖细胞传给了下一代。生殖细胞中究竟有什么呢？原来生殖细胞中含有控制生物性状遗传的物质。这样很自然地引出了遗传的物质基础。这种以曲代直、变换角度的提问方法，扩展了学生的思维空间，久而久之，学生的思维能力就会有所提高。

又如，悬问——通过悬而未决的问题构成悬念，为学生营造一种跃跃欲试和急于求知的急迫心理。如学习“性状的遗传”时，教师抓住机会对学生说：“人类的双眼皮与单眼皮是一对相对性状，控制这对相对性状的基因存在于染色体上。如果一对夫妇，男的是单眼皮、小眼睛，女的是双眼皮、大眼睛，假如他们生一个孩子，你们说这孩子是双眼皮，还是单眼皮？”同学们马上七嘴八舌嚷开了：“双眼皮”“单眼皮”“一双一单”“没有规律可循”……于是催促老师快讲下去。可见，此类问题一旦提出，就构成几种悬念，使学生答之不能，又罢之不忍，其思维自然而然向深处发展，直到问题解决为止。

再如，逆问——有意从相反的方面提出假设，造成矛盾，引发学生展开思维交锋，促使学生更深刻地理解和掌握知识。如学习“细胞的分裂”这一内容时，“分裂过程中染色体携带的遗传物质，经过复制后再均匀地分配到两个新细胞的细胞核中，使新细胞的遗传物质与原细胞保持稳定”，对于七年级学生来说是个难点。若从正面提问，学生需要用很长的篇幅回答且不易回答清楚。反之，问学生在细胞分裂过程中，染色体如果直接均匀地分配到两个子细胞中，那么子细胞内的染色体和原细胞是否一样？是否还能保持生物遗传性状的稳定性？这样提问，学生被引入矛盾的思辨之中，由此展开辩论，最后经教师点拨，统一认识，学生对所学知识就印象深刻、掌握牢固了。

事实上，课堂提问没有标准的模式，提问的方法也是多种多样的，如追根溯源法、正反相间法、反弹琵琶法等。提问看似简单实则暗含学问，只要我们能恰当取舍，合理运用，就能打开学生思维的闸门，启迪学生的智慧。

6. 倡导开放，彰显学生个性

所谓开放性提问，可以理解为答案不是唯一的提问。开放性提问允许学生做出多种可能的猜想、解释或答案，非常适合生物学科探究式学习的新思路。因此，我们的提问要有一定的开放性，给学生提供一个自由发挥的平台和空间，允许学生从不同的角度和层次进行分析，以发展学生的思维，彰显学生的个性。

第一，条件开放。在探究“植物的呼吸作用释放二氧化碳”活动时，教师在课前布置学生自己设计实验。有的学生按照课本上所示的装置通过漏斗向装有萌发种子的广口瓶中注水，将瓶中的气体导入盛有澄清石灰水的试管内；有的学生改用塑料瓶，通过挤压将瓶中的气体导入盛有澄清石灰水的试管内；有的学生采用注射器抽取法，将瓶中的气体通过注射器注入石灰水中。这样，实验的条件开放了，学生设计的空间也就开阔了。

第二，过程开放。即所提出问题常常是不确定的，如在学习“呼吸作用”时提出如下问题：“你能说出呼吸作用原理在生产生活实际中应用的例子吗？”学生会从不同角度研究问题，或用不同的方案探究问题，可谓多姿多彩，异彩纷呈。

第三，答案开放。在学习“环境污染的危害”时，可以提出这样的问题：“一段时间以来，东营的护城河水体发黑，藻类大量繁殖，鱼虾死亡，水面发出难闻的气味，请同学们为我们的护城河设计几种治理水污染的方案。”学生在回答这类开放性的问题时，有些观点可能不够正确和完整，但是只要他们充分参与，就可以增长知识、开阔视野。

在开放性问题的推动下，学生会展开多角度、多方向的思维活动，并结合各方面的信息，在产生大量答案的同时，获得新奇、独特的学习感受与体验。与传统教学中那些“一问一答，一答一个准”的问题相比，开放性问题更能激发学生的发散性思维，拓宽学生的思路，培养学生的创新意识。

有学者曾提出这样一个观点，提问得好即教得好。是的，问题设计得新，就能像磁铁一样紧紧吸引学生；问题设计得深，犹如向学生的思维之湖投入一颗石子，能使其泛起层层涟漪，激起朵朵美丽的思维之花；问题设计得精，能将重、难点聚焦于此，从而起到牵一发而动全身的效果；问题设计得有梯度，学生便能以问题为阶梯，拾级而上，逐层深入理解知识……有效的课堂提问是一门科学，更是一门艺术。在新课程理念的指导下，我们要勤思考、多探索，做提问的智者，让我们的生物课堂波澜起伏，使学生真正体会到智力角逐的乐趣！

生物小作文

西瓜籽历险记

都说“黄河九曲十八弯”，我倒觉得人体的消化道更曲折繁杂，险象丛生。这不，我这粒西瓜籽，藏在一块被切开的西瓜上，准备到人体的消化系统走一遭。

机会终于来了，不知是谁把我连同瓜瓤一起送进了口里，我立即紧张起来，左躲右闪，终于躲过了铡刀般的牙齿，混在被嚼碎的瓜瓤里，开始了一次惊险的旅行。我还没有来得及细细观察周围的情况，就有一种在幼儿园里滑滑梯的感觉，“哧溜”一声滑了下去，我立即意识到刚才经过的肯定是食道，因为它确实太陡、太险、太刺激了！

接着，我来到一间大红房子，这房子可宽敞了！天哪！房子犹如洗衣机一般来回搅动着，我与一些不知名的伙伴搅和在一起，一会儿向左，一会儿向右，我开始有些头晕了。而且这房子里的东西越来越多，我就像坐在超载的汽车里，快要无立足之地了，我恍然明白这原来就是胃呀！仔细一瞧，胃壁上流出了一些液体，我尝了一口：“呸，什么东西，这么酸呢？”定睛一看，一些叫作蛋白质的同伴在这些液体里消失了，我有些害怕了，绕着圈子转来转去，希望快点走出这个鬼地方，要知道，我已经在这里呆了 1 个多小时了。

正想着，我被推动着拐了一个弯（十二指肠），这里为什么这么苦啊？老师怎么说来着？对了，胆汁是苦的，它可以消化脂肪。紧接着我又进入了一条狭长的通道，这大概就是小肠吧。“咦，是谁在推我呀?”我有一种被波浪卷来卷去的感觉，可能是小肠在蠕动吧，并且还有无数的“小刷子”（小肠绒毛）在我的身上挠痒痒，害得我好想笑。正当我高兴时，一堆黏糊糊的东西，把我粘在了肠壁上，又苦又酸，许多被称为脂肪的东西像是有穿墙术，渐渐从我身边消失了，我正担心自己会不会和它们一样被肠壁吸去时，却一下子掉了下来，定睛一看，跟我一同来的伙伴们都脱胎换骨了，我已经无法辨认它们的模样了。“你们是什么?”我问。它们答道：“傻瓜，我们和你一样，是一些没有被消化的物质啊。”

正说着，只听“咕噜，咕噜”几声响，我们被推进了比较宽阔的隧道中。在这里停留了一段时间后，我忽然觉得身上变得干燥起来，随即而来的是一种被压迫的感觉……“为什么会这样呢?”我问身边的朋友，在它们匆匆说了句“出去好好学习生物吧”之后，我们便出现在一片光明之中。

一粒小麦的自述

我是一粒小麦种子，种皮是我坚韧的外衣，胚根、胚轴、胚芽、子叶共同构成了我身体的主要部分——胚。

要萌发了，我开始吸收水分，加强呼吸，好使子叶中的营养物质释放出来转给我的身躯——胚。我的胚根开始发育，顶开种皮，长出了腿和脚（根)。胚轴伸长，胚芽发育成我的胳膊（茎）和手（叶）。为了能吸收外界的水分和无机盐，我使劲伸长我的腿和脚。我的根分为成熟区、伸长区、分生区、根冠。根冠就是保护我的脚的“钢帽”。我的根为什么会生长？是因为分生区的细胞不断分裂增生，伸长区的细胞体积不断增大的缘故。成熟区会慢慢长出根毛，能更好地吸收水分和无机盐。

我还要利用光合作用制造有机物。我的手上有气孔、上下表皮、叶肉、叶脉。气孔是气体（水蒸气、氧气、二氧化碳）出入的门户，上下表皮是我的皮肤，叶肉是制造有机物的工厂（叶肉细胞中的叶绿体是我制造有机物的机器)，叶脉中有疏导组织。

我不停地吸收水分，但这并不代表我口渴，我吸收来的大部分水分用于蒸腾作用。蒸腾作用对我来说特别重要，可以帮我散热，也是推动我根部吸收水分的动力，还有利于我体内水分和无机盐的运输。

和人类一样，我也会呼吸，同时我还能释放能量，供给我自身生命活动所用。

我也要养育后代。当我开花的时候，昆虫和风帮我传粉。受精后，雄蕊、柱头、花柱纷纷掉落，胚珠就发育成种子了。

我的一生是不是既忙碌又丰富多彩呢？

假如我是“葡萄糖”

我是快乐的葡萄糖，有一天，我、小博士，还有几个朋友开着我新买的保时捷去兜风。在人体里飙车最刺激的地方应该是肾了，我们决定体验一下。

我们沿着肾动脉进入肾，只觉得隧道越来越细。突然，我们掉进了一个圆形的立交桥，这里道路错综复杂，让我有点不知所措，我们大家迷路了。小博士告诉我们，这里是“肾小球”，血细胞和大分子蛋白质应该顺着“出球小动脉”走，而我们（葡萄糖）、水、无机盐和尿素应该进入“肾小囊腔”。于是，我握紧方向盘，顺着狭小的孔洞，奋力拐进“肾小囊腔”中。小博士告诉我们，现在我们已经成为“原尿”的一部分了。

接着我们又进入细细长长的管道，突然我感觉方向盘失灵了，我的爱车被一种力量吸引着。这是怎么回事？“快看——血液，我们回来了。”一个同伴惊叫道。是啊，这里好宽敞，是“小静脉”吗？那么刚刚那种“引力”应该就是“肾小管”的重吸收作用了。呵呵，看看身旁，我的同伴、一部分水和无机盐也重新回到了血液中。哎，尿素哥哥呢？无机盐小弟呢？水妹妹呢？

“他们将沿着‘肾小管’下行，形成终尿，那是他们的归宿。”小博士意味深长地说。是啊，每个人都有自己的归宿，而我们也应该出发，去寻找自己的归宿了……

人体历险记

我们是一支杂牌军，我的兄弟有细菌、真菌、病毒。我们的战斗力有强有弱，但我们有一个共性：会使人得病，人类统称我们为——病原体。这一天，我们向人体发起了进攻。

一座“城墙”拦住了我们的去路，我们打算穿墙而入，但它坚不可摧，而且墙体上还会渗出一些神秘的液体，好多伙伴都被这些液体杀死了。我们提高了警惕，开始寻找其他入口。终于让我们发现了一个洞穴，我们高兴极了。进入洞穴后，我们感觉不妙：洞穴中丛林密布，偶尔一阵狂风袭来，把我们吹得乱了阵脚。有些伙伴被绊住了手脚，有些伙伴则被黏液粘住动弹不得。我们和黏液混在一起被推向另一个洞口……

原来这是人体的口腔，这里也是危险重重：有些伙伴遇到了杀伤力极强的唾液，在唾液中伙伴的身体被溶解了……这时，我们发现了一个伤口，于是攻了进去。在这里我们遇到了人体的“巡逻兵”，好多伙伴被它们吞噬了。

最后只有我冲破了重重阻碍，打入了人体内部，使人患上了腮腺炎，我就是腮腺炎病毒。正在我得意的时候，人体派来了他的“主力部队”，我们展开了激烈的战斗，最终我被打败了。

难言美丽

美丽，每个女人都心向往之，也知晓诸多修炼的方式。曾经无数次痛下决心，好好善待不再年轻的自己，抓住青春的尾巴，留住曼妙的风姿。尤其是假期，对于女教师而言更是保养的最佳档期。

一次远程研修，却再一次击垮了自己，任凭决心流失，意志消解。

还记得美容师的告诫，长时间的电脑辐射会使色素沉积、色斑形成。可是研修的每日，观看视频、敲写作业、点评跟帖、浏览文章，还有不时的心血来潮鼓弄点文字，撰写篇文章，更是让自己每天赖在网上 14 个小时有余。激情一来，什么辐射、什么色斑，统统都忘记。管她美丽不美丽！

还记得养生专家说过，每天 23 点至 1 点是“胆当令”，这个时辰必须睡觉，让阳气上升。可是研修的每日，待孩子睡着后的午夜正是安心学习、徜徉网络的最佳时机。静静的深夜，思维飞速旋转，手指在键盘上飞舞。激情一来，什么护胆、什么阳气，统统都退回。管她美丽不美丽！

还记得保健医生叮嘱，久坐损肌，容易坐骨神经痛，过多的脂肪难以氧化分解，会堆积在腹部，容易形成水桶腰、南瓜肚。可是研修的每日，为了一篇推荐作业，苦思冥想、精心设计、反复打磨。为了阅读精彩文章、评论跟帖，一度沉迷在网络的大海中。什么平坦腹、小蛮腰，统统都抛弃。管她美丽不美丽！

其实，何止研修时日，身为教师的女人，平日里一样如此。

明知道情绪激动，不利于身心健康，是美丽的大敌。平和的心理才是长寿的秘密。可是当学生因遇到挫折而情绪低迷时，当学生成绩暂时下降和反复时，当住校的学生身体突感不适时，身为教师的我们总是万分焦急，不顾一切地关心、照顾他们，使自己情绪失衡，心力交瘁。什么平和、什么稳态，统统都远离。只因为我是老师，哪管美丽不美丽！

明知道久视伤肝，因为肝开窍于目。可是成堆的学生作业，一摞摞的试卷急等着下节课的评析，任眼睛“钉”在字迹里。加上新课程改革的足印越来越铿锵，厘清新理念、掌握新方法，充电的任务日益繁重，任目光深陷于书籍里。什么近视远视、什么散光屈光，统统都不理。只因为我是老师，哪管美丽不美丽！

明知道温柔是妈妈的代名词，孩子渴望赞许和鼓励。对待学生，我们有无穷的耐心和坚韧的克制力，可是回到家里，面对自己的孩子，却没有了耐心，缺失了赞赏。难怪孩子有时委屈地说：“做你的孩子还不如当你的学生。”对此，我们无语。只因为我是老师，哪管在孩子的眼里美丽不美丽！

在我心里，美丽的女教师有两条标准。

美丽的女教师看上去至少比实际年龄年轻五岁。美丽的女教师一定是一个身心舒朗、热爱生活、热爱健康、富有情趣、有较强抗挫折能力与自我消解痛苦能力的人。这样的教师带给学生的是一片阳光，温馨而温暖；这样的教师带给学生的是健全的人格魅力，乐观而向上。

美丽的女教师看上去肯定就像一个“教师”。美丽的女教师肯定是乐于学习，喜欢阅读的。长期的阅读、思考，使她们气质优雅，书卷气十足。悠远博大的师爱使她们看起来慈祥而和善。

也许，在人们眼里，我们不够美丽，但是我们悦纳自己。色斑，是心智成熟的标志；皱纹，是岁月磨砺的痕迹。我们自信，我们拥有心灵的美丽。

也许，在人们眼里，我们算不上富足，但是我们接受现实。简单，是踏实的生活前提；朴实，是远离浮躁的武器。我们自信，我们拥有灵魂的富足。

让我们追慕优雅的气质，高贵的精神吧！既然难言美丽，我们但求美好！

简之美

我曾看到这样一个案例。学习“圆的性质”时，一位教师精心制作了多媒体课件，一个点绕着定点等距离运动一周，其运动轨迹形成一个圆。精美的动画，鲜艳的色彩，醒目的文字，颇具“现代”气息。另一位教师却没有使用如此先进的教学手段，只是让每个学生拿一张纸，横向对折后再纵向对折，然后沿着折出的顶点反复对折，直至纸厚得无法折叠，可以想象折成了一条线；最后撕取一部分，打开，便“撕”出一个圆。仅仅是一张普通的纸，相比声、光、电效果俱佳的多媒体课件而言，真是太过传统、太过落伍了。这样的教学太过简单，是否就不符合新课程的要求，就不是一节好课呢？教学媒体真是越先进越复杂越好吗？教学设计一定是越繁琐越冗杂越好吗？

其实，简单也是一种美。第一位教师的课件费时费力，煞费苦心，动态的展示只是吸引了学生的视觉，可以使学生直观地感受到圆周上任意一点到圆心的距离相等，学生并没有深刻的体验。第二位教师让学生在动手“撕”的过程中，亲身体会并感悟出圆的特征，使学生手脑结合，自主构建了知识。尽管教学程序简单，但学生从中的收获，却是丰实的。

随着信息技术与学科课堂教学的整合，以及新课程改革的推进，一些教学误区逐渐凸显出来：只求表面热闹，为了讨论而讨论，为了合作而合作，为了活动而活动，为了教学手段现代化而现代化等。于是，“华而不实”的课越来越多，课堂上包装越来越精，花样越来越杂，作秀表演越来越“火”，这种现象背后折射出的是对教学本质理解的偏差。何谓教学？简单地说，就是教学生“学”。怎样的教学，才能使学生学得轻松，学得高效，学得愉快呢？我以为，教学应追求“四简”。

教学目标简明。教学目标是课堂教学的灵魂。教师应在认真研读课程标准，反复推敲教材内容，深入把握学生情况的基础上，制订出简明具体的教学目标。避免目标过高过多，可检测性差。

教学设计简约。课堂教学程序应层次分明、脉络清晰，应注意引导学生在积极参与中体会感悟，经历知识的形成过程，自主构建知识。切忌“花架子”，追求形式化。

教学活动简化。教学是由一系列的活动构成的。活动的有效性主要是指学生的思维活动是否活跃，思维状态是否积极。思维是内在的，表面的热闹不一定是有价值的。删减不必要的活动，抛弃繁杂低效的环节，让学生在凝练中享受“思考的美丽”。

教学板书简要。板书是一节课内容的提炼，是对教学内容的概括，对于学生有效掌握知识有重要作用。所以，教师要精心设计板书，形式上力求多样化；内容上力争抓住核心，逻辑清晰。

教学是一门艺术。艺术的真谛在于创造，创造就要求广大教师发挥智慧，勇于探索。简明、简约、简化、简要，其实都不是简单，而是从繁杂中抓住本质，从杂乱中理清思路，是一种创造性的体现。只有躬身教学实践，精益求精，善于反思，大胆研究的人才能发现其中的美。

从教室文化说起

教室是谁的？谁是教室的主人？相信对于这个问题，不论美国教师还是中国教师回答都是一致的，当然是学生。事实又是如何呢？我所在的 Woodstock 高中的每个教室里都贴着标语，在白板上方和两侧的彩色纸上，写着：What do I need to know（我需要知道什么）？What do I need to understand（我需要了解什么）？What's the best idea（最好的办法是什么）？What do I to be able to do（我怎样才能做到）？时刻提醒学生课堂上要知道该做什么，需要明白什么，自己能够做些什么，积极动脑思考，形成自己独特的见解。这些信息告诉学生，课堂是思维驰骋的场所，是智慧生成的地方，是展示自我的空间。学习是挑战权威，超越自我的过程，其中充满着探索的乐趣，成功的快乐。不敢断言，身处这种环境的美国学生，一定能够投入学习，享受学习，起码这种激励给学生一种光明的暗示，教会学生要有一种积极的心态。

我国的中小学在学校文化和教室文化上也是颇下功夫的。前不久，在我们国家一所区直重点高中的教室里，我看到了这样的标语。黑板的上方，白纸红字醒目地写着：卧薪尝胆、誓死一拼。教室窗户的两边分别贴着：高考是人生的分水岭，分数是高校的通行证。教室后面的黑板上则贴着：今天我静息苦读，来日后一鸣惊人。这些铿锵有力的誓词对于学生确实是一种警醒。看看从中逼射出来的气息吧：誓死一拼——学习是一场战争，需要付出生命的代价，分数就是学习生活的全部。不能否认，我们的国情决定了高考的选拔性，竞争的确是激烈的，但是正因为学生学习的紧张，压力的巨大，我们才更需要给学生多一些理解和关怀，多一点鼓励和启示，多一分温情和关爱。

心理学的研究成果告诉我们，心态对人的影响是不可低估的。美国的教室文化，具体地告诉学生课堂上应该怎样做，学生在照此去做的过程中，自然达到了预期的目的，收获了知识以及其他的东西。学习如登山，美国式学习在登山的过程中，不是紧盯山顶，埋头赶路，而是留意路途中优美的景致，愉悦的心情会减少攀登的无奈，驱赶旅程的疲惫，行程的艰辛似乎减少了。反观我们的教室文化，冷冰冰的语言暗示学生，学习是一件再苦不过的差事，或者把某些学生吓退，或者让某些学生逃避，学生即便投身其中，也无心享受成功的快乐，体验学习的乐趣。

不管对谁而言，学习都不是一件轻松的事情，都需要付出艰辛的努力。既然如此，为什么不让学生以好心情去面对呢？我想起一个古老的希腊神话——西西弗斯的故事。西西弗斯因在天庭犯法，触怒了天神，被贬到人间受苦。他受到的惩罚是每天推一块巨石上山，可由于巨石太重了，每每要到山顶了却一次又一次地滚下山去。可是，人们却看见西西弗斯吹着口哨，迈着轻盈的步伐，一脸无忧无虑的神情。不时的，西西弗斯还会追逐着一只蝴蝶。这太难以让人置信了，在这么枯燥、繁重的日常劳作中，他居然还能够注意到天气及路边的野草、蝴蝶，还说："喂，你瞧，我逮了一只多漂亮的蝴蝶。"我想，正是由于西西弗斯拥有健康的心态，才帮助他在艰辛的劳动中寻找到了快乐。

心态决定结果。作为教师，理应努力挖掘外在因素的作用，发挥教室文化的价值，帮助学生建立一个好的学习心态，使学生兴致盎然地投入学习，在欣赏自己路途的"蝴蝶"中，享受学习的乐趣，创造自己的奇迹。

表面上看，教室文化无非是教室里的寥寥数语而已，似乎无妨大碍。其实，从中折射出的是一种教育的理念。我们认真想过吗——我们的教育是否着眼于开发每个学生的潜能？是否着眼于激发每个学生学习的兴趣？是否着眼于帮助每个学生树立自信与自尊？是否着眼于促进学生的全面发展？是否着眼于学生的未来？在目前我国的教育现状下，考取一所好的大学，获得一个高的分数，固然是事关学生升学的大事，但是，分数毕竟不是学生的全部，比分数更重要的东西还有很多。教育的目的不是追逐僵化的分数，而在于引导学生追求快乐。

学校是学生成长的重要场所，教室是学生生活的重要空间，怎样布置温馨的教室，怎样营造健康的氛围，怎样给予学生积极的心理支撑，需要引起我们的高度重视，值得我们认真研究。

巧搭台子唱大戏

把平凡的事情做得不平凡就是成功，把简单的事情做得不简单就是卓越。这是我聆听了南京市鼓楼区教研室主任、南京市学科带头人闻建华老师讲座后的深刻感受。教研员的工作是平凡而琐碎的，是极具重要性和常规性的，鼓楼区教研室创造性地开展工作，取得了实实在在的成绩，为全区学校和教师的发展增添了巨大的正能量。这就是勇于担当、敢于担当和善于担当。如此才能唱好教育教学改革和促进教师专业成长的重头戏。

一、关照每一位教师

作为一名学科教研员，全市的学科教师都是我的战友、同行、合作伙伴。不论是市直、县直学校的骨干教师，还是农村乡镇中学的普通教师，都应该得到关怀和帮助。为了保证学科教研活动的顺利开展，每年的学科教研活动都应做好统一布置和规划。这方面鼓楼区的做法为我们提供了宝贵的经验。一是全区开设本学科教师统一班，切实关照到每一位教师，不让一位教师游离于学科之外；二是全区统一安排时间，每周有半天时间均不安排课，便于教师集中活动；三是精心组织和设计每个班的活动，切实提高了教研活动的实效性。

二、专注每一项活动

活动的执行力是教研活动的生命线。每次活动前教研员都要事先设计好活动方案，从内容的适切性到活动的有效性，从程序的科学性到结果的反馈性都应充分考虑。比如，生物学科教学视导，不能简单为听课、评课，今后的教学视导要从教师问卷、学生问卷、教案检查、听评课、参加教研组、参加备课活动、课后当堂学生达标检测等多个层面进行，以便了解真实的情况，找准问题，探寻对策，从而提升活动的价值。

教研员是为教师的成长竖梯子、搭台子的，怎样巧搭台子，搭好台子，则是值得每位教研员深思和探索的课题。

Zuo Zhuan Ye Hua De Jiao Shi

做专业化的教师

相约八月　共同成长

正值全国教育工作会议精神深入学习之际，重温“教育是国计也是民生，是今天更是明天”的高瞻远瞩，领悟“教师是国家发展基石的奠基者”的至理名言，身为教师的我们，陡然感到了身上的重任——我们是引领国家未来的人。

虽然我们是普通的学科教师，但是我们和学生朝夕相处的 3 年，是学生人格和世界观形成的重要阶段。教学生 3 年，要为学生想 30 年。怎样用我们的学识魅力感染学生，用我们的人格修养引领学生，是需要我们深思的问题，也是亟待我们倾力诠释的课题。

在过去的日子里，因为共同的追求，我们相约成长，齐聚“名师工作室”，我们努力着、探寻着、奋进着，但是视野的狭窄和时空的制约，限制了我们的思路，掣肘了我们的成长。我们渴望学习的机会，期盼交流的平台。今天，山东省教育厅为全省教师创造了远程研修的良机。

尽管远在千里之外，却又近在咫尺，可以面对面娓娓而谈；尽管盛夏炎炎，却似常饮清泉，心里愉悦无比痛快酣畅。这是怎样一方迷人的人间四月天，怎样一处心灵的加油站，怎样一块智慧的发源地——远程研修学习。

远程研修作为一种新型的学习方式，具有其独特的特点。

远程研修是最需要主动性的学习，虚拟的网络世界里蕴含着无穷的宝藏，需要我们自觉地挖掘，只有我们去“学”，见“识”才能增长。知识永远是为愿意学习的人准备的，让我们自愿、情愿、甘愿地学习吧，置身其中，将会别有洞天。

远程研修是最大的开放性学习，全省的同行和专家分处在不同的地域，

承袭着不同的文化，有着不同的教育背景、不同的教学思考、不同的教学阅历，正是这些差异形成了宝贵的学习资源。通过网络我们充分表达各自的观点，阐述自己的见解，不必顾及职务，不必在意权威，这是怎样的学术民主和百家争鸣呀！

远程研修是最大的分享性学习，在这个浩瀚的海洋中，有学富五车的学者、享誉全国的专家，也有全省的名师、实践经验丰富的一线教师，不同的观点在这里碰撞，不同的声音在这里汇聚，既有你渴望的理论，也有为你释疑的答案，更有个性经验的展示，这是名副其实的“满汉全席”，完全可以依你所需，尽情汲取。

相约研修，相聚平台，我们庄重地承诺：

一是珍惜机会，全身心投入。身处当今知识迅猛发展、科技日益进步的时代，非学习不可，非善学不可。我们深知做教师的规律，一言以蔽之，一旦你今天的学习停滞，明天的教学也将停滞。我们要珍惜这次难得的学习机会，全身心地投入，真看、真想、真写、真评，尽情享受学习带来的快乐体验，感悟学习带来的心灵满足。

二是空杯心态，广泛汲取。正如一个杯子，如果本身盛满了东西，无论外界水源多么充沛，能倒入的水终究是有限的。也许几年抑或十几年的教学实践，使我们有着诸多的个人经验，但是，面对这次全新的智慧盛宴，我们要放下固有的经验和偏颇，虚心学习、积极汲取，认真观看视频课程，浏览他人作业，点评同行文章，努力丰富我们的头脑，充实丰盈我们的行囊。

三是用心思考，坚持原创。作业是我们学习成果的显性展示，是我们思想的真实声音，只有用心思考了，用心感悟了，切实联系自身教学实际了，才会对我们的工作有所裨益、有所帮助、有所促进。也许我们的作业不是最优秀的，但却是最适合我们的，是我们经过反复思考的。让我们远离复制，杜绝抄袭，尊重自己，尊重他人。

四是自我加压，丰硕收获。在这个虚拟的学习世界中，没有领导的管制，没有权威的震慑，没有他人的监视，全凭自觉和主动，所以我们要自我加压，高质量地完成每一次作业，积极参加在线研讨，撰写学习文章和感悟，关注课程简报，积累优秀的教学资源，以收获丰硕的学习成果。让我们牢记这几个数字：观看 10 个专题课程视频，每天在线时间不少于 4 个小时，完成至少 6 篇作业，评论不少于 50 条，参加 2 次在线研讨，撰写 1 篇以上文章。

前进的号角已经吹响，行进的步伐已经迈开，让我们一路高歌，斗志昂扬，向着理想的彼岸进发……

正视"短板"

关于"教学目标制订"的专题作业，相信大家和我一样，窃以为这样的作业很容易完成，以至于对它有点不屑。这毕竟是我们日常教学中熟之又熟的一部分，是不是问题的"问题"。通常我们进行教学设计时，极其重视的是内容的设计是否有新意，活动的预设是否独特。对于教学目标往往是从教参上直接搬移过来，还因纯属多余而有些不太情愿。

及至真要独立制订一节课的教学目标，并且看到指导教师和课程专家的点评时，才突然发现原来这"简单"的事情不好做。由此想到心理学上的"短板效应"，指木桶的盛水量取决于最短的那块木板。"短板"处处在，人人有。"短板"本身并不可怕，可怕的是我们无视"短板"的存在，徒然做了些拼命往木桶中灌水，却成效不大的无用功。

我们应该正视课时的"短板"。教学目标是教学的出发点和归宿，是教学实施的"罗盘"。通常我们习惯从教材的内容入手进行教学设计，将内容怎样去传授落实为目标来教学，这似乎有些本末倒置之嫌。事实上，教材是对课程标准的具体诠释，教材内容的选择和确立必须以课程标准为基准。我们在进行教学设计时，要充分研究课程标准，将课程标准的要求分解开来，通过一个个课时来具体落实。同时，教学目标最终要在学习的主体——学生身上得到实现。因此，教学目标的制订需从以下方面考虑。（1）行为主体：教学目标描写时应写成学生的学习行为而不是教师的教学行为，要清楚地表明达成目标的行为主体是学生；（2）行为动词：教学的具体目标应采用可观察、可操作、可检验的行为动词来描述；（3）行为条件：需要表明学生在什么情况下或什么范围内完成指定的学习活动；（4）表现程度：学生对目标所达到的水平，用以测量学生学习的结果所达到的程度。

以上是教学目标制订的要素。教师需要清楚地知道，教学目标不但要实现三维目标的有机融合，更重要的是要全面实现生物课程价值，把提高学生生物科学素养具体、有序、分层、有机地加以落实。

我们应该正视教学的“短板”。对于“围绕知识的训练，围绕文化课的学习，围绕应考科目的学习”我们高度重视，甚至有些关注过度了。其实，教学不仅是书本知识的学习，新课程背景下的教学还包括关注实践性知识的学习。实践性知识的学习能够让学生聆听窗外的声音，呼吸新鲜的空气，培养学生的参与意识和实践活动能力，能够让学生学得更有兴趣，学得更好，发展得更全面，更有后劲，不仅为升学奠定基础，更为其终生幸福与发展奠定基础。具体到生物学科的实践性学习，刘恩山教授给了我们建议。比如，结合“生物圈中的人”的学习，可以开设健康生活的课程，他说，时下流行的戴牙套整形，确实能使牙齿整齐漂亮，但是整形后的牙齿容易松动脱落的后果在短期内却没有引起人们的关注。这种围绕牙齿健康的拓展性课程既是对国家课程的补充，也是发挥教师创造性智慧，做课程建设者的体现。

我们还应该正视成长的“短板”。专业成长似乎还没有引起广大教师的足够重视，这个“重要而不紧急”的事情，成为制约我们前行的“短板”。弥补“成长短板”的重要方式是阅读和学习。学习的途径有很多，如当下正在进行的全省远程研修就是弥补“短板”的有效途径。因此，我认为，我们成长中致命的短板是读书不足。教书者不善读书，是教师中普遍存在的现象。课本和教材限制了我们的思路，教学杂志和训练资料不足以开阔我们的视野，网络和资讯不足以满足教学需要，只有经典的教育专著和厚重的教学哲理才能从“根”上影响我们的教育思想和教育理念，使我们形成自己的教育主张和观点，使我们的教育视野开阔，教育眼光提高，从而实现从“匠师”到“人师”的转型。

假与加

假期，对教师来说是得天独厚的优势，在外界看来也是特别令人羡慕的。似乎，假期就是彻底地放松休息。其实不然，这不，连续两年的暑期远程研修让我们的假期变得格外忙碌而有意义。

前几天，一位教师发自肺腑地撰文：为适应新的教育形势的要求，教师不能有丝毫的松懈，需要加倍努力，感慨生命里没有假期。我理解这位教师的心情，赞同他加强学习的观点。但是，马克思主义告诉我们要辩证地看待事物，如果一味地强调自觉学习，不断工作，那么，假期岂不是变了“味”?

我以为，应该学习休息兼顾，保健成长双赢。具体说来，可以在以下几方面“加工”自己。

给身体加“油”。一项调查显示：目前很多教师处于亚健康状态，患有不同程度职业病的教师达到教师群体的34.5%，长期站立授课、伏案批改作业等工作使得慢性咽炎、肩周疾病、颈椎病、静脉曲张、支气管炎、胃肠道功能紊乱等成了教师的常见病。教师应该利用假期，加强锻炼、调节饮食、保证睡眠，从多方面增强身体素质，这既是个人的幸福，也是工作的保障，更是可持续发展的基础。

给底子加“厚”。这是一个知识爆炸的时代，一份研究资料显示：在知识更迭日益加快的今天，一个本科生走出校门两年内，一个硕士研究生毕业三年内，一个博士生毕业四年内，如果不及时补充新知识，其所学的专业知识将大部分老化。按照知识折旧定律，如果一年不学习，你所拥有的知识就会折旧80%。其实，就一个人一生所学的知识来说，在校求学阶段所获得的知识充其量只是他一生所需的10%，而另外90%的知识都必须在以后的自

学中不断获取。事实上，我们所拥有的知识已远远不能适应新课程的需要。省教育厅正是基于这样的考虑，才下大气力推行全省高中教师的远程培训，我们自然要珍惜这难得的学习机会。

给教学加“锚”。也许大家看到过这样的公式：教师成长＝经验＋反思。教师成长过程应该是一个总结经验、捕捉问题、反思实践的过程，反思是教师专业发展和自我成长的核心因素。因为，只有经过反思，教师的经验才能上升到一定高度，并对后继行为产生影响。平时的教学需要反思，较长的假期更是反思的最好时机。经常看到有教师在职称评定时没有成果的遗憾，也经常听到教师教学不见长进时的抱怨，其中，一个重要的原因就是，教师缺乏总结提炼。以至于我们不自觉地重蹈了“狗熊掰棒子”的覆辙。其实，我们的教学需要不断地抛“锚”，而后在这个“锚”的基础上，不断前进，争取抛出更远更牢的“锚”。

给家庭加“乐”。教师的工作没有固定的时间界限，常常将工作带回家中。我们对于家庭的责任真的很难认真地履行。其实，家庭是每个人生命中最重要的部分。平日里我们亏欠的，应该在假期里好好弥补。多做些家务，多烧些饭菜，多陪陪老人，多疼疼爱人，多照顾孩子，让家庭和睦美满，让家人快乐平安。我坚信，家庭和事业是船之双桨，协调一致，才会平稳幸福。

这样，经过一个假期的“加工”和修炼，我们的心态更平和了、身体更健康了、功底更深厚了、家庭更美满了，教学就更出色、工作就更优秀了。

我被“推荐”撞了一下腰

揉揉干涩的眼睛，晃晃僵硬的脖颈，摇摇酸痛的腰肢，让目光暂时离开屏幕，收拾一下心情：欣喜、激动、无奈、沮丧、懊恼……五味杂陈，都是“推荐”惹的祸。

专题三的作业是“绘制生物与环境的概念图”，也许是概念图这种教学策略对于大部分生物教师来说有些陌生，所以提交的作业五花八门，有的是知识结构，有的是表格集成，有的是括号条目，有的是知识树……面对不符合要求的作业，在耐心点拨指导的同时，那份渴盼精品的心是急切的。当然，也不乏有许多聪慧的教师先学习、领悟了概念图的内涵后，再精心制作的优秀作业。在精挑细选后，我决定推荐一篇优秀作业，并认真琢磨，编写了推荐理由，给了较高的分数。稍后刷新，那颗硕大的红钻石格外夺目。仿佛看到无数教师阅读学习后的豁然开朗和心满意足，我心里美滋滋的，人也为之精神振奋，接着投入到更多的作业审阅点评中去。

在写下诸多的评语、审阅诸多的作业、看到诸多“小脸”变黄后，我沉浸在付出后的满足之中，幸福的情愫溢满心房。就这样，一天即将过去。

又一篇优秀作业，一阵喜悦涌上心头，我连忙兴奋地写评语，赋分值，点提交。系统提示“提交成功”后，我却突然感觉这篇作业有些似曾相识。细细想想，可能是上午推荐过的。连忙进入我的工作室，急急打开专家推荐作业。天呀，真是和先前推荐的那篇相差无几。重复推荐是不允许的。只好将两篇作业一起撤销，我无语，只有一声叹息……

叹息的背后是对良知的考量。推荐第一篇作业时，我是谨慎地查过的，确定是原创后，才推荐的。但也没有必要责备第二位教师，我想当他看到推

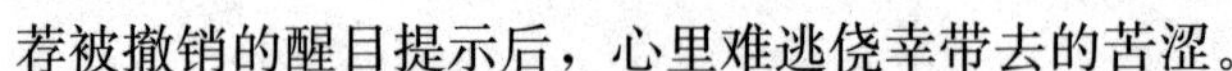

荐被撤销的醒目提示后，心里难逃侥幸带去的苦涩。

作为教师，我们无数次告诫学生诚实是人类最宝贵的品质，此时的我们却冒险以身相试，这是对职业资质的考量，是对人品的考量，是对职业道德的考量，这种考量是极具威慑力和穿透力的。

但愿能让我摆脱这种叹息。

学会尊重

因为火热，夏才成为一年中最炽烈的季节；因为热烈，夏才成为激情释放的季节。在这个激情四射的夏天，全省远程研修的第一天异常火爆、热烈。

且不说纷至沓来的作业，不断刷新的屏幕；也不说雨后春笋般的班级简报，层层叠加的点评。单是作业的学术争鸣，就足以激发热情、催生智慧、启迪思维。

专题一的作业是设计探究方案“蜜蜂能否识别不同的颜色”。从教师提交的作业来看，有的教师，排除嗅觉干扰，利用条件反射探究蜜蜂能否识别不同的颜色。有的教师采用在不同颜色的花上涂上蜂蜜，观察蜜蜂趋性的办法来进行探究。对此，有教师认为，这个方法能验证蜜蜂是否喜欢某种颜色，但不能等同于“识别”。识别应该是一种记忆，一种对以前颜色的认识。当然，有些教师可能会说，喜欢本身就应该是一种识别，不能识别又怎么谈喜欢呢？对于这个探究实验本身，教师们有着不同的理解，形成了不同的观点。

省课程专家张可柱老师对这样的景象感到非常欣慰。他兴奋地表示，网络研修的最大优点就在于教师之间能通过评论、讨论、争论等相互交流与学习，从而提高自身的专业素养、开阔视野。全省的生物教师，通过网络，经历了思维的交锋、智慧的碰撞，引发了深度的思考。作为课程团队成员，我们分外惊喜和激动，因为我们知道，远程研修引领的最高境界就是让教师们相互研讨，共同提高。

面对研修百花园的姹紫嫣红，在被同行们的热情感动的同时，我也深深

体悟到许多。

尊重民主。“百花齐放，百家争鸣”的方针同样适用于生物学领域。在网络研修这个无垠的浩瀚海洋中，教师们充分表达自己的观点，发表自己的看法，展示自己的理解，这本身就是一件令人欢欣鼓舞的事。学术本来就是自由的，在学术面前我们理应尊重各种不同的声音。真理越辩越明，让学术民主来得更猛烈些吧！

尊重自己。网络研修是一次难得的学习提高机会，在这里，我们用自己的眼睛去发现，用自己的头脑去思考，用自己的心灵去感受，用自己的声音去表达。也许我们的作业思路有些偏离，观点有所偏颇，但毕竟反映着我们自己当下的真实思考。研修的目的就是使教师在原有基础上有所提高，在已有水平上有所发展。很赞同某班班级简报中所阐明的：“我们不反对在网络上搜索有关作业内容，这也是我们搜集资料的一种有效方式，但‘拿来主义’不要贯彻得‘太彻底’，很多教师的作业和网上的资料高度一致，还有些教师的作业不同段落的字体明显不一。网络上的内容能够拓展我们的思路，这是不容置疑的，但我们必须对它进行深度挖掘，从而得出自己的结论，这样不是更好吗？”

尊重科学。生物学作为自然科学中的重要领域，其学科的根本性质就是科学属性。科学的魅力就在于未知和变化。与奥妙无穷的生物世界相比，我们所知晓的只是沧海一粟，还有太多的奥秘需要我们不断地探寻。“逻辑和实证是思辨的有力武器”，不必仅仅在无谓的猜测和假设上无休止地争吵，拿起“实证”的工具吧，热切期盼我们的教师带领我们的学生真正地做做、真实地看看、真切地试试。

生物教学不应仅仅停留“压缩在黑板上的世界”，还应关注“玻璃窗外动荡的世界”，大胆地去实践吧，“做”中出真知，“做”中出科学。

慢 慢走，欣赏呀

伴随着滚滚热浪，全省教师的远程研修已经8天了。如同炽热的阳光，教师们热情高涨，积极投入，学习的欲望分外强烈，这番景象着实让人激动，催人奋进。

如同炎炎烈日，参训教师心情急躁，忙忙碌碌，周身被“快”包围着。君不见，有的教师仅仅忙于完成作业，而无暇浏览、学习他人的作品；有的教师为发帖评论，甚至重复粘贴；有的教师忙于提高关注度，忙于发表文章，而文章多是以前发表甚至是下载后稍作修改的；有的教师忙于追求排名，来不及深入思考，文章只是简单浅显的一堆句子的组合，贪图数量而已。其实，所有这些行为，对于切实增强培训效果都是无益的。

细细思量，这些现象的出现，与我们平时教育教学中的某些行为不无关系，只是我们平时习惯性动作的再现而已。

我们习惯于“疾”。学生成绩暂时落后，我们会认定他是学困生，没有学习的天赋，于是我们降低了对他的要求，放弃了对他的希望。渐渐地，他也对学习丧失了兴趣，真的越来越差了。学生违纪犯错，几度苦口婆心不见成效，或者几经反复难于改正，我们便失去了耐心，断定他无可救药。其实，学生是成长中的人，一时犯错走入迷途，一时分心被落下，应该是被允许的，犯错误是学生的权利。而很多时候，我们忘记了教育是“慢”的艺术。

我们习惯于“急”。学生犯错了，立即招致一顿批评。有时我们甚至当着全班学生的面，抓住某一学生的错误进行一番深刻剖析，全然不顾犯错学生的感受。有时我们未掌握事情的真相，而单凭自己的感觉或者表面现象，简单粗暴地处理问题。事实上，越是满腔热情，越是急于让自己的努力见效，期望值就越高，就越容易产生“恨铁不成钢”的心理。因为急躁，良好动机往往造成相反的结果。我们习惯于忽略学生的实际情况而用成年人的思维方式考虑问题，其实在教育学生的过程中，“直线有时候并不是最短的距离”。

我们习惯于“及”。课堂上，我们往往把完成教学任务当作一节课成功的标志。我们精确地计算时间，机械地执行预设的教学程序，却忘记了考虑学生能否跟上，忽视了师生思维节奏是否同步。如果学生只是表面上完成了教师预设的教学内容，实质上只是浮光掠影、蜻蜓点水，那么教学的意义何在，效果又如何呢？为了让每个学生从容地学、踏实地思、踏实地练，让学生实实在在有所获，有所得，有所悟，慢一点又何妨？

我们习惯于“挤”。骨子里我们存有盲目跟风的意识，人家怎样干，干什么，我们便照着学，仿着做。在课程建设大行其道的当下，有的学校和教师甚至弄不清课程是什么，在课程开发和实施不知所以的情况下，随便搞几项活动，弄几间教室就标榜是自己的特色，殊不知事件层面的课程只是最低层次的，对于系统层面、结构层面、文化层面的课程必须结合自己的实际努力探索才行。我们深信“水大泡倒墙”，于是不管学生能否承受，各学科均奉行布置作业多多益善，争抢时间，“压榨”学生，这种做法的科学性有待探究。其实，学校教育不必跟风，不必流行，踏踏实实地研究与学校实际、学生实际、自己教学密切相关的“小”问题或“真”事情，才是最富实效性的。

据说，在阿尔卑斯山的一个急转弯处常常发生车辆因为不减速而坠落山崖的事故，当局采取了很多办法都不见成效，后来便在此处立了一个巨大的广告牌，上面写着：慢慢走，欣赏啊！从此那里便不再有事故发生。

其实，教育是一项百年育人的创造性劳动。一味地高速行驶，难免发生事故，造成难以弥补的后果。既然我们选择了在教育之路上行走，那就慢慢地走吧，远离浮躁，摆脱急躁，沉下身心，潜心体悟其中的滋味，静心欣赏沿途无尽的风光。慢一点，我们会多一分对学生的关注与欣赏；慢一点，我们会用心走进学生心中。慢，是节奏，是态度，是胸怀，更是艺术。

慢慢走，欣赏啊！

一个指导教师的“培训五味”

——我的培训故事

炎炎七月，我们相聚在研修平台，分享着实践与智慧，碰撞着教育思想，收获着精神食粮。我们身心融入，体验着精彩纷呈；我们真情投入，感悟着责任担当；我们倾力深入，品尝着多滋多味。

酸

培训的经历是坎坷的，心里有一丝的酸楚。

意外是难免的。7 月 2 日参加完指导教师培训会议后，我知道了这次全员远程培训的深远意义，明确了指导教师的重要职责。为了顺利完成任务，我提早做好了物质准备和心理准备。将孩子送到了外地，以保证足够的精力和时间；重新调试了电脑，以防止影响工作。尽管如此，13 日晚上在家上网时，麻烦还是出现了，尝试了多次都无法登陆远程研修平台，好在我及时拨通了省技术指导中心的电话，先后在两位老师的指导下，解决了问题，但也折腾了好长时间。唉，白白浪费了许多宝贵时间，心中不免涌起一丝酸楚。

这次的委屈是淡然的。没想到，22 日下午又无法登陆了，我按照上次指导老师告诉的，重试了多次，仍旧无果。也许是网络拥挤吧，但一直到晚上 12 点，还是无法登陆。23 日早上 6 点半，继续爬起来上网，系统依旧提示“该用户已登陆”。这下糟了，教师们的作业无法按时评阅了。我匆匆赶到办公室，照旧无法登陆，技术指导中心的电话不知拨了多少次，总是提示“您拨的电话忙，请稍后再拨”。焦急、伤心、无助，各种滋味一起涌上心来，酸酸的，好想哭。

陆续有电话打进来，是几个教师询问，为什么他们的作业没有批阅，是不是作业不需要每天都写。我知道，我的失误造成了教师们的不解，这将影响到研修的效果。我着急，我无奈，我心酸，我无语。终于请来了信息中心的专家，研究了好半天，总算能登陆了。连续工作了三个小时，写下了50多条评论，我才在剧烈的腰痛中稍稍感到欣慰。于是，酸楚中我更加努力。

甜

培训丰硕的收获，如喝了蜜一般。

丰盈了我的行囊。六个专题的视频学习，使我对新课程理念有了更深刻的理解。它渗进我的脑海，融入我的血液，成为我今后教学的理论支撑和观念引领。远程研修使我学习了许多有效的教学策略，操作更具实效性。新课程背景下，我所追求的理想的生物课堂越发清晰起来：根植生活的土壤，散发探究的芬芳，蒸腾人文的霞蔚，透射理性的光辉，彰显生命的色彩。

点燃了我的激情。炎炎烈日，十万教师汇聚平台，这是一种力量，这是一种召唤，这是一种鼓舞。从教师们的感人故事中，我理解了幸福的内涵，解读出“教师”的意义，感悟着教师事业的神圣。半头银发的老教师的“一指禅”定格在我的脑海，这就是榜样；无数凌晨上传的文章，让你在欣赏精彩内容的同时感受到一种精神，这就是动力；繁忙的在线研讨，智慧的激烈碰撞，这就是财富。

结识了同心的“战友”。作为指导教师，班级里近百位教师和我一同研讨学习，彼此交流、分享经验，教师们的教育智慧让我感叹。我可以“面对面”地和每一位教师交谈，领略每个人的表现，了解每个人的思考，我寻找到了一批敬业奉献、乐于钻研的志同道合的朋友，发现了一批教学骨干和培养对象，为今后工作的有效开展奠定了基础，创造了条件。

倍增了我的信心。“素质教育已不是需不需要实施的问题，而是如何全面推进的问题。”教师们的共识，智慧上的支撑，定会催生自觉的践行，素质教育在基础教育中必将硕果累累，迎来山东教育的春天，这是山东学子的福音。一代代具有创新精神和实践能力的人才的造就，奠定了伟大民族的复兴。

苦

如此紧张的培训，苦是必然的。

时间需靠上。十几天的培训，使我没有了上下班的概念，8 小时的工作成为天方夜谭。晚上 12 点以前都不曾下过线，白天更不必说。生物钟被打乱后，竟然习惯了凌晨的清醒，难怪老公说，培训真是神奇的魔法，给人以充沛的精力。如果不是网上的记录，连我自己也不敢相信，原来我每天都在超负荷的工作。

精力需跟上。简单地算一笔账。一个班级有近百名学员，每人每天提交一份作业，三分之一的学员还上传一篇文章。那么，我每天需要浏览的作品就有一百多份。系统限制 5 分钟之内不能连续发两次评论。这样算下来，就算写 70 条评论，至少也需要 6 个小时。每天看 2 个视频需要 2 个小时。每天写 1 篇千字文，需要 1 个多小时，高质量的则要近 2 个小时。两天一期的培训简报，筛选六七个栏目的文章，编辑 20 多页的文字，需要多少精力就说不准了。精力充沛地工作了几天，到最后只感到头脑胀痛，身子软软。

体力要顶上。多年的教师生涯，导致了我颈椎和腰椎的不适。每天紧张地工作起来，常常是几个小时一动不动。疼痛的脖子，酸胀的手腕，僵硬的腰部，都是对身体的挑战。如同一场战役，考验着我们的意志。

辣

初次经历这样大规模的培训，面临的挑战是艰巨的。

做好组织者。近百名教师的虚拟班集体，需要指导教师的协调和发动。由于每个班级的主页上没有公告栏，要想集中发出倡议，做出提示，是不可能的。只能在点评教师们的作业时，加上委婉的说明，可是效果并不显著。有时候，以文章的形式发出来，但由于指导教师不像学员那样有固定的位置可以集中展示自己的作品，加之文章的更新速度又快，导致不少教师没留意到。于是，我只好联系每个学校的负责教师，电话和邮件就成了沟通的有效工具。为了增加研讨的针对性，结合我市的实际，我们又组织了专题研讨。网络研讨不同于集中起来开会，有效协调和发动自然是一次挑战。

做好引导者。这次培训，本来没有规定各市办培训简报。但为了鼓励教师们的积极性，激励教师们的热情，我们率先决定编办我市的简报。每期设

六七个栏目，推介我市教师的优秀文章，宣传优秀的学员，报道各校的培训动态。内容的精选是一方面，更难的是简报的编辑和制作。为此，我学习了Photoshop的使用。为了提高简报的水平，从第三期开始，我们又改用了网页的形式，制作网页我可是一点基础也没有，尽管聘请了县区的教师，最后还需要我来完善和审定。技术上的挑战可谓空前。

做好带领者。有的教师仅仅局限于完成作业，没有利用平台发表文章，充分地交流分享，还有的教师则把以往的文章贴上，缺乏针对性。我意识到可能是教师们存在畏难心理。为了发挥引领作用，我以身作则，坚持每天写一篇千字文。题目则根据当天的情况而定，或者据专题视频有感而发，或者视培训动态确定，或者有感于专家的点评。

感

如同摄入过量盐分，体内渗透压急剧增大，亟须汲取大量水分。

陡添学习的内需。面对如此多新思想、新知识、新经验，在欣喜的同时也感觉到了强烈的急迫感。新课程改革让教师和学生站在了同一个起点，如何面对日益博学的学生，面对繁多的信息，面对素质教育的新挑战？时代向我们提出了新要求，应对的唯一策略就是不断加强学习，丰实我们的头脑。一要读书，读教育教学理论，增加我们的底气；读不同版本的教科书，包括大学的相关教材，拓展我们的视野；读学生的相关教科书，了解学生初中所学的基础，贯通各学科的知识，通过学科渗透加深理解；读人文书籍，提高我们的人文修养，用文化和文明濡染我们的精神；读写给中学生的书，准确把握学生的思想脉搏和身心特点，消除代沟和隔阂。二要读师，保持谦虚的心态，谁走在前面谁就是我的老师。向经验丰富的老教师学习，向勇于创新、思维活跃的年轻教师学习，向本校、外校、本地、外地同行学习，向网络上的远方朋友学习。此外，还要向学生学习，他们的独特观点、另类思考、阳光心态，都能为我们带来震撼和力量。

倍增探索的力量。十几天的培训，教师们的精彩课堂、典型案例，为我们打开了生物教学的一扇窗，原来生物课可以这样上，原来生物课堂可以如此精彩，原来有这么多高效的教学策略。惊叹过后，是跃跃欲试的冲动。如何在自己的教学实践中去实施、践行，不仅需要勇气，更需要智慧。教学需要彰显个性，只有我们创造性地去探索、实践，方能构建适合我们自己的模式，一味地模仿和机械地照搬，只能是低效，甚至无效的。教学是一门艺

术，需要我们用心去研究，用情去创造，用爱去演绎。

深感肩上的责任。远程培训让我有幸与近百名教师生活在同一个大家庭，我们是研修的同学，更是今后的“互助共同体”。短短的培训后，是更艰巨的实践和探索，我们将研修的热情延续，将研修的成果巩固。尽管培训结束以后我们的班集体将自动解散，指导教师的身份也不复存在。但是，既然我们相识相知，既然我曾经担负重任，那么，作为班级的一员，我不能就此放弃责任，而要勇敢地担当，带领大家，积极开展活动，大胆探索研究，一起成长，共同提高。这是一份沉甸甸的责任，也是一个殷切的期望。

培训的结束是一个终点，更是一个崭新的起点。让我们带着丰盈的行囊，燃着炽热的激情，坚守心中的梦想，仰望教育的星空，一路前行。

“三位一体”的快乐培训生活

——收获一双隐形的翅膀

知道什么是累并快乐着吗？

体验一下吧：不停地打开网络首页不断刷新的精彩作业和文章，与教师进行着“面对面”的交流；不时收发着邮件，和网络另一端的人商讨着优秀作业和简报图片的选择；鼠标旁的手机屏幕不时地亮起，“嘟嘟”的提示音告诉我，教师又有新思考了……网络、邮件、短信，轮番上阵，打造出如此令人痴迷的“三位一体”特殊时空。

一、网络——集中孵化

网络太神奇了，由不得你怀疑，全省的教师分坐在17个地市，却能在这17英寸大小的显示器上交流和分享。不论白天还是夜晚，不论正午还是凌晨，总有激情昂扬、渴望成长的同行在活跃，灵巧的双手在翻飞。在这里，智慧集中碰撞，灵感时时闪现。

且不说，随时变换的最新作业、热评作业，让你目不暇接。点开这篇，优秀之作；打开那篇，精彩无比，惹得你一篇又一篇地翻阅评论，唯恐错过任何一个精彩。

也不说，培训主页上集中展示的带有绿色绶带的专家推荐和带有蓝色绶带的指导教师推荐，双击打开，精品接踵而至。鲜红色的专家推荐意见和深红色的指导教师推荐建议，蓝色的学员评价，着实是智慧的集中孵化地。

更不说，每天上班的第一件事就是下载课程简报和班级简报，精品荟萃的课程简报成为我一天的丰盛“大餐”，美美地品读欣赏后，使我带着满足和愉悦投入新一天的培训和学习。

单说在线研讨，两个小时与专家“面对面”的研讨让人痛快淋漓。换“房间”，抢“座位”，马不停蹄，急匆匆乐陶陶；翻页，刷屏，眼花缭乱、目不暇接；跟帖，发送，寻找解答，神情专注。来不及看怎么办？没关系，第二天“房间”里的学员和专家发言，条分缕析，保管能让你“品”个够。

神奇吧，酸痛的脖颈和肿胀的手腕做证，网络是一个智慧的集中孵化地。

二、邮件——深度催化

说来有些不可思议，培训期间，我的邮箱使用率比平时多太多了。邮箱的积分“噌噌”上涨。

首先，简报编辑。各学校的教师将他们精心挑选的优秀作业荟萃、精彩文章集锦、培训花絮整理、优秀学员简介等都发至我的邮箱，我们统一筛选后进行编辑。千万别小看简报，十几页甚至更多的页面可藏着大学问。单是题、图的选择和编辑就是高技术含量的工作。还有，是 Word 格式还是页面格式，显示效果如何等问题的确定，我和教师们也是通过邮件沟通的。

其次，作业“快递”。教师们高涨的热情和精益求精的态度真令人感动。有的教师完成作业后，先通过邮件发给指导教师，请指导教师提出修改建议，再次完善后，才放心地提交。被指导教师推荐自然是件高兴的事情，被同行们认可肯定也是很欣慰的。于是，邮件便成了“绿色通道”，及时便捷地传递着彼此的思考。

欣喜吧，饱和的邮箱和优秀的作业做证，邮件是一个智慧的深度催化场。

三、短信——重点生化

“杨老师，根据您的意见，我把作业进行了修改，麻烦您再看看。”“我想问问，资源是怎么回事?”“我认为某某被推荐的作业如果把教学目标完善一下会更好。”……十天的培训，我的手机信息量居高不下。每一次屏幕的亮起，都会拉近我和老师们的距离；每一声的信息提示，都会加深我们对某个问题的深度研讨。尤其是对那些上进心强、可塑性大、潜力无限的青年教师，共同的培训恰好是他们交流的最好时机。你的格外关照，会激发他们更

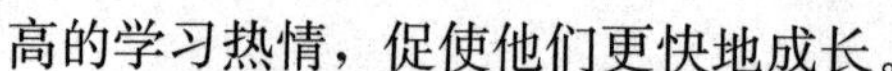
高的学习热情，促使他们更快地成长。

兴奋吧，麻木的拇指和磨损的按键做证，简洁迅速的短信是一个重点生化器。

孵化，催化，生化——我的眼前浮现出一只只毛茸茸欢叫着的破壳而出的小鸟，那样生机勃勃，那样活力四射，那样渴望飞翔。

网络，邮件，短信——恰如适宜的温度，充足的营养、高效的“酶”系，为鸟儿的成长提供了条件。

感谢“三位一体”的培训，赋予我们一双双隐形的翅膀，使我们飞得更高、更远、更快。

生命从四十岁开始

——与历经网络研修重焕发活力的中年教师共勉

老鹰是世界上寿命最长的鸟类，能活到70岁左右。长寿的老鹰必须在35～40岁时做出困难却重要的决定。这个阶段，老鹰的爪子开始老化，无法有效地抓住猎物；它的喙变得又长又弯，几乎碰到胸膛；它的羽毛变厚，使翅膀变得十分笨重。这时，它只有两种选择：等死或者经过一个十分痛苦的更新过程。在这个十分痛苦的更新过程中，它必须努力飞到山顶，在悬崖上筑巢，停留在那里150多天。它先用大喙击打岩石，直到喙完全脱落，然后静静等待新的喙长出，再用新生的喙把指甲一根一根地拔出来，等新指甲长出后，再用新长的指甲把羽毛一片一片拔掉，新羽毛长出来后，老鹰又将在蓝天上威武地翱翔三四十年。

这是一个颇具震撼力的故事，我常常为老鹰的自我挑战而折服，也常常用老鹰的勇气来鞭策自己。此时的老鹰又何尝不是我们这些不惑之年的教师的写照呢？因为种种原因，生物教师的团队中年轻教师较少，40岁左右的生物教师多数是学校的骨干力量。这个年龄段的教师有诸多的优势。

有着丰富的教学经验。20余年课堂上的摸爬滚打让我们拥有了娴熟的教学技术，我们不用再像初入行那样钻研和斟酌，教学内容早已深深地印刻在大脑，烂熟于心中。

有着强大的学习能力。多年的磨炼锻造了我们筛选和整合资源的能力，搜集和处理信息的能力；多次的学习培训提高了我们的自学和领悟能力；无数次的考试历练，锻炼了我们的选择和评价能力。我们可以快速地理解新课程改革的理念，把握教学的动态。

有着稳定的平和心态。生活的阅历让我们洞察世事，领略平凡，因为亲

历和体验，练就了我们波澜不惊的气度和胸怀，我们能够理性地对待挫折，宽容地接纳他人。

种种优势让我们成为工作的骨干和中坚，扛起了学术的大梁和旗帜，我们发挥着不可替代的作用，甚至在很大程度上决定着学科的水平，影响着学校的发展。

然而，头上戴满光环，身边堆满荣誉的我们，是否衍生了一些自足自满，抑或停滞不前的情绪？是否滋生了功成名就，放慢或者停下脚步的惰性？是否派生出面对新鲜事物麻木懈怠，激情消退的状态？是否没有了显性目标，失去了进取的动力，迷失了前行的方向？是否……

比对老鹰，我们顿然警醒。

如果我们囿于现状停滞不前，那么就应拿出老鹰的勇气来改变自己，把身上的懒惰摔打个粉碎，把身上的清闲一片一片拔掉；如果我们不满足于生命现状，那么请不要用“年龄大了”来做无谓的托词，而要以老鹰的勇气，积极发挥自己的优势，努力尝试改变，开辟一片新天地。

“哀莫大于心死”，我们中年教师必须要跨过心理倦怠这道坎，跳出自怨自艾、消沉颓废的阴影，坚守初登讲台的信念，重拾当初的雄心壮志，守望麦田，心无旁骛。

远程研修的巨轮已经起航，这对于我们是一个绝好的契机。因为在这里，没有资质的排列，没有头衔的笼罩，在这个开放的世界里，所有成员的机会都是均等的。悲观者抱怨风向，乐观者期待转向，聪明者调整风帆。让我们摆正心态，扬起风帆，在研修网络的海洋中乘风破浪；让我们拒绝安逸，远离应付，因为这意味着退化和驻足不前；让我们焕发激情，和年轻人一起驰骋网络，挥洒激情，保持生命的成长。

著名作家冰心说：“生命从80岁开始。”我们没有那么高的境界，那就打个对折吧，让我们的生命从40岁开始。

40岁是正午的太阳，光芒万丈，能量最强，我们激情昂扬。

40岁的我们要开始新的学习，不做知识老化的“老教师”。

40岁的我们再次扬帆起航，让生命的光芒与年龄一同增长。

真水无香

这是一份怎样精彩绝伦的生物课程简报呀，读完它，我用了整整一个半小时。

仔细研读每一篇上乘的作业，认真品读每一篇精彩的文章，静心阅读每一条富有见地的评论，唯恐错过任何一份学习的资料，漏下任何一个独到的观点，忽视任何一点深刻的启发。

眼睛离开显示屏的那一刻，种种感觉汹涌而至。

如同探戈变成慢三，架子鼓变成小提琴，运动场变成阅览室，漫画变成散文……

回顾四年的研修，终于顿悟，这就是大音无声，真水无香。

在上乘作业的背后，在精彩文章的背后，在有见地的评论的背后，分明跃动着全省生物教师成长的音符，舞动着全省生物教师成长的风姿。

这里蕴含着诸多的蜕变——

从观望向审视蜕变。前几年的研修，一样是看视频，一样是听讲解，教师们却似乎习惯于单纯崇拜和欣赏，大有把自己的头脑变成别人思想的跑马场之趋势，一味地全盘接受，哪管其办学条件和学生水平是否适合我们的实际情况。今年的研修，教师们开始用自己的头脑思考，努力地发出自己的声音。教师的作业中，除了肯定和欣赏他人的优点和长处外，还结合了自己教学实践的思考，有了更完善的方案。

从观外向视内蜕变。在过去几年的研修中，有的教师也许是不够自信的缘故，担心自己的作业不够优秀，经常到网上参考和借鉴，一不小心便滑入了拷贝的深渊；有的教师也许是电脑技术不过硬的缘故，作业中的图片时常无法显示，无奈作业无法打开。今年的研修却大有不同，教师们“三镜并用”，用放大镜观看他人的长处，用显微镜找寻自己的差距，用望远镜规划研修后的成长。

从肤浅向深刻蜕变。遥想初次研修，为了点击率和关注度，教师们狠劲儿跟帖、可劲儿点评，不能不说有些评论是多次的复制粘贴，还有些评论是多人雷同，甚至有些评论文不对题，显然没有经过大脑的思索和沉淀，透露着简单和肤浅。再看现在的评论，一语中的、入木三分者有之，两行三行甚至大段文字者有之，针对评论的再评论又评论的“盖楼”现象有之，都鲜明地凸显了力道和深刻。

从教学向教育蜕变。以往教师们更多关注的是知识的传授，是有效教学的策略和方法，发表的文章也多是教学技巧的总结、复习方法的归纳、解题技巧的概括。再看现在的文章，除了教学外，越来越多的教师思考到了教育。教师们开始思索学科的教育价值，开始推敲情感态度与价值观的确立和落实，开始琢磨感召影响学生的策略，逐渐地实现着“教书匠”向“教育家”的转变。

从职业向事业蜕变。一个奇怪的现象是，以往不管是什么话题最后都能绕到考试制度上，似乎是高考夺取了教师的幸福。抱怨、牢骚、无奈，久久盘旋在每个人的心头。现在我们欣喜地看到，教师们的发言少了发泄，多了感恩；少了纠结，多了幸福。对教师幸福的阐释，对教育使命的担当，对学生未来生活的关切，对民族前途的关照，盈满于每个人的心间，浸润在文章的字里行间。而文字背后显示的是教师们境界的提升和视界的开阔。

如果我们问每一个研修教师，四年研修的最大收获是什么？外显的标志是什么？也许没有“地标式”的标志，还不是名师能手，还不是优质课获奖，还没有专著文章发表，但是肯定有实力的提升和见识的增长，智慧的开启和思想的激荡。

四年的研修确实是一段不短的征程，在这条道路上，我们每个人都用心感悟，踏实走过。也许口号不够洪亮，足印不够闪光，但是在坚实中，我们悄然成长；在不经意间，我们无声收获。

真心感谢研修吧，真水无香。

让学习像摄食一样自然

人是铁，饭是钢，一顿不吃饿得慌。摄食是人生存必需的条件和生理活动，很难想象，一个人一周或者更长时间不吃饭还能够健康地生活。如同摄食对人的生活至关重要一样，教师的发展和成长也需要不断地学习和提高。远程研修就是学习提高的一种良好方式和有效途径。

也许你会说，吃饭是一件平常的事情。同样，远程研修对我们来说也不陌生，两年前的暑期我们曾在这个平台相聚相识。

正如人体从外界摄取食物，经过一系列的生理活动后，食物才能为机体的细胞所利用一样，远程研修的学习也需要历经一些复杂的过程。

首先是种类的丰富。课程视频、课程文本、拓展资料、专题 PPT 等研修课程给我们提供了丰富的学习材料，全面地观看和学习，认真地完成作业，可以帮助我们深入把握模块内容，理解专家的思想。同时，研修是一个开放的平台，全省生物学同行齐聚在这里，观点相互碰撞，智慧相互激荡。在这里，不分地域，不分年龄，及时汲取他人的经验，分享自己的思考，交流实践中的困惑，能够使我们的教学理念更丰富。

其次是充分地消化。海量的资源、大宗的信息，一股脑涌入大脑后，需要我们及时地反思和梳理。这种梳理需要不断地用专家的思想观照自己的实践，以同行的经验指导自己的教学，从而使我们的工作方向更清晰。

再次是全面地吸收。注意时刻清零，保持空杯心态，才能虚心地学习借鉴，不断地积累积淀。在吸收过程中，困惑在比对中得到释然。

最后是合理地利用。本次研修是课程标准的二度研修，是深度参与式研讨，其突出特点是立足于实践反思，着眼于行动改善。只有将专家的思想、

同行的经验内化为自己的思想，才能发出自己的声音——用自己深邃的思考说话，用自己独特的创新说话，用自己锲而不舍的追求说话。

我们都知道，完成消化吸收功能的是人体的消化系统，构成其结构的口腔、咽、食道、胃、肝脏、小肠、胰脏、大肠和肛门等器官在组成上是有一定顺序的。正是这种有序性保证了其功能的正常发挥。研修也是一样，研修过程要遵循一定的学习序列：准备计划—理解课程—反思阅读—创建作业—分享成果—协同攻关，依序学、不跳学、不漏学，只有提高每个环节的学习质量，才能保障研修的意义，才能有所收获。

如同人体每天都要摄食一样，学习常态化也是我们成长的需要。如果不学习、不提高，我们将难以跟上时代的脚步，难以把握教育改革的脉搏，对此，我们每个人都异常清楚。也许，我们真的很忙，备课、上课、批改作业；也许，我们真的无暇顾及，家务、孩子、父母。但是，对于学习，坚持只有一个理由；放弃，却可以有无数个理由。

让学习同摄食一样自然，在教育之路上我们才会走得更快、更远……

千淘万漉虽辛苦　吹尽黄沙始到金

——兼谈优质研修作业的撰写

研修为我们提供了领悟课程理念、把握课程性质、理解课程内容的机遇；研修为我们提供了交流教学经验、切磋教学技艺、破解教学困惑的良缘。如何实现理论与实践的对接，让冰冷的理念转化为火热的实践？如何实现研修价值的最大化，将研修转化为现实的“生产力”？撰写优秀的研修作业便是有力的抓手和有效的举措。

完成一篇优质研修作业通常需要遵循以下流程。

一、带着目标上路——预习

先浏览本模块的文本资料，以了解本模块的大致内容，如果条件允许，还可以将文本材料打印出来学习，“预习”后再有目的地观看专家视频。这样，一是容易与专家的观点产生共鸣，二是可以弥补初次不好理解的缺陷，三是及时用专家的观点对照自己的实践，从而有效避免学习时的慌乱，提高学习的实效性。

二、有宽度才有厚度——探究

通过视频资料和文本资料初步把握了本模块的内容后，要研读课程资源中的拓展材料，进一步加深对模块内容的理解。因为拓展材料是视频内容的延伸和补充，对其进行阅读，可以从深度和广度上促进我们对本模块核心内容的领悟，从理论和实践层面帮助我们内化本模块内容。当我们将模块内容内化为自己的知识后，教师之间再进行交流和研讨，通过智慧的碰撞和观点的争鸣，进一步深化认识和理解。

三、方向比努力更重要——明题

深刻领会模块内容后，就可以着手完成本模块的作业。撰写作业前，首要的是明确本模块的作业要求。从上交的作业情况看，不少教师的作业与要求不相符。为了提高研修的实效性，省课程专家结合我省的教学实际，进一步对作业进行了修改和调整。作业通常发布在学科研修主页或者前一天的省课程简报上。因此，教师们每天早上首先要浏览课程简报查看作业要求，因为文不对题、自说自话的作业是无效的作业。

四、采得百花方为蜜——构思

在构思本模块的作业前，可以再次有针对性地研读专家的观点，也可以到网上学习浏览他人的优秀作业，这些只是为了启发自己的思考，开阔自己的思路，拓展自己的视野。可以“参”但不可以“拷”，可以借鉴但不可以照搬。

五、走自己的路，耕自家的田——反思

“立足实践反思，着眼行动改善”是远程研修的核心和主旨。研修的目的是改进我们的教学，只有联系自己的实践，反思自己的教学，说自己的话语，讲自己的案例，我们才会取得实效，得到真正的提高。尼采说：“我的头脑，不是别人的跑马场。”我们说：“自家的田地，不种别人的庄稼。”

六、精雕细琢润佳作——完善

作业初步完成后，务必要仔细审读，认真琢磨。从大处看，作业是否与专家的理论指导相吻合？是否发出了自己的“声音”？从小处说，作业语句是否通顺？表述是否准确？是否有笔误？当然，合适的排布、生动的形式也是需要考虑的。经过这样一番润色和修饰后，一篇优质的作业便“问世”了。

七、“二次作业”成精品——深化

作业上交并不意味着大功告成，也不表示着万事大吉。全省同行的关注、指导教师的点评、省级专家的评价，抑或国家专家的观点，这些都值得我们重视，需要我们认真反思。这些来自不同层次、不同视角的意见和建议，对我们来说是最为宝贵的资源。在充分理解这些建议的基础上，有针对性地加以吸收接纳，而后进行深度思考，完成“二次作业”。这样经过打磨的作业，才是更有价值，更为深刻，更加有效的作业。

可见，一篇优质作业的“出炉”的确是需要下一番功夫，动一番脑筋，费一番心思的。正所谓：“千淘万漉虽辛苦，吹尽黄沙始到金。”

以夏的名义

夏，是一年中最热的季节。喜欢夏，不只是因为，夏是女人最爱的季节，可以裙裾飘飘，尽显身姿曼妙；还因为，夏是激情飞扬的季节，每年的暑期是广大山东省中小学教师期盼的盛大节日，我们齐聚网络，碰撞智慧，放飞梦想。

夏的色彩是金黄的。夏如正午，如夏花，折射出生命的旺盛。恰似两年前的七月，全省的生物教师在山东省教师教育网上历经十天酣战。观看视频、阅读文本、撰写作业、点击评论、在线研讨、浏览简报。从早到晚趴在电脑前，欣然加入“零点”部队，敲击键盘迎接崭新的每一天；从学校到家庭，尽管地点、场所发生了变换，牵挂的却总是研修空间。那深刻的记忆而今又成为现实，两年来的期盼今天终于如愿，认识或不认识的、谋面或未谋面的同仁好友又将相聚这个平台，把两年来的实践和思考、积淀和情感，热情地抒发，尽情地畅谈。

夏的旋律是紧张的。研修是急行军，没有闲暇的漫步，没有随意的驻足，没有盲目的乱转。在这里，每天都有固定的模块和专题。在聆听专家讲座、研读拓展资源后，需要完成作业，并在规定的时间内提交。在这里，每天上网后首先就是登陆学科首页了解研修动态；打开课程简报，学习浏览前一天的作业精品，明确当天的作业。在这里，两个小时的在线研讨，每个房间都火爆拥挤，观点和思考井喷似地呈现。

夏的味道是苦涩的。研修是课程的修炼，生物新课标有了较大的改变，从课程性质到课程内容都有实质性的变化，“还生物学科理科的属性”“凸显的50个重要概念”，需要我们认真地领会和研读，与之相适应，我们所熟悉的教学范式、惯常的教学行为也需要调整和完善，有的甚至需要颠覆式地改变。研修更是心智的修炼，要“修己悟道”，修身、修心、修智，悟教学之道、悟教育之道、悟教师之道。参悟的过程是艰辛的，修炼的过程是苦涩的，改变的过程是艰难的。

激情的、紧张的、苦涩的研修是成长的必需，是蜕变的资本。我的成长我做主，我的研修从尊重自己开始。

真巧，仔细看看“夏”字，其中间部分竟是个“自”。在这个夏日的研修中，我们每个人首先要审视自己，尊重自己。

尊重自己的付出。研修的几日，我们放弃陪伴家人，放弃外出游玩，放弃休假闲暇，为的是有所收获，有所长进。那么，我们就该杜绝应付心理，抛弃糊弄心态，实实在在地投入，认认真真地学习，这样才能真真切切地有所收获。

尊重自己的思考。让自己的大脑成为别人思想的跑马场是可悲的，我们的作业也许不是最优秀的，思考也许是肤浅的，但是，那是我们自己的作品，带着我们自己的气味，刻着我们自己的痕迹，发着我们自己的声音。我们要讲自己的话，说自己的事。让我们一同坚持原创，杜绝克隆。

尊重自己的实践。研修中，我们要时刻用专家的理论观照自己的实践，从专家的视角审视自己的教学，切忌空洞无物的大话、套话。研修中，我们要不断地思考，反复地琢磨，在不断的观照和审视中主动积极地反思，保持自己的优点，发现自己的不足，并努力寻求改进的方法，以追求更卓越的课堂实践。

研修是辛苦的，需要火热的投入和冷静的思考，热与冷都是对我们的考验和磨炼，也都是我们的成长所必需的。正如老农所说：“该冷就要冷，该热就要热，不冷不热，五谷不结呀。”

让我们一起期待研修沉甸甸的收获吧，因为，那里面不仅有我们的汗香，更有着我们不倦的心灵。

谨防“标签效应”

一位中学班主任听了心理教育专家的报告后，惊恐地给专家打电话，因为他发现班里的学生有三分之一患有“多动症”，声称自己总算找到班级学生难管理、学习差的原因了。专家很是吃惊，怎么会有如此多的孩子心理存在障碍呢？问其判断依据，班主任告诉他，这些孩子上课坐不住，喜欢做小动作，注意力不集中。专家问这些孩子看电视、玩游戏时的表现，班主任回答说非常专注，非常投入。专家肯定地告诉该教师，这些孩子非常正常，只是教师主观地拿“多动症”的个别行为表现对号入座，给孩子贴上了“多动症”的标签而已。

这些孩子是幸运的，专家帮他们的教师打消了错误观念，为他们撕掉了人为的“标签”。这位教师是幸运的，专家帮他解决了疑惑，调整了心态。可在现实中，我们不能否认诸多此类现象的发生和存在。

班里有个学生，因为家庭的原因家长对其疏于教育，他在学校里经常做一些违反纪律的事，学习也是难以认真投入，自然不招人喜欢，各科任课教师都默认他是个“刺儿头”，对他听之任之。实质上，是漠视了他的存在。就这样，熬到了毕业，将他推向了社会。现在想来，对这个学生而言，各科任课教师都是“罪人”，因为在他们的手中，毁掉了一个生命，扼杀了一个孩子的前途。

试想，如果有一个教师不随波逐流地为他贴上“学困生”的标签；如果有一个教师不盲目地为他定位，对他失去信心；如果有一个教师宽容他的缺点，对他倾注更多的关爱，也许这个学生就会有所改变，就会找回自信和自尊。

学生是成长中的人，是独立的个体，他们的成长需要更多的呵护和理解。学校是什么？学校就是允许学生犯错的地方，就是允许学生失败的场所。教师是什么呢？教师是引导和帮助学生成长的人。教师应给予学生更多的关爱，对学生付出更多的耐心，善于发现每个学生的优点，促进学生快乐、健康地成长。即便学生真的一无是处，聪明的教师也会创造机会，甚至以美丽的“谎言”帮学生找到点滴的进步，使学生体会到成功的快乐，继而在成功基础上走向更大的成功。

佛家认为，人有两条命，性命和慧命。杀害人性命只是肉体的伤害，杀害人慧命却扼杀了其前途和希望，毁掉了一个人的灵魂。我想，我们作为教师，如果随意给学生贴上“不可救药”的标签，放弃学生的成长，岂不是扼杀其慧命的刽子手？教师所面对的幼小而敏感的生命，无时不警示我们要用心、用爱、用情去关注。让我们像对待绿叶上的露珠那样，小心翼翼地对待我们的每一个学生，每片绿叶都需要沐浴阳光。正如世界上没有两片完全相同的叶子一样，学生都是不同的生命个体，切忌乱贴标签。

行走改变眼界　思考决定行动

——美国教育之旅

2007年10月下旬，作为“齐鲁名师”建设工程人选第二批成员，我有幸到康州进行了为期三周的学习培训。在美国期间我们被分配到康州15个学区的不同学校，居住在美国家庭里，深入美国的学校、课堂，参观了哈佛大学、耶鲁大学、麻省理工学院、康州大学等美国著名大学，还有多处国家博物馆，饶有兴趣地亲历了万圣节，参加了美国的镇长竞选，深度感受和了解了美国的教育和生活，有了许多的发现、收获和感悟。受自己的认识水平和考察时间所限，所见所闻未免浮光掠影，但我仍愿意把自己的亲眼所见和独立思考写出来，和大家分享。

一、美国的中小学概况

我这次参观与实习的都是美国康州农村公立中小学校，其教育条件和教育水平相对城市的公立学校更优越。康州是一个中产阶级聚集的地区，比较富裕，人们大都有自己的乡村别墅。以前听说美国农村的教育水平以及学生整体素质比城市高，我觉得很不理解，现在亲眼看到，并且问了美国的学生才知道，在美国，富人都喜欢住在农村，只有穷人才住在城市里，富人住在哪里，哪里的税收就多，教育的投入就高，教学条件和教师的水平也就相对较高。

美国的中小学学校建筑大多没有豪华的外观，看上去很普通，规模也不大，如果不是飘扬的国旗，很难一下子知道这是学校。美国的学校号称是“四无”校园：无校门、无院墙、无题字、无标志性建筑。我曾问过几位校长，他们学校的占地面积有多少，他们无一知道。在他们看来，学校的“内涵”才是值得关注的。这也许是受教育家杜威“实用主义”的影响，不讲排场，讲实用。这些学校的历史一般比较长，我所考察的几所学校，大多都有一二百年的历史，这从学校办公楼墙上的历任校长肖像上可以清楚地看出来。

学校里的所有建筑都是连通的，这样就为学生提供了便利。这里四季恒温，学生可以随意穿戴。校内设施一应俱全，图书馆、阅览室、实验室、体育馆、健身房、淋浴室、实习车间、广播室、校园电台、餐厅、自动售货机等应有尽有。尤其是现代化的设备更是先进，听其他老师说，他所在的学校还有一套价值 160 万美元的一体化设备，学生们设计出的图纸，这边输入电脑，那边就能“制造”出产品；有所初中学校居然还有基因分析仪，这可是大学或者研究所才需要的高科技仪器。

乍一走进教室感觉凌乱不堪。因为每个教室都是教师的工作室，所以带有鲜明的学科特点，教室的门布置得花花绿绿，墙上挂着学生各式各样的作品，还有名言警句、班规班训、教学挂图、名人画像等。尤其是一面墙上的硕大书架最为引人注目，上面堆放着教材、参考书、课外读物和教具、模型，等等。因为美国学生的教材是循环使用的，一般一套教材需要用 5 年，学生没有自己专门的教材，只有每门课程的活页讲义。教室里还安装了自动削笔器、洗手机。学生的桌椅也各不相同，有的桌子和椅子是一体的，椅子面上有凹槽，坐上去比较舒服；有的桌子是梯形的，几张堆在一起组成一个整体。课堂上学生座位的排列也是很随意的，一般根据教学环境的需要排成不同的形式，有马蹄形的、半圆形的、扇形的，也有成排的，还有秧田式的，等等。有的教室里还有小块的地毯，学生可以坐在地板上，难怪学生有“家”的感觉。每间教室的白板前面都挂有能够拉伸的世界地图和美国地图，白板的一侧插着美国国旗。

实验学科的教室如物理、化学、生物教室是与实验室一体的，即教室就是实验室，实验室就是教室。还有的实验室和教室是相通的，经常是半节课学生做实验，半节课教师讲课，这样就使教学设备、仪器等资源得到了充分的利用。

学校有充足的教室和功能室。例如，木桥小学有 800 名学生，学校共有 42 个教室，10 个资源室，2 个音乐教室、2 个美术教室，3 个室内运动场。

二、美国的中学课程

美国的中学课程管理实行选课制和学分制。美国的公立中学实行学分制，一般来说，学生在高中四年里修满220左右的学分就可毕业，除英语、数学、科学和体育是国家规定所有学生必须修满四年的课程外，其他的课程，学区或学校具有很大的自主权。学区或学校可以根据学生的需要开设不同的选修课，选修课大多讲授实用性的知识和技能，涉及工业、农业、林业、商业、经济、法律、家政、制造、时装、烹饪、健康、外语、木工、电工、汽车修理、摄影、照片冲洗、动漫制作，等等。当然还包括大学课程，这种课程叫AP课程，就是那些学有余力的优秀学生可以选择一些自己感兴趣，又跟自己将来所学专业有关的，并且大学承认学分的课程。有许多学习优秀的美国学生在高中就已经选修了AP课程。AP课程的选择实际上就是学生大学选报专业的基础，也关系到学生未来职业的选择。越是困难的课程学分越高，因此，在美国选课是很重要的事情。

学校每学年向学生提供所开设课程的全部课表，课程表包括中学毕业的总学分要求、年级学分要求、课程及编号、内容、难度等。学生根据自己的兴趣、爱好、将来报考的大学和想从事的职业的要求，以及自己的实际水平，在指导教师和家长的指导下，自主选择某个水平的课程，并向学校注册，自主制订自己的课程表。正如“有多少个读者就有多少个哈姆雷特”一样，学校里有多少个学生就有多少份课程表。所以，学校没有固定的行政班，只有教学班；没有班主任，只有辅导老师。每天6～7节课，每个学生都会在不同的教室与不同的教师和同学度过，可能是同年级的同学，也可能是不同年级的同学。

例如，来自中国福建省福州市的学生刘洁在美国NFA高中的学习情况：在福州读高一，到美国英语读的是9年级（高一），数学一学期换了4个班，也就是4个年级，从9年级一直换到12年级。美国的学校在课程的开设方面是充分尊重学生的，如我所实习的Woodstock高中，有个来自香港的学生叫郑子安，他想选择中文，学校就报请区教育委员会，准备下学期聘请中文教师，开设中文课。

学分制和选课制充分体现了美国以学生为中心的教育模式，学生有权自己决定发展目标，学习途径、方式和速度，从而使学生从知识的被动接受者，成为知识的主动建构者。学校只规定学生必修、选修和毕业总学分的最低标准，对于学生学习课程的种类、难度没有统一的要求，学生不必按照某种统一固定的模式塑造自己，在学业上享有最大限度的自主权和主动权，能充分发挥自己的潜力和特长，各个层次的学生均可按照自身条件，各取所需，各有发展。

三、美国中小学课堂教学

1. 小班化和走班制的管理

美国实施小班化教学已经有 10 多年历史了。不同课，课堂人数不等，一般在 15 人左右，小学每班法定不超过 24 人，中学每班法定不超过 32 人，实际上我们所看到的人数最多的班只有 20 人。

走班制指学生没有固定的班级，学生按各自选修的课程到相应的学科教室上课，教师相对固定。这与我们正好相反，我们是学生不动，教师走班。在美国的中小学一个学生往往分别属于很多教学班，没有固定的同学，也没有班主任，更没有班干部的概念。

课与课之间只有 3～5 分钟的走班时间（各学校的课间时间不一致），每到课间会看到学生背着书包匆忙走班换教室的情景。当我们问道："3 分钟时间学生能上完厕所吗?"美国的教师感到很奇怪，反问我们难道学生上厕所还有统一的时间吗?

每堂课的时间，不同学校、不同年级各不相同，同一学校不同班级上下课的时间也不同，主要是为了减少拥挤和错开午餐时间。

2. 活跃开放的课堂氛围

美国的中小学课堂气氛非常活跃，课堂上学生发言非常积极，提的问题也非常多。教师的讲课经常被学生的问题打断，而且不管学生提出什么样的问题，美国教师都不会动怒，而是耐心倾听，鼓励学生发表自己的独特想法，并因势利导，把学生的提问变成一个开放性的、启发性的问题，激起学生们更激烈地讨论和深入思考，看上去场面似乎有些失控。教师一般不会在学生讨论过程中随意做出评判，也很少给出问题的标准答案。教师好像并不在乎这堂课的教学任务是否完成，也不在乎知识体系是否完善。在回答问题或讨论时，教师会照顾到每个学生，如果有学生想发言，教师会点名请这位学生发言。这一点，在每个课堂中都能看到。因此，美国学生敢于向教师和权威观点挑战，教师也经常引导学生对自己讲解的内容进行批判性思考。这样，儿童的天赋和自发性在开放的课堂上得以自然释放，儿童的个性在课堂教学中得到张扬。

美国学生在课堂上的表现是很自由的。由于整个学校都是在全封闭的室内，一年四季都是恒温，学生一般一进校就会把外套脱掉放在走廊的储物柜里，在教室里穿得都很单薄，而且不穿统一的校服。学生只要举手，教师允许学生随时出入教室上厕所，或者下位喝水、取拿学习材料。教师上课也很随意，因为教室里没有讲台，所以教室的任何地方都是他的讲台。学生发言、讨论问题可以举手也可以不举手。似乎很是无序。

其实，在无序的背后还是有序的。在我所进到的课堂中，不管是小学、初中，还是高中，也不管学生以什么方式坐着，只要是上课，他们很少嬉戏打闹、破坏纪律。当一个人发言时，其他人都会认真听，而且有不同意见一定是等同学讲完后才开口。看来他们的无序是有度的。

3. 活动为主的参与教学

“从做中学”是美国课堂教学的重要理念。教师设计各种活动，让学生在参与体验中，在经历知识的形成过程中构建知识。我听了这样两节生物课。一节是练习显微镜的使用。教师没有专门强调显微镜的结构、使用步骤，而是让学生带来自己喜欢的材料，制成临时装片进行观察。教师也准备了一些实验材料和永久装片。作业是让学生根据自己的实验观察，每人画6幅结构图。整节课学生在动手操作中，学会了使用显微镜。还有一节生物课是复习人体的骨骼。教师分给学生许多长短、粗细不同的塑料管、铁丝和各种颜色的橡皮泥，学生的任务是制作人体的骨骼模型。这是一项极富挑战性和创造性的工作，既要动手，更要动脑，学生从中的收获和锻炼，是仅靠单纯地记忆所无法达到的。

4. 形式灵活的作业

美国的中小学生每天大约花2个小时完成家庭作业。他们的作业机械性、重复性的题目较少，开放的研究性作业较多。美国的学生似乎也很热衷于研究，不论是小学、初中，还是高中，动不动就是二周、三周以后或提交一份多少字以上的研究报告，或做一个展览，或搜集资料制作网页。我在一个5年级的教室里，看到学生们正在做环境和营养方面的研究，学生们3人一个小组，查阅资料，搜集信息，最后撰写成小论文。一节世界历史课上，学生学习的是希腊的历史，教师布置的作业是：古希腊人是怎样生活的？做一个古希腊人生活的展览。要求：(1) 要有简洁文字说明；(2) 要提供5～10件艺术作品展示他们的生活历史事件；(3) 在班上展示并介绍你的展览；(4) 设计一个游戏，形象再现古希腊人的生活；(5) 说说从别人的展览中你学到的三样新东西；（6）介绍你这次学习的体验。

要完成这样的作业，学生需要付出很多，需要分工合作，需要查阅大量资料，需要耗费大量的时间和精力。因为没有标准答案可参考，他们需要绞尽脑汁去想：通过哪个途径去获取独特的资料？有没有另辟新径而又自圆其说的观点？是否有足够的有力证据？展板设计是否别具一格？教师似乎并不看重学生的见解是否正确，观点是否与自己的一致，他们在乎的是学生是否学会了搜集信息，学生的研究是否有独到之处和内在逻辑性。

这个知识本身的信息量并不大，也许就是教材的几行文字，我们的教师几分钟就能讲完，可是美国的教师却让学生利用几周的时间去自己探索。其中，学生所学到的方法，体验到的成功感，培养的学习兴趣，锻炼的能力却会使他们终身受益。

四、美国中小学教育的启示

1. 关注每一个孩子

关注每一个孩子是美国教育的重要理念。这可以从以下的细节中体现出来。

2002年1月8日，美国总统布什签署了名为《不让一个儿童落后法》的教育改革法案。这项法案规定所有学校必须在12年内（即2014年）使阅读与数学达标的学生达到100％。这就从法律的角度确保美国的每一位儿童受到良好的教育，尤其是有学习障碍的学生受到了极大的关注。

（1）学校尊重学生

【案例】

不能停课的理由——纽约的公立小学

美国纽约的冬天常有大风雪，遇到这种情况，公司、商号常常会停止上班，很多学校也通过广播宣布停课，唯有公立小学，仍然开放。据统计，10年来纽约的公立小学只因为超级暴风雪停过7次课。每逢大雪而学校不停课时，总有家长挂电话去骂校长。可是，这些打电话的人的反应都是一样的——先是怒气冲冲，而后满口道歉，最后笑容满面地挂上电话。原因是学校告诉家长：在纽约有许多百万富翁，但也有不少赤贫的家庭。后者白天开不起暖气，供不起午餐，孩子的营养全靠学校的免费午餐，学校停课一天，穷孩子就受一天冻，挨一天饿，所以教师们宁愿自己苦一点，也不愿意停课。

也许有家长会说，为什么不让富裕的孩子在家里，让贫穷的孩子去学校享受暖气和营养午餐呢？学校的答复是，不愿让那些穷苦的孩子感到他们是在接受救济，因为施舍的最高原则是，保持受施舍者的尊严。

(2) 坚持因材施教

一是关注特殊儿童的教育。美国法律规定，所有儿童都必须与同龄孩子一起学习和生活。因此，个别暂时跟不上班的、智障、残障、心理或行为障碍的儿童就需要特殊帮助，为此每个学校都设有一个特殊学习中心，有专职教师为这类学生提供帮助，或者是跟班陪读。他们认为这是对学生的尊重，也是学生应有的权利。于是，我们常常看到教室里有 1 名甚至几名助教，他们专门负责照顾、辅助特殊儿童。有的学校设有专门的资源教室，供教师单独教育特殊儿童。我曾在木桥小学看到 2 个助教辅导 3 个智障学生，对于这些学生，教师们真正做到了一个也不放弃。美国人眼中的“不让一个儿童落后”是不让一个孩子失去做人的尊严，是不让一个孩子失去对人生的追求，是不让一个孩子丧失追求美好生活的能力。

当然，这些孩子的生理、智力是有差别的，硬性要求他们达到和正常孩子一样的标准，似乎有些不合理、不实际。倒是我们国家的特殊教育学校，更适合这些孩子的成长。

二是关注优秀学生的教育。除了让学生自主选择课程，照顾学生的不同水平外，对于特别优秀的学生，美国学校也是特殊关照的。美国联邦政府曾颁布过一部《天才教育法》，旨在加强对优秀儿童的教育。从小学到高中，经合法执业的心理学家进行智力测试，智商在 130 分以上的学生可被推荐进入“天资优良班”，这些学生占同年级学生人数的 3%左右。在小学里，同年级“天资优良班”的学生，常是上午在普通班和其他同学一同上课，下午另行集中接受更优质的教育。中学里“天资优良班”独立成班，有的是几校联办，设在条件更好的学校。Woodstock 初中的一位历史老师的儿子智力超常，因为该校没有“天资优良班”，她就将孩子送到了另外一个镇去上学。可见，美国的“关注每一个孩子”，是对每一个孩子负责，充分开发每一个孩子的潜能，让每一个孩子达到自己最高的水平，让每一个孩子在他的天赋许可范围内得到最大限度的发展。

(3) 实施发展性评价

一是评价内容多样化。美国学校对学生的学业评价更侧重于过程性评价，课业成绩包括课堂表现、作业完成、平时测试、州内考试等多个方面，按照一定的比例折合计算出分数、划出等级。

二是管理形式人性化。在美国的学校，成绩对学生来说是个人的隐私，教师不在班级内公开学生的成绩，发放试卷时教师通常会反放到学生的桌子上，试卷上通常夹上一张小纸条，上面写明学生的个人成绩和总分，还有等级。美国的教师比较重视学生现在与过去的比较，学生哪怕有了微不足道的进步，也会得到教师的表扬。

三是考试次数多样化。对美国学生来说，最重要的考试就是大学入学考试，即SAT统考。每年的1、2、3、5、9、10、11月份共考7次，由学生自行决定参加哪一次或哪几次的考试，并自行选择较近的考场，寄去报名表和报名费，收到准考证后，向自己的学校请假前往。学校不打乱正常进行的教学进度，也没有集中统一的复习时间，复习和考试都是学生自己的事。在这每年7次的考试中，学生可以任意参加，几次都可以，直到不想考为止。每次的成绩都会被自动记录在电脑中，无论你考多少次，学校最终只看你的最高成绩。因为，他们认为学生多次参加考试，本身就是学习提高的过程，学生能考到的最高分，才代表学生的真实能力。美国的高中学生通常在11年级就参加SAT统考，所以美国的学生不是没有考试，而是会参加多次考试，每个学生都希望获得高分，所以学习的自觉性和主动性往往比较强。

四是评价标准多元化。我曾经在一个8年级班级的教室内看到，13名学生有13个奖项，显然，这些奖项是教师为每个学生量身设定的。在美国的教师眼中，每个学生都是优秀的。

美国对中学生设有最高国家级别的荣誉奖“总统学者奖”和“全美学业优良高中生奖”。获得“总统学者奖”的学生，连同家长和校长，可免费去白宫，受到总统的接见和奖励，还可以自主选择著名大学。但是这一奖项评选条件是多方面的，既要SAT考试成绩优秀，有多项特长、获得多种奖励，还要课外研究水平突出，有自己的研究论文，可以说是学生综合实力的体现。美国学校日常对学生的评价更是多元化的，标准各异。

(4) 建立完整的学生档案

美国的学校为每个学生建立了详细而系统的累积性档案。在一所初中学校，我们有幸看到了一个7年级学生的档案。档案是厚厚的一个文件夹，里面有一张折叠的大纸，上面有从幼儿园到7年级，这个学生每年的照片和教师的手写评语，还有一张成绩统计表，记录着这个学生每学期各科的成绩，其余的是这个学生不同时期的作品和证书。校长告诉我们，学生的档案随着年级的升高而带到不同的学校，这样有利于教师及时发现学生存在的问题。

2. 学校教育与学生生活一体化

美国的教育强调教育应使人能适应社会生活，当下的教育是为学生未来的生活奠定基础。人总是要独立的，那么独立生活的能力则需要在学校中培养。

一是开设生活技能课。美国的学校通常会开设生活技能课，像烹饪、缝纫、洗衣、熨烫、木工、电工、汽车修理、摄影、陶艺、照顾婴儿等与学生生活密切相关的内容均被列入选修课的范畴。我在Woodstock高中就看到有学生在木工室内锯木块、钉钉子，做小凳子；有学生在缝纫室里裁剪，缝制衣服。这些经过锻炼的学生走出学校，自然具有独自生活的能力，而不再需要家长的百般呵护。我突然想到我们不愿意看到却就发生在身边的事实，我国有的学生大学毕业后还不能自己做饭，更有甚者，工作后仍将成包的脏衣服带回家让父母洗。学校教育除去教会学生知识外，还有其他的责任吗?

二是参加实践活动。美国的学生从高中起就要做义工。学生每天的上课时间只到下午两点或三点，两点或三点以后是学生自我支配的时间。他们可以参加学校的各类俱乐部，可以到大学上选修课，可以去做义工。比如，到医院做护工，到冰激凌店、面包房、鲜花店打工，到超市做收银员等，学生工作后会得到一定的报酬。假期更是学生做义工的时间。

参与社会活动也是美国的学生所乐衷的。我曾有幸参加了Woodstock镇的镇长竞选。从竞选的组织到秩序的控制几乎都由一些高中生负责，从主持人到提问者都是高中的学生。历时100分钟的竞选中，学生提出了8个问题，这些问题的设计都需要他们进行广泛的调查和周密的思考。这个过程中，学生关注社会、参与社会决策的能力得到了真正的锻炼和培养。

美国学生升入大学的必须条件之一就是要有60个小时的社会实践。美国的大学招生制度导向和促进中学教育加强学生实践的导向，使得学生很重视社会实践和社会责任的履行。美国的学生很忙、很累，但和我们的学生的忙与累不同。从美国的教育理念中，我们能够获得很好的启示。

三是指导人生规划。《人生设计在童年》一书的作者曾说："人生是可以设计的；哈佛是可以算计的；而天才呢，是可以父女俩一起合计的。"这种理念渗透进了美国的学校教育，美国的学校里有专门的学生指导办公室，以帮助学生"规划"人生。我所学习的Woodstock高中的学生指导办公室里，有6名专职教师，他们都有硕士以上文凭，还有3名助教。每位教师负责215名学生。学生家长可以帮助孩子选择自己的指导教师，学生遇到的所有问题，包括课程的选择、职业的确定、大学的推荐、家庭中遇到的困难、心理上的问题等，指导教师都要义务地帮助他们解决。

我曾做过一项调查，想看看美国高中学生是否对自己的未来有所规划。在 Woodstock 一个 8 年级的班级中，16 名学生中有 8 名清楚地确定了自己的理想，选择了自己将来的职业。在一个 11 年级的班级中，12 名学生中有 10 名学生进行了职业规划，有早期儿童教育工作者、作家、国际贸易工作者、地质工作者、马术教练、律师、宗教写作者等职业，问他们为什么选择这种职业，他们都能讲出一番理由，倒是我遇到的几个中国的孩子还没有明确的意向。事实上，一个人从事自己所喜爱、擅长的事业更容易成功，更容易体现自身的价值，也最能减少人才的浪费。

我国是人口大国，但是我们的人才资源利用得如何呢？现实中，不是有许多学生走出大学校门了，还不清楚自己将要从事什么职业吗？如果每个人都施展出自己的才能，将会为国家建设增添无穷的力量。

3. 重视道德素养教育

我们国家从小学到高中都有专门的思想品德或政治课，对此美国的教师和学生似乎很不理解。当与我们同去的王老师介绍自己教政治时，美国的学生居然问，学政治是不是为了将来从政。在美国的中小学中也没有专门开设道德教育课，而是更注重通过日常生活和行为对学生进行熏陶。

宣誓。在美国的学校里，每天早上，教师和学生面向教室里的国旗，右手放在心脏的位置，高声朗读美国国歌，或者宣读誓词。我所在的 Woodstock 高中，人们每天早上都在乐曲声中开始一天的学习与工作。首先由副校长通报学校的大事，内容以激励表扬为主。然后集体宣誓，内容有两项，一是全校师生面对国旗宣誓；二是朗诵自己的誓词。仪式非常严肃，听到广播，所有的人立即起立，面向国旗，表情庄重认真。这就是爱国教育的一种具体形式。

讲秩序。下课后，学生会将用过的教材和模型放回原处，离开座位前都会把桌子摆好，将凳子放到桌子下面；进出门，前面的人会为后面的人撑着门，直到门被其他人撑着或者关上。排队在美国是非常自觉的行为，到餐厅中用餐学生也会有秩序地排队。在楼道中行走，学生会自觉地靠右边，很少看到三人并排的情况。乘校车时也是自觉地排队，没有人拥挤。即便是在课堂上，学生自由地进出，也是需要举手征得教师允许的；提前离开的话，需要教师签条批准。

学生的这些素养是如何养成的？在 Woodstock 高中考察期间，我发现学校没有召开过一次学生会议，也没有一个班级强调过行为规范，这些似乎成了美国学生的习惯。

以身示范。在学校里，每一个教师见到学生都会打招呼，教师和学生一起排队，我曾看到校长弯腰捡起地上的一片纸，也曾看到教师跪下来为学生系鞋带；在家庭里，5 个人取饭也会自动排队；所有开车的人到路口都会自动停下，左右看看再走，如果对面有车，通常会示意对方先行。

镜头一：华盛顿艺术博物馆前的开阔地上，一个穿大衣的男人猫腰在地上拾废纸，当风吹起废纸片时，他就像捉蝴蝶一样跟着跑，抓住后放在垃圾桶里，直到把地上的废纸捡拾干净，他拍拍手走了。这人是谁？不知道。

镜头二：在美国的餐厅和饭店里，有个不成文的规矩，吃完东西要把用过的纸盘、纸杯扔进专门的塑料桶内，以保持环境的整洁，也是为了使别人感到舒适，不妨碍别人。

【案例】

美国校长爬着上班

1998 年 11 月 9 日，美国犹他州土尔市一个小学的校长路克，竟从家里爬行到学校上班。原来，学期初，为激励全校师生的读书热情，路克竟然在全校师生的集会上公开打赌："如果你们在 11 月 9 日前读书 15 万页，我在 11 月 9 日那天爬着上班。"此言一出，立刻引起轰动。所有师生努力读书，终于在 11 月 9 日前读完了 15 万页书。有的学生打电话给校长："你爬不爬，说话算不算数？"有的教师劝校长："已经达到激励学生读书的目的了，不用爬了。"可路克校长说："一诺千金，我一定爬着上班。"于是，路克 7 点离开家，开始了爬行。为了不影响交通，他就在路边草地上爬。过往的汽车停下来向他致敬，有的学生跟着他一起爬。经过 3 个小时，磨破了 5 副手套，他终于爬到了学校。全校师生夹道欢迎，孩子们蜂拥而上，拥抱他，亲吻他。

这种事情，在我们国家是不会发生的。因为不会有这样的打赌，没有这么多傻得可爱的学生。我无意引导中国的教师们爬着上班，但我们应该从美国教师身上看到那种为了学生的成长，愿做一切事情的勇气和敬业精神，以及那种诚实守信，以身示范的品质。

榜样的示范、环境的熏陶、无声的教育往往才是最有效的教育。素养的形成依靠内化，需要持久，这也正是我们所提倡和践行的。

4. 强烈的资源意识

经济发达的美国，人们的资源意识很强，资源的作用得以充分发挥，真正做到了物尽其用。

一是物质资源。比如校车的使用。在美国，小学、初中和高中的上学和放学时间是不同的，因为每个镇上的校车是统一协调、统一调配的，每天早上校车先接高中生，再接初中生，最后接小学生上学，放学时则相反，这样就避免了资源的浪费。再如，美国的历史尽管不算悠久，但是美国人确是重视历史的，博物馆、纪念馆、展览馆等在美国随处可见。在美国学习期间，我们有幸参观了不少科技、艺术、文化历史博物馆和展览馆。每次我都看见不同年龄段的学生，在教师和家长的带领下参观学习。这些博物馆中还有特别的工作室为学生开放，有专门的教师讲解。许多资源，如各种生物标本和模型可以借给教师带入课堂。更重要的是这些展馆展出的多是真品，如华盛顿航天航空博物馆内，展出了阿波罗飞船登月舱、航空母舰、航天飞机等，其内部构造、设计制造原理等清晰呈现在学生面前，也许这是美国学生热衷于科学研究的一个原因吧。

二是人力资源。在美国学校教育中，让我们感到惊奇的是家长参与的程度十分高。美国的家长是“教育团体”中的特殊成员，是学校的忠实伙伴。学校校务委员会必须有一定数量的家长参加。家长也愿意到学校做义工，每个家长每年通常到学校工作 2～3 次。比如，参与学校的接待活动，为来访者准备食物，为来访的客人介绍学校；参与学校的教学活动，帮助教师辅导学生，批改学生的作业，负责学生的午餐分配，在图书馆帮忙或者准备学校活动等。来自中国的丁博士就曾经多次到孩子所在的学校为学生们讲授中国历史；我的房东家里养着蜜蜂，他每年都为学生提供蜜蜂作为实验材料。教育是全社会的事情，需要全社会的支持和关心，广大学生家长更是不可或缺的关键要素，这方面美国的做法比较成功。我们国家的家校合作还是比较薄弱的，从美国的经验中我们可以得到许多启示。

三是自身资源。在美国期间，有一件事让我颇受感动。我们去一个幼儿园参观时，我发现校长的领带很特别，花花绿绿的领带上面印满了小人。校长告诉我，这样可以方便地帮助孩子们了解不同人种的有关知识。他还告诉我们，他还有印着不同植物和动物的领带。他说孩子们很喜欢围着他看他的领带。可见，美国校长是非常敬业的。热爱是最好的动力来源，富有爱心的校长会让学校成为学生们快乐的家园。在一定程度上，教师是最重要的资源，这一点，美国的教师们有了深度的思考和广泛的运用。在美国学校里，就连我们也成为学生们了解中国文化的活资源。我们走到每个教室，几乎都会被学生们提问。在一节烹饪课上，美国教师还专门请我们教美国学生包饺子。

5. 深入心底的环境教育

早就听说美国的月亮比中国的圆，其实，月亮只有一个，美国的月亮比中国的亮倒是真的。可能是因为美国的空气质量比较好，灰尘少、云层少，可见度比较高的缘故。白云、蓝天，空气清新，阳光灿烂明媚。深秋时节，这里宛如一幅色彩斑斓的油画，火红的、深红的、橙黄的、浅黄的、碧绿的、翠绿的树叶交织在一起，与地上密密的绿草交相映衬，绚丽极了。无论走到哪里，都可以看到可爱的小松鼠快活地在草地上和树上跳来跳去，这些小家伙不知道怕人，时不时走到你的脚边。在镇上我们还看到过几只鹿。这里几乎没有裸露的地面，森林覆盖率达33%，绿化的理念深入人们心里。做义工翻译的郑先生告诉我们，人们认同这样的观点：树是人类的水库，是人类的肺。因为树能涵养水源、净化空气、阻挡灰尘。在美国，每个家庭的房前屋后有七八十棵树是很平常的事情，我的房东Kick先生家的草坪就有一个足球场大，房子前还专门搭建了两个鸟巢。

环保意识如此深入人心，与国家高度重视环境教育有直接关系。美国在1970年就制定了《环境教育法》，美国的环境教育重点放在野外活动，提倡"自然学习"。最典型的例子就是国立公园的解说事业。美国的国立公园，雇佣专门的人员，解说公园的自然景观。在美国，环境教育被当作一门跨学科课程。早在1976年，美国生物学课程研究会出版了一部环境教育教材，题为《环境科学：我和我的环境》，供11～13岁学生使用，其中"探索我的环境""我在环境中""我的环境中物质的转移和循环""我的环境中的能量关系""我的环境中的水和空气"五个单元都采取跨学科的方式编写而成。学校还专门开设了环境教育选修课，除了让学生学习环保的基础知识外，还组织学生实习考察，进一步增强环保意识。学生们从学校毕业时，通常也种树留作纪念，我所在的Woodstock高中学校门前的草地上就有一棵2006级学生栽种的桃树，旁边还放了一块牌子。

6. 独特的家庭教育

（1）培养孩子的独立意识

美国孩子尚在幼儿的时候，父母就放手让他们独立完成力所能及的事情。在美国，幼儿只要能吃饭时，父母就将他放在一个小椅子上，让他独立用小叉子，小勺子乃至小手自己吃饭，如果孩子不愿意吃，父母绝不去喂他，也不给他零食。美国的父母认为，体会过饿的孩子，到下一顿就会乖乖地自己吃饭了。

(2) 培养孩子的责任意识

美国人非常重视对孩子的责任教育，认为培养孩子的责任意识应从小开始，从小事做起。

有个 11 岁的男孩在踢足球时，不小心打碎了邻居家的玻璃，邻居向他索赔 12.5 美元，当时这笔钱可以购买大约 125 只下蛋的母鸡。闯了祸的男孩向父亲认错后，父亲让他对自己的过失负责，借给了他 12.5 美元，但约定一年后偿还。从此，这位美国男孩开始了一边学习一边打工的艰苦生活，终于在一年内挣足了欠父亲的钱。这位男孩就是后来成为美国总统的里根。他在回忆这件事时说："通过自己的劳动来承担过失，使我懂得了什么叫责任。"

美国家长非常重视孩子高中的毕业典礼，他们认为这是孩子成人、走向社会的标志和起点。所以高中毕业典礼非常隆重，每个学生大约有十几位包括家长在内的亲友来参加。在学校的毕业典礼后，每个家庭还要组织家庭聚会来庆贺孩子高中毕业和长大成人，送给孩子有纪念意义的成人礼物，让孩子明白和记住：他成人了，要对自己完全负责了。在孩子学会对自己负责后，实现对家庭、社会、国家负责。

回来后，我一直在思考、比较中美两国的基础教育。不同的教育反映的是不同的社会文化内涵，适合美国当今社会的教育并不一定适应于中国现在的社会。如何探索出既能适应中国社会又能汲取世界先进国家教育精华的教育模式，这应当是当前我国教育研究的一项重要课题。譬如，美国的教育注重广而博，中国的教育注重窄而深；美国的教育注重创新和批判意识的培养，中国的教育注重基础知识的牢固和系统；美国的教育注重培养学生的自信、自主、自立精神，中国的教育注重培养学生的严格、严密、严谨精神。基础牢固可以成为创新的有利条件，但同时也可能成为束缚和阻碍创造性思维的障碍。严谨可以让思考更周全，也可以成为发散性思维的大敌。因此，如何从培养学生的创新意识和能力、促进学生的可持续发展等方面借鉴国外教育的有益经验，促进我国教育的改革和发展，是我国教育研究的一项重要工作。

总之，一种教育体制、教育文化的形成有着社会、历史、传统等诸多方面的原因。在中小学教育中，美国有美国的长处，中国有中国的优点，这需要我们智慧地思考，辩证地审视。我认为把中美两国的教育方法恰当地进行融合，相互取长补短，才是最明智的选择。我想起了李开复对中国大学生所说的："有勇气来改变可以改变的事情，有度量接受不可以改变的事情，有智慧来分辨两者的不同。"

比分数更重要的

——重视培养学生的“软能力”

最近，我看到这样一篇资料介绍，美国总统奥巴马1983年大学毕业后，放弃体面的工作和优厚薪水，不为眼前利益所动，毅然投身社区做义工，年薪在当时的美国属于“穷人行列”。他在芝加哥社区组织做了三年义工，与教会合作搞慈善活动。奥巴马在回顾自己的成长历程时说，做义工使他受到了“最好的训练”，对他后来的职业生涯作用极大。

美国的大学录取学生，不是仅凭某一次考试的分数来确定，还要看学生在中学各种选修课的内容和成绩，以及在各种社会实践活动中的表现，是否做过义工更是一个重要的考察指标。

美国的孩子，从中小学就开始做义工。这不仅是教孩子怎样使自己对他人、对社会有用的最好手段，而且是培养孩子适应社会的能力的最好途径。因为，他们清楚地知道，比分数更重要的是实践能力和价值观念。

一、做义工——美国学生的必修课

美国教育部门对每个学生做义工的时间有明确的要求。比如，要求每个学生必须有60个小时的社会义工记录。以哈佛大学为例，每年都有不少SAT满分的学生申请入学，而哈佛大学通常只录取不到一半的满分申请者，那么，另一半多的非满分学生是如何跨进哈佛校园的呢？学校的解释是，除了“硬分数”之外，其他的因素诸如个人的特长和创造力、社区服务活动、领导才能等“软能力”也同样重要。2007年在美国康州考察期间，有几件事给我留下了深刻印象。

2007年，恰逢两年一届的美国镇长竞选，11月2号我们有幸参加了在Woodstock镇举行的竞选演说。主席台上，三位候选人分立中间，台子左侧前方坐着一位年轻的姑娘，她的后面坐着七位青少年。他们的手中都拿着一个话筒。陪同的教师告诉我，这八个人都是Woodstock高中的学生。在整个竞选过程中，从开始的情况介绍到各位候选人的演讲安排；从每个学生的依次提问到听众的积极参与；从会议秩序的调控到最后的总结陈述，学生们表现出了卓越的组织才能和超群的参与意识。他们的提问具体深刻，涉及范围广，想必是经过了充分的调研，进行了深入的思考的。整个竞选历时100分钟，学生们组织得井然有序。

美国的高中学生基本都对自己的未来有所规划。我曾遇到一个圆脸的女孩，她非常坚定地告诉我，她愿意做一名幼儿教师。碰巧的是，星期三我们到Woodstock镇幼儿园参观时，恰好遇到了这位女孩。女孩正在和几个小孩一起捏橡皮泥，微笑的面容、亲切的话语和熟练的动作都表达着她对孩子们的爱。女孩告诉我，她一学期通常来做4次助教，还说老师同意她的做法，至于所耽误的课她可以自己补上。我相信，这个女孩将来一定是一位出色的幼儿教师或者成功的早教专家。

在发达国家中，美国可以说是宗教信仰最强的国家之一，调查表明，在美国，每周上教堂做礼拜的人，始终占全国总人口的40%左右。星期日上午，不少家庭全家人穿戴整齐一起到教堂，大人参加礼拜礼仪，孩子则参加教堂内组织的多个活动小组。我的房东在教堂工作，有两个星期天她带着我一起参加礼拜。她所在的教堂有3层楼，其中第一层和第二层的多个房间中开设了针对不同孩子的活动，在这里，有的学生辅导孩子画画、有的学生陪孩子玩耍，十多个孩子参加演奏。我所考察的学校的一个十一二岁的女孩则选择了到厨房帮助工作人员烤蛋糕，并为做礼拜的人员准备午餐。小女孩自豪地告诉我，最近一段时间她每个礼拜都来，她愿意来这里服务。

吉妮老师的儿子今年刚刚考上大学，她告诉我们，她儿子在10年级时组织了一个哲学社团，自任组长，学生自由参加，每周都有新的研讨问题；暑假的2个月又到一个保险公司当实习生，专门做法律文书；11年级到医院做过一年的义工；12年级到商店做过销售。

美国教育部以学分制要求每个孩子从上中学开始就必须做够一定时间的义工。一个中学生如果没有社区服务的经历，是不可能被大学录取的，为了上大学，他们就必须多为别人服务，做足大学所要求的义工时间。因此，做义工便成为美国学生的必修课。

二、做义工——成为学生的自觉行动

美国哈佛大学国际事务研究中心提出，现代化的人应具备以下素质特征：（1）愿意接受新事物，思想上较倾向于革新和变化；（2）乐于发表见解，也比较民主，对各种意见有思想准备，以为是自然的，不必加以提防；（3）时间观念强，准时、守时；（4）对人本身的能力较有信心；（5）计划性较强，办事讲程序；（6）普遍的信任感，对周围世界和其他人有较多的信任；（7）信奉并愿意遵循“公平待人”的原则；（8）对新型教育感兴趣；（9）比较尊重他人。

这些素质的形成是一个潜移默化的、从小培养且不断发展的无形过程。做义工则是形成这些素质的重要途径。我们要通过多种形式引导学生充分认识做义工——投入社会实践的积极意义，促使我们的学生像美国学生那样，自觉利用假期和闲暇时间多做义工，全方位锻炼自己。

1. 影响价值观的形成

服务社会是公民的重要品质，也是一个人的价值体现。哈佛大学的校训就是“为增长智慧走进来，为服务祖国和同胞走出去”。美国的教育非常实际，从中小学起，家长和教师就把孩子推到现实生活中，让孩子做义工。其实，美国孩子并不是天生素质就高，孩子们开始可能也是出于功利之心，为学分才做义工的。而通过一次次的义工活动，他们有了直接的、深刻的愉悦体验，才慢慢感受到为他人服务的快乐，逐步形成服务他人的习惯，培养起对社会的责任感。

2. 丰富经历，促进成长

学生利用闲余时间做义工，参加一些有意义的活动，既可以扩大学生的生活范围，增加亲身体验，丰富经历，又能加深他们对社会、对自身的认识，在帮助别人的同时，学会与人友好相处，增强自信心，培养组织能力和领导能力，这对于学生自身的成长是十分有益的。

3. 促进社会的进步

做义工增加了人们相互帮助的机会，减少了彼此的疏远感，把关怀带给社会的同时，也传递了爱心，传播了文明。这种爱心和文明从一个人身上传递到另一个人身上，最终会汇聚成一股强大的社会暖流，有利于社会的和谐。有调查显示，超过75%的美国学生每年都会做义工。92%的人表示未来会为慈善事业做义工，正是这些基于道义、良心、同情心和责任感的社会公益行为，推动了社会的进步。

三、做义工——成为学校和社会的共同选择

1. 切实把综合实践落到实处

我国新一轮课程改革，将综合实践活动列为新课程八大领域之一，作为每个学生的必修课程。它包括研究性学习、社区服务与社会实践三个方面的内容。社区服务课程要求学生三年内参加时间不少于10个工作日，社会实践要求学生每学年参加的时间不少于1周。这些改革无疑对学生的全面健康成长具有促进作用。

于是，每逢假期，社会实践和社区服务都会出现在学生的假期作业中，开学时，学生则要提交证明材料。遗憾的是，在现实操作中，我们不难发现学生们上交的证明材料有不少“掺水”现象，使得实践作业名不副实。这里面既有学校重视不够、过分关注证明盖章等形式的原因，也有社区服务组织管理不到位的原因，还有学生及家长不能正确认识实践的真正意义的原因。事实上，“你要糊弄事，事就糊弄你”，实践活动证明材料的造假，不仅使实践活动失去意义，使学生丧失了尽早接触社会，提高自身能力的大好机会，还会使学生从小受到“造假可以过关”“应付糊弄也无大碍”的错误诱导，必将影响孩子的健康成长。所以，着眼于国家建设的大局，着眼于孩子全面长远的发展，我们要切实把实践活动落到实处，使孩子得到真正的锻炼。

2. 尝试课外作业项目化

课外作业是课堂学习的深化和补充，我们应把课外作业改为与课堂学习任务有关的“做项目”形式，将小口小口“喂”学生变为让学生自己“做大餐”，让学生尝试研究，大胆探索，经历“做科学”的实践。在完成一项项宏大的“作业工程”的过程中，使学生初步掌握科学研究的基本方法，锻炼学生搜集、处理、整合信息的能力，提高学生观察问题、思考问题、分析判断问题和解决问题的能力，培养学生乐于动手、勤于实践的意识以及严谨求实的科学态度，提高学生的创新意识和综合实践能力，强化学生关注社会、关注未来的意识，增强他们的社会责任感和使命感。

3. 先实习后选择规划

美国的学生高中毕业后一般有一年的“实习期”，其间，学生会有一个很好的计划，他们通常会离开家庭去周游世界或者到其他地方去实践、体验，以此来开发自己的潜能，以便更好地规划未来，培养独立性和创造力。

目前，我国很多高中毕业生在选择未来的道路时，有较大的盲目性，不能清楚地明确自己将来想要从事的工作，从而造成了一种人才资源的浪费。正如北京市第四中学刘长铭校长所建议的，我们期望我国也能允许学生高中毕业后，从事一两年的社会实践活动，然后冷静地思考自己该学习什么专业，该如何发展，这样学生进入大学后学习的目的会更明确，学习的状态会更主动，学习的效果也会更理想。

4. 多方联动提供机会

目前，大学生就业成为一大社会问题。这里面当然有诸多原因，学生的能力结构失衡当属重要原因之一。很多学生即将毕业，还没有做过义工，甚至对“义工”毫无概念，不能不说是造成他们“软能力”不足的一个重要方面。义工教育和培训在美国是学生的一门必修课，遗憾的是，这些在我国的教育里尚属空白。为配合和支持学生的义工活动，政府、社区、研究机构、公司和企业都应该积极为学生提供各种机会，让学生在实际锻炼中，学习到书本上所没有的知识，培养课堂内所无法形成的能力，为学生将来尽快适应社会做必要的准备。

恩格斯说过：“从事实践活动是能力发展的基本途径。”比起课堂空间来，实践活动提供的舞台要广阔得多；提供的失败的教训与成功的经验，尝试的机会和探索的时空要丰富得多。因此，我们不能整天把青少年禁锢在书本上和屋子里，要让他们参加一些社会实践，打开他们的视野，增加他们的社会经验。

让孩子发出自己的声音

我家楼前是一所幼儿园，这里几乎每天早上都上演着“精彩”的镜头：年轻的家长忙着向教师“汇报”，孩子则躲在家长的身后；年长的爷爷奶奶抱着怯生生的孙子孙女，反复地叮嘱着“乖，听老师的话”；急性子的家长则大声训斥着孩子，甚至动用一点儿武力……整个校园里充斥着大人的声音，唯独听不到孩子的话语。幼儿园本应是孩子的乐园、孩子的世界，孩子的声音哪儿去了？分明是让家长和教师在“爱”的名义下遮蔽了。

每到此时，美国学校的情景便会一幕幕地在我的眼前浮现。两种截然不同的情形在我的脑海中反复对照，促使我思考、探寻，一个清晰的声音从我心底响起：美国的学校倾力追求的是——让孩子发出自己的声音。

一、让孩子为自己做主

我曾看过一篇文章，说西方人是看年龄的，比如在美国，你只要满十四岁了，家长或教师便要用“您”来称呼你。但是中国人看的不是年龄而是辈分，不管你几岁，只要你站在爸爸妈妈身边，你就是“小孩”，你没有身份，没有声音，不是交流的对象。大人们会向你的爸爸妈妈发问，由他们来为你代言。

深入美国家庭才知道，不论孩子年龄多大，在家庭里都是平等的一员，都享有被尊重的权力，都有自己做主的权力。

在美国考察期间，我房东家餐厅的显眼处放着一台大冰箱，冰箱上密密麻麻用磁铁贴满了纸片、相片、图画等，这是他家的“荣誉榜”。孩子们上学时获得的各种表扬纸条、自制喜报、参加活动的照片等都存放在那里，房东先生曾几次如数家珍地向我介绍它们的来历，自豪之情溢于言表。他告诉我，他的小儿子自己选择了学中文，将来准备到中国生活。我问他了解中国吗？在中国有亲朋好友吗？支持孩子到遥远的中国吗？他笑笑说，孩子自己的事，就让他自己做主，只要孩子决定的事情，就会支持他。

事关孩子一生生活的大事怎能由他自己做主？房东先生看出了我的疑惑，用轻松的口吻说，生活是孩子自己的事情，当然由他自己决定。他还向我讲述了他在家庭中教育孩子的一些观点，他始终坚持任何一件事情都要和孩子讨论，连买什么玩具都要同孩子商量。

我想，这种方式带来了三大益处：一则让孩子独立思考，发展了判断思维和分析能力；二则让孩子建立了可贵的信心，勇于发出自己的声音；三则让孩子从小练就了说服别人的能力，培养了与人沟通的本领。美国家长担心的不是孩子不听话，而是孩子太听话。

二、珍惜每个孩子的感受

我国传统的教育方式强调吸收，力求完整地吸收书本知识和权威信息，轻视给个人意见的陈述留下空间。而美国的教育重视孩子内心的感受，尊重孩子的意见，珍惜孩子的原创。

美国的课堂多是对话式、互动式的，尤其是语言类、历史类的教学。教师和学生围坐在一起，面对面地交流，这样的课堂不仅传授给学生一些书本上的知识，还能发展学生提出问题，进行质疑、讨论、说服、论证等方面的能力。

“从做中学”是美国课堂教学的重要理念。教师设计各种活动，让学生在参与体验中，在经历知识的形成过程中构建知识。即使在小学，教师也是让学生自己动手的。在小学 3 年级的教室里，我们看到了学生用各种材料自制的细胞模型，这些都是孩子们的智慧结晶。也许孩子在自己动手的过程中，会遇到麻烦甚至出现错误，但是这是他们自己的探索和构建过程，正是在迷茫的摸索中，在不断修正错误的过程中，孩子们有了亲身的体验与感受，形成了自己的见解与思路。

走进美国学校的教学楼，给人的第一感觉是“凌乱不堪”。墙壁上到处都有学生的作品，绘画、折纸、摄影、个人照片、手工艺品、活动记录……有些在我们看来只是学生的涂鸦，一团杂乱的线或者一些毫无章法的颜色，他们却贴到醒目的位置，按老师的说法是，要珍惜学生的原创，保持学生对世界的新鲜感。

是的，也许在我们成年人看来没有太大价值的东西，在孩子们的心目中却有着特殊的意义、独特的魅力。因为，这是他们真实的感受，是他们自己的声音。我们永远要记住：孩子未来是否成功，取决于他给予了世界什么，而不是他记住了多少别人告诉他的东西。

三、听到每个孩子的声音

我在 Kenlin 中学和校长交谈时，她提到在中国听英语课时，中国的教师喜欢在课堂上让学生齐读，洪亮整齐的和声在教室里回响，着实让教师和听课者心喜。然而这位美国校长却提出了一个她担心的问题，这样无法听到每一个学生的声音。她说，在美国，教师从不让学生齐读，因为学语言要说，只有每个人都说了，教师才能了解每个学生具体的掌握情况，以便有针对性地因材施教。听到每个孩子的声音，关注每个孩子，这是“不让一个孩子掉队”的具体体现。

美国学校的课堂气氛非常活跃，学生发言非常踊跃。在回答问题或讨论时教师会照顾到每个学生，如果有哪位学生一直不发言，教师会点名请这位同学发言。还有，当我们第一次走进一个课堂时，教师通常会让我们“答记者问”，请学生向我们提问，借此增进学生对中国的了解，而且教师会给每个学生提问的机会。我曾写过一篇文章《谁的课堂》，课堂到底是谁的？是教师按照自己预先设计好的流程，在学生的配合下完成所有的教学内容；还是依据学生的实际情况，鼓励引导学生表达自己的观点，阐释个人的思考，让学生在教师与学生、学生与学生的智慧交流、思想碰撞中，逐步完善提升，自主构建知识。我想，后者是我们所倾力追求并一直努力的。

经常在媒体上看到或者听到教师们谈，要“弯下身子和学生说话”，每每此时我的内心便充满了无限温暖，那个印刻在我的脑海中的美国校长“跪下”的画面越发清晰地显现在眼前。在美国一所小学参观时，一位身材魁梧的男校长陪同我们，当时 2 年级的学生正在上电脑课，学生每人一台电脑练习着什么。一个小女孩可能遇到了问题，用求助的眼光看着我们，那位高大的校长疾步走到小女孩身旁，很自然地左腿弯曲膝盖着地，跪在地板上和小女孩进行亲切的交流……跪下来，不仅是与孩子的目光平视，更是人格的平等、人性的尊重。

四、放手让孩子自己做

“正当我们的国家需要靠创新来促进经济增长之际，我们看到了年青一代学会运用批判性思维技能去探索科学难题。”2009 年 3 月，英特尔公司董事会主席在美国高中生“英特尔科学奖”揭晓时如是说。“英特尔科学奖”是最具权威的高中生科学奖项，素有“小诺贝尔奖”之称，迄今为止，有 7 位诺贝尔奖获得者在人生履历中提到曾在高中时期获得这一奖项。高中生能有如此强的研究能力，能有当今时代所需要的创新思维，这与美国的中学教育提倡“放手让学生自己做”是分不开的。

一位美国历史老师给学生布置了一项为期四周的作业“影响美国历史进程的人物”，其具体要求是：(1) 去图书馆任意寻找 10 本关于美国历史的著作；(2) 用自己的语言分别写出这 10 本著作的内容概要；(3) 从每部书中选择自己印象最为深刻的描写、论述或者是数据做 5 张卡片，卡片上要注明引文出处，包括注明作者、书名、出版机构、年代和版本；(4) 从书中选择自己认为对美国历史发展进程起到过重要作用的 10 个人物，对每个人物写上一段几百字的评论。

美国的教师经常给学生布置这种“大型”的作业，这些作业相当于一个个“系统工程”，为了完成它学生需要查阅大量资料，需要耗费大量的时间和精力。在完成这些作业的过程中，学生的阅读能力、概括能力、思考能力、搜集信息和归纳整理能力都得到了锻炼和提高，想象力和创造力都得到了培养，而这些能力对学生的一生都是有用的。

相比之下，中国的学生面对的作业，更多的可能是教材后面的练习题。在这种机械枯燥的习题中，学生更多的时间与精力是在模仿前人，复制前人，而不是质疑前人、思考前人，因此也就难以积蓄起超越前人的力量。我们一味强调创新，但我们的教育方式却自觉不自觉地扼杀着创新的嫩芽，面向未来，学校、教师都应该有所改变。

美国教师不只在学习方面敢于放手，在活动开展、学校管理等方面更是最大限度地相信学生、依靠学生、成全学生，让学生在亲身实践中摸索体验，在实际操练中历练本领。

每年的 11 月 1 日是西方的传统节日——万圣节，也叫鬼节，这一天更是孩子们的狂欢节。Woodstock Acaremy 的万圣节，学生是绝对的主角。每个班级确定了不同的活动主题，设计了独具特色的教室场景，动物园、古城堡、星球之战、超级英雄、海底世界……从服装道具的准备到主题教室的布置，从活动内容的策划到具体活动的实施，从游览指南的设计到导游讲解，全部都是学生自己组织、自己完成。

我国著名的教育家陈鹤琴说过：“凡是孩子自己能做的事，应该让他自己做。”只有放手让孩子自己做，孩子才会得到锻炼的机会，潜能才能得以开发。如果我们一直“大手帮小手”，我们的孩子将会在无形中被剥夺发展的机会，丧失成长的力量。

美国培训归来，一个简单实则深奥的问题始终在我心中萦绕：教育的使命是什么？几经思索，我清晰地懂得，教育就是唤醒学生内心的自觉，让他们产生自己的思想、发出自己的声音，最后形成自我，奉献社会。

放手吧，让我们的孩子勇敢地独自向前，大胆地发出自己的声音，让他们欣然地经历成长中的各种滋味，自由地享受生命的成长。

教育，从关注具体的人开始

近段时间，我一直为黄克剑教授和张文质教授倡导的“生命化教育”所吸引，尤其是对“教育要关注具体的人”颇有感触。恰逢到美国培训，我走进美国的学校，深入美国的课堂，深度审视美国的教育，了解美国的孩子，对教育如何关注具体的人有了更深刻的思考，这对我形成自己的教育教学思想也有所启迪。

一、选择是人生的必修课

走进美国的初中和高中，最引人注目的是课间的情景。说是课间，其实只有 3 分钟的时间。下课铃一响，学生们立即收拾书包，匆匆赶往下一节课。因为，美国的学校实行走班制，学生没有固定班级的概念，在同一个教室里上课的学生通常是不同年级的学生，最多的可能有四个年级的学生。美国实行学分制，学生修满学分就能毕业。在美国的学校，课程分为必修课和选修课，必修课包括三门数学、四门英语、三门科学、两门以上外语、三门历史、一门艺术、一门音乐等，选修课包括体育、生理卫生、营养与健康、政治、摄影、木工、缝纫等。当然，不同学校的校本课程也各有不同。这样就能使学生根据自己的能力、水平和兴趣去选择课程。正因为是学生自己的选择，所以课程更适合学生各自的多元智能，更有利于学生发挥自己的优势；因为是学生自己的选择，所以他们增添了责任感。不是美国的孩子负担轻，压力小，是因为那份责任感让他们把来自内在的压力看成了必需的功课。

也许人一生能做许多事，但是要做好每一件事是很难的。然而，只要我们早一些明确适合自己的那一件事，并且持之以恒地努力，那我们就一定能在享受中做好它。

其实，人生是需要我们不断选择的，美国的孩子从小就学会了选择，他们走向社会就会大大减少碰壁的机会，我们的孩子因为缺少选择的锻炼，选择的能力不强，也许会因此从事自己不喜欢或者不利于发挥自己专长的工作，这不能不说是一种人才资源的浪费或者人生的悲哀。

二、学校是通向社会的桥梁

美国的学校除了开设考试课程外，还开设了生活技能课，包括烹饪、缝纫、木工、电工等。在一所高中的一节烹饪课上，我们还做了一回老师，手把手地教美国学生包水饺。学生们边看我们操作，边记录用料和要领，并亲自动手实践，最终品尝到了自己的劳动成果。在 Woodstock 高中的小会议室内，摆放着学生自己制作的桌子、凳子，还有小房子等，从下料、抛光到钉钉子、组装，学生们样样实践。洗衣服、熨衣服、裁剪、缝制等生活技能学生在学校中也要学习。人总是要独立生活的，而基本的生活技能也是需要掌握的，是在学校中学习，还是走向社会后学习，这不仅仅是时间先后的问题。学校的学习是为未来的生活做准备、打基础的。我们不希望从学校走出的只是一群头脑中填满知识，两只手什么也不会做的“机器人”。关注具体的人，关注人的未来生活，才应是学校教育的真正目的。

学校不应有封闭的围墙，学生也不是被禁锢在象牙塔内的知识容器，学校应与社会相通。沟通教育与生活的桥梁，沟通社会生活，让我们的学生了解真实的社会，学习生动的知识，这样的教育才是最有效的。教育从关注具体的人开始，从帮助学生更好地适应社会、规划未来开始，这是我们所期许的。

在教育中成全生命

每个人的生命都是一段旅程，选择自己的行走方式，寻找自己的前进道路，努力提升自我价值是人生的必答题。对我而言，投身教育、潜心教育，是最合适、最完美的答案。回眸二十几年的教育历程，我周身流淌着快乐、涌动着幸福。

一、学会仰望，鼓足生命的动力

目标是行动的原动力，只有确立了前进的目标，一个人才会充分发挥自己的潜力，主宰自己的命运。我总是被那些洄游的鲑鱼所感动，它们告别辽阔舒适的大海，成群结队地沿江河逆流而上，尽管有数不尽的激流险滩，有渡不完的艰辛磨难，但是，它们一旦启程，就绝不放弃。也许大多数人认为这是生物本能的行为，但我更愿意理解为这是生命对于目标和理想的祈求与坚守。

我清楚地记得，工作后不久读到的一个“十九层地狱”的故事，它进一步改变了我的行走方式。故事说一个犯下弥天大罪的杀人犯被投进了十八层地狱，可是他却听到脚底下有人在叹气，他很惊讶。原来，阎王特设了更深的一层地狱专门用来惩罚那些杀害人慧命的人。因为佛家认为人有两条命，一是性命，二是慧命，杀性命只伤肉体，杀慧命却是毁灭灵魂。那么，如果教师浑浑噩噩，岂不是会亲手毁掉无数学生的慧命。陡然，我知晓了身上的责任，肩负的使命。一个好教师的职责不仅仅是授业、解惑，更重要的是传道，尤其是做人之道、立世之道、生活之道。我时时提醒自己，要努力促进

每个学生的健康和谐发展，让每个学生享受成长的快乐，这应是教师毕生追求的目标，倾力仰望的“星空”。

仰望是一种人生追求，是一种心中愿景。仰望，就是抬头见大——心中装着教育对民族的使命，经常掂量自己的责任；仰望，就是抬头望远——心中念着教师对学生终生的影响，经常考量自己的言行；仰望，就是抬头仰高——心中想着人师追求的永无止境，经常丈量自己的境界。

二、学会学习，打点生命的底色

教育家康内尔告诫世人：“现代社会，非学不可，非善学不可，非终身学习不可。”教师要发展，要提高，必须通过不断的学习，充实头脑，敞亮视界，为生命打点底色。

读书。歌德说：“读一本好书，就是和许多高尚的人谈话。”每一本书都是一个用黑字印在白纸上的灵魂，当我们用我们的眼睛和智慧接触它时，它便活起来，和我们交流思想、切磋问题、碰撞思维。阅读应该成为我们生活中最重要的事情，成为我们生活的常态。永远不要等有时间才阅读，见缝插针，想读就读；永远不要等坐进书房才阅读，任何地方都可以阅读；永远不要等到要用了才阅读，希望读书的效果立竿见影是妄想；永远不要嫌自己读得太晚，只要行动，就有收获。那么，读什么书呢？一是专业类的书籍，如读教育名著，开阔教育视野；读教学专著，掌握教学规律；读少儿读物，把握学生的思想发展脉搏；读心理学，了解学生发展的身心特点。二是素养类的书籍，读文学作品，陶冶情操，丰富心灵；读人文书籍，增加自己的人文底蕴。三是砺志类的书籍，如成功学、名人传记等，鼓舞斗志，振奋精神，增强自我发展的动力。

读脑。听专家的报告和优秀讲座，这样可以直接吸收他们脑中的最新东西，与之产生碰撞，激活大脑，激活思维，这是一种很有效的学习办法。聆听专家的声音，感受专家的智慧，或儒雅严谨，或激情昂扬，在专家人格魅力和丰厚学养的感召中，不由抬高了自己前行的视野。我有一个习惯，特别盼望开会，而且喜欢坐在前排，一来听得清楚，二来有机会和专家交流。当然，这种学习的机会是需要自己争取的。如果不能当面聆听也无妨，网络也是绝好的载体。

读师。三人行必有我师。与同行真诚地交流、平等地切磋、深入地探讨，能有效地发现自己的不足，吸取别人的经验，改进自己的教学。其中，

听评课是最有效的一种方式，尤其是课后的深入研讨更为重要。同学校、同区域的同行，由于联系上的方便，后续交流更为顺畅，而融入自己观点后的再次碰撞，常常更贴近自己的实际，更适合个人的水平，也更能促进自身的提高。因此，注重自己“反刍”能力的培养和锻炼，是提高学习实效的有效举措。

三、学会师爱，让大爱润泽生命

“物质的阳光照在身上，只能暖和他们的肌肤于一时；只有精神的太阳才能照临他们心灵的隐秘之处，才能暖透他们的一生一世。”教师的爱就是学生心中的太阳，能温暖学生的心灵，润泽学生的生命，照亮学生的前程。

对于师爱，许多优秀教师用他们的行动做出了精辟的诠释。从霍懋征大师“举左手，举右手”的故事里，我读懂了教育要从尊重开始，于是我学会了把每一个学生当成成长中的人，和他们同欢喜共思索；从大教育家陶行知“四块糖”的故事中，我明白了教育的艺术在于启发，于是我放弃了粗暴的指责和严厉的惩罚，努力启发学生的自我教育力；从苏霍姆林斯基“三朵玫瑰花”的故事中，我知道了教育要富有人性美，于是我实践着让学生学会同情和怜悯，感悟人性美……从无数折射出教育哲理的故事中，我不断地用心去实践、去思索、去领悟。渐渐地，我理想中的师爱在脑海中清晰地展现出来——我们教学生三年，要为他们今后的三十年负责，有了这样的认识，我们便释然了。学生是正在成长中的人，学校是允许学生犯错的地方，教师的智慧就在于引领每一个学生快乐地求知，快乐地生活，快乐地成长。

我想教师只要时刻想着两句话，“假如是我的孩子”和“假如我是孩子”就足够了。有了这样的体验，我们就会对学生少一分苛求，多一分理解；少一分埋怨，多一分宽容；少一分指责，多一分尊重；少一分失望，多一分希望。

四、学会研究，提升生命的质量

广大一线教师教育教学实践的内容都差不多，每个人的付出也差不多，但为什么收获却大不一样？关键就在于科研意识的有无。庸者只知道做，不知道思考，而智者带着思考的大脑去做。这个“思考”，就是科研意识。苏霍姆林斯基说得好，科研是教师的幸福之路。“教师即研究者”“教室即实验

室”，科研能使人处于发现问题和解决问题的状态，在司空见惯、熟视无睹的教育教学情境中，发现独特和异常，找出问题和疑惑，促使人们不断超越自我，提升自我。

科研与学科教学整合一直是我情有独钟、乐此不疲的研究课题。从“九五”课题“中学生物学诱思探究教学研究”到“十五”课题“新课程背景下构建高效生物课堂的研究”，再到“十一五”课题“中学生物教育中渗透人文教育的研究”，从具体的教学模式到整体的课堂构建，再到学科教育的价值取向，每完成一项课题，我都会感到自己对于教学特征、教育本质、教育价值的认识更加深入，更趋本真了。对于科研与学科教学的整合，我个人理解需要经历两个阶段。第一阶段：从学科教学到科研，从实践中来，即教学中遇到疑难困惑后想方设法去寻求良方，或者教学后对成功做法加以总结形成自己的见解。第二阶段：从科研到学科教学，到实践中去，即把自己总结出来的方法和见解主张，运用于教学中，让思想反哺实践，使教学更加有效。

五、学会反思，增加生命的厚重

语文特级教师李镇西老师认为，对于一个教师来说，推动其教育事业发展的应该有两个轮子，一个叫作“情感”，一个叫作“思考”。这里的思考，指的就是反思。美国学者波斯纳指出：“没有反思的经验是狭隘的经验，至多只能成为肤浅的知识。如果教师仅满足于获得的经验而不对经验进行深入思考，那么他的教学水平的发展将大受限制，甚至有所滑坡。”为此，波斯纳提出了一个教师成长的公式：教师成长＝经验＋反思。可见，反思是教师成长过程中一种非常重要，也是非常有效的方式。

按照对象的不同，反思可分为教育反思和教学反思。

教育反思能使教师不断明确自己的教育方向，科学实施自己的教育主张，同时不断地总结、提炼、升华自己的教育思想。思想是一个教师的灵魂，没有自己的教育主张和教育思想的教师，只是把每天从事的丰富多彩的教育教学活动进行机械的重复，从中体验不到教育的乐趣和生机，更谈不上享受。事实上，教育首先是人学，当我们认识到我们每天面对的是无数鲜活的生命，所从事的是影响人一生的事业时，我们的工作将变得神圣而崇高，我们的内心将充满幸福和自豪。

教学反思则是每个教师每天不可缺少的常规性工作。京剧表演艺术家盖叫天说："练完工了，应该坐下来静一静，默一默。"默，就是用脑去思考、揣摩。教师在一节课结束或一天的教学任务完成后，也应该静下心来细细想想：这节课的总体设计是否恰当，教学环节的安排是否合理，学生思维是否活跃，媒体的运用是否有效，教学效果是否优质，学生参与是否积极，学生学得是否愉快，还有什么困惑和遗憾，应该怎样弥补等。将点滴的经验和教训记录下来，作为今后改进教学和探索规律的依据。这些看似琐碎的细节，不断地积累起来，将是一笔宝贵的财富。正是在点滴的反思中，教师实现了教学能力的逐渐提升；正是在不断的反思中，教师摆脱了"磨道效应"，增加了生命的厚度。

教育教学是创造性劳动，需要我们用心灵和智慧去投入、体验、领略。我感恩教育，在三尺讲台书香氤氲中享受着职业的幸福；我感恩教育，在二十几年教育之路上和学生一道享受着成长的快乐；我感恩教育，在追求人师的魅力中成全着生命的意义，提升着生命的质量。

爱自己，就栽培自己

从一则故事说起。

从前有个叫阿里·哈法德的波斯人，住在距离印度河不远的地方，他拥有大片的良田和园林。他是一位知足而富有的人。有一天，一位年老的佛教僧侣来拜访这位老农夫，向他讲述钻石是如何形成的。最后，这位僧侣说："如果一个人拥有满满一手的钻石，就可以买下整个国家的土地。要是他拥有一座钻石矿场，他就可以利用这笔巨额财富，把孩子送上王位。"

那天晚上，阿里·哈法德变成了一个穷人——不是因为他失去了一切，而是因为他开始变得不满足。他想：我要拥有一座钻石矿。因此，他彻夜难眠，第二天一早就跑去询问那位僧侣在什么地方可以找到钻石。

"只要你能在高山之间找到一条河流，而这条河流是流淌在白沙之上的，那么，你就可以在白沙中找到钻石。"僧侣说。

于是，阿里·哈法德卖掉了农场，把家交给一位邻居照看，就出发去寻找钻石了。他先是前往月亮山区寻找，然后来到巴勒斯坦地区，接着又流浪到欧洲，最后他身上带的钱全部花完了，衣服又脏又破。

在旅途的最后一站，这位历经沧桑、痛苦万分的可怜人站在西班牙巴塞罗那海湾的岸边，怀揣着那位僧侣所激起的得到巨大财富的诱惑，投入大海中。

几十年后的一天，当阿里·哈法德的继承人牵着他的骆驼到花园饮水时，突然发现，在那浅浅的溪底白沙中闪烁着一道奇异的光芒，他伸手下去，摸起了一块黑石头，石头上有一处闪亮的地方，发出彩虹般美丽的色彩。他把这块奇异的石头拿进屋，放在壁炉的架子上，继续去忙他的工作，把这件事给完全忘记了。

几天后，那位曾经告诉阿里·哈法德钻石是如何形成的僧侣，前来拜访。当看到架子上的石头所发出的光芒时，他立即奔上前去，惊奇地喊道“这是一颗钻石！阿里·哈法德已经回来了吗?”

“没有，阿里·哈法德还没有回来。那块石头是在我家的后花园里发现的。”

然后，他们一起奔向花园，用手捧起河底的白沙，发现了许多比第一颗更漂亮更有价值的钻石。

这就是印度戈尔达康钻石矿被发现的经过。

一个多世纪后的今天，当我们再次“聆听”戈尔达康钻石矿的发现经过，在抛弃其纯粹的偶然性和传奇色彩后，我们仍然会被故事背后的深刻寓意所惊醒和震撼。

我们是不是也经常希望别人的草地就是自己的，却很少去整治自家的草地？我们仔细看过自己脚下的土地吗？我们审视过自己手头的工作吗？认真分析过手头工作可能给自己带来的幸福和财富吗?

我们是不是会像故事中的阿里·哈法德一样，因漠视自己的工作而错过了本应属于自己的宝藏。

事实上，很多人不能清楚地意识到，自己手中的平凡工作就是一座宝贵的钻石矿，只要好好挖掘——全力以赴，尽职尽责地做好自己当下的工作，就能找到属于自己的“钻石”——职务、职称和财富。

我以为，要找到自己的宝藏，需要把握好以下几个关键词。

关键词一：追求

很久以前，一位长者在乡间小路上遇到一个人推着一辆手推车，车上装满石头，他问推车人：“朋友，你在做什么?”那人面无表情地答道：“推石头。”他继续赶路，又碰上另一个人推着一车石头，他又问：“朋友，你在做什么?”那人带着一脸无奈，回答说：“挣钱，每推一车石头挣十块钱。”他继续往前走，碰上第三个人也推着一车石头，他又问道：“朋友，你在做什么?”那人带着满脸希望，自豪地回答：“我正在为自己造一座大厦。”后来，第二个人成了一个小企业老板，第三个人则成了最著名的建筑师，而第一个人还在默默无闻地推石头（并不因此否定其人生）。

每每读这个故事，我不得不承认，其间蕴含的，正是世间最简单的也是最深刻的道理。

故事里三个推石头的人，有三种不同层次的追求，三种不同的内驱力，必然会产生三种不同的结果。

教师的工作恰如“推石头”，需要不断努力，带领学生攀登上人生的顶峰，收获进步和成长。我们该如何看待平凡得不能再平凡的教学工作呢？大致有这样三种教师：一种是，上课就是跟调皮的学生生气，被愚笨的学生困扰，和鬼精灵们斗智斗勇，认为上课是一件辛苦而又乏味无聊的事情；一种是，上课就是为了完成自己的工作，对得起自己的工资，日复一日，年复一年；一种是，认为上课是教师的生命和几十个学生的生命共同成长的过程，他们努力引领学生经历着生命中每一个重要的 45 分钟。第三种人正是我努力的目标，也是我们大家共同的追求。

在教育路上，认识比行动更重要，一个人能走多远，取决于认识，而不取决于行动。因为行动源于认识。有什么样的认识，就有什么样的行动。认识的正误，决定着行动方向的对错。认识的高低，决定着行动效果的优劣。所以，认识是第一位的。

关键词二：爱心

有这样一个故事。“智慧”“成功”和“爱”三位天使来到人间。一位母亲请他们到家中做客，三位天使对那位母亲说：“我们只能去一个，你回家商量一下，再做选择。”母亲最后决定把“爱”请回家。奇怪的是，另外两位也跟着进了屋。母亲惊讶地问：“你们两位怎么也进来了？”天使说：“哪里有‘爱’，哪里便有‘智慧’和‘成功’。”

有爱就有一切，在故事中如此，在生活中更是如此。有人说过，疼爱自己的孩子是一种本能，而热爱别人的孩子的人则是神。教师对学生就需要这样一种神圣的爱。

爱能产生智慧。

我曾在《青年文摘》上读到过李家同的一篇文章《法国菜单》。

他中学时，全班同学都不怕数学，学生们的数学当然有好有坏，但是没有害怕数学的。他觉得只有数学老师姜老师有这个本领。所以，一直好奇，姜老师的秘诀在哪里。

在姜老师的退休茶会上，谜底解开了。

茶会开始不久，就有一位同学首先发问了，他问姜老师，为什么别的老

师教他数学的时候，他都害怕数学，也痛恨数学，但是姜老师教的时候，他却一点都不怕数学。他的问题，也是好多同学想问的问题。

姜老师好像对这个问题有备而来，她没有立刻回答，却叫所有的女同学上台，她给每一位女同学一张纸，然后叫我们男生也上台去拿一张。我们拿到的是一张法国菜单，每一样法国菜都有中文翻译，旁边还有价钱。我们男生看了以后，觉得这些菜不贵，尤其注意到的是咖啡、茶和甜点特别便宜。

然后，姜老师问一位女同学对这份菜单的印象如何，这位女同学说这家法国餐馆简直不像话，不仅主菜贵，连咖啡和茶都贵得离谱。当时我大感困惑，因为我看到的菜单一点儿也不贵。我不是唯一感到困惑的人，几乎所有的男生都感到困惑。最后姜老师叫我们坐下，然后每一位男生和一位女生交换菜单看，看了以后我们才知道是怎么一回事。我们男生拿到的是一张价格公道的菜单，女生拿到的是一张非常昂贵的菜单。为什么会有两种菜单呢?

姜老师告诉我们，当年她的男朋友请她到一家法国餐馆去吃饭，她看了菜单以后，觉得每一样菜都很贵，可是她的男朋友却一副无所谓的样子，不但点了主菜，还点了饮料和甜点。他想要点红酒，她拼命阻止。饭吃完了以后，姜老师感动万分，认为她的男朋友真是慷慨，于是答应了他的求婚。很久以后，她才知道这家餐馆有两种菜单，男士看到的永远是价格公道的菜单，女士看到的却是非常昂贵的菜单，男士点菜的时候面无难色，女士一定会对此感动不已。这家餐馆的做法除了招来不少客人，也促成了很多好事。

这些菜单又和姜老师的教书有何关联呢？姜老师要我们回想，我们当时考试的时候有什么特别的情形。我第一个举手，我说姜老师常常小考，每次发考卷的时候，都要亲自将考卷发给每一位同学，当时我的确对此觉得奇怪。

姜老师终于告诉我她的秘诀了，因为，她准备了三种考卷，甲种非常难，乙种中等，丙种非常容易。甲种考卷给数学程度高的同学，乙种给中等程度的同学，程度不高的同学拿到丙种考卷。这些程度不高的同学每次考试，都拿到至少 60 分，对于这些同学来说，60 分已经不容易了。在过去，他们常常在分数上只有个位数，他们开始不再对数学恐惧，上课的时候，也会注意听讲。通常，到学期结束的时候，丙种考卷不见了，姜老师只要准备两种考卷就可以了。

姜老师告诉我们，学生最需要的是自信，而自信的来源当然是自尊。当看到班上有一些学习不好的同学，她就想起了那家法国餐厅的做法，决定尝试使用不同的考卷。对于学习不好的同学而言，他们终于有了足够的自尊心，也开始有了自信，一旦有了自信，他们就不会放弃数学了。

使用不同的考卷，亲自将考卷发给每一个学生，这就是爱，因爱所产生的智慧，会使学生受益一生。

此外，对学生的爱还要包括以下几点。

要真诚地爱。爱学生必须是真心诚意的，不可掺杂半点虚假，只有把学生当作自己的子女、兄妹那样，诚心诚意地爱他们，关心、帮助他们，才能赢得学生的心。

要平等地爱。具有正确师爱的教师应把爱平均分给每一个学生，也就是以平等的态度对待每一个学生。学生的情况各异，个性有不同、智力有高低、能力有差异、品行有上下、家庭情况有差距。教师不能凭自己的好恶，偏袒、庇护一部分学生，而歧视、冷淡另一部分学生。相反，应将更多的关爱给予后进生或处于困境中的学生，偏爱有缺陷的学生，帮助他们克服自卑，树立自信，让每个学生都体会到自己在集体中的地位是完全平等的。

崇尚大爱。教师应放眼学生的将来，不计一时得失；放大学生的优点，悦纳学生的差异；把握师爱的本质，抑扬奖惩得当。

关键词三：激情

激情，希腊语是“心中的神”的意思，在汉语中指强烈的情感，是一种积极的状态。

朱永新教授说，智商在正常范围内的90％多的芸芸众生，谁能够精彩，谁能够成功，靠什么？靠的是精神状态，死人跟活人就差一口气，活人跟活人就差在一个状态。一个有状态的人，就会活得精彩，就会打起精神来做事；一个没有状态的人，就会萎靡不振，就不愿意去努力，最后自然没法成功。

岁月让我们容颜变老，激情却使我们青春依旧。

关键词四：学习

有个伐木工人在一家木材厂找到一份工作，报酬不错，工作条件也好，他很珍惜，下决心好好干。第一天，老板给他一把锋利的斧子，并给他划定了伐木范围。这一天，工人砍了18棵树。老板说：“不错，就这么干！”工人很受鼓舞，第二天他干得更加起劲，但是他只砍了15棵树；第三天，他

加倍努力，可是只砍了10棵树。工人觉得很惭愧，跑到老板那儿道歉，说自己也不知道怎么了，好像力气越来越小了。老板问他："你上一次磨斧子是什么时候？""磨斧子？"工人诧异地说，"我天天忙着砍树，哪里有工夫磨斧子！"

那个工人感觉砍树吃力的时候，应该想到去磨斧子。同样，当我们做教育觉得吃力时，就该想到要充电，而不是一味抱怨教育要求高。

1. 读书

苏霍姆林斯基说："每天不间断地读书，跟书籍结下终生的友谊。潺潺小溪，每日不断，注入思想的大河。读书不是为了应付明天的课，而是出自内心的需要和对知识的渴求。如果你想有更多的空闲时间，不至于把备课变成单调乏味的死抠教科书，那你就要读学术著作。应当在你所教的那门科学领域里，使学校教科书里包含的那点科学基础知识，对你来说只不过是入门的常识。在你的科学知识的大海里，你教给学生的教科书里的那点基础知识，应当只是沧海一粟。"

第一个问题，怎么读？

可以采取三种形式读书：一是任务驱动，根据工作需要阅读某一专题的图书，这样有压力；二是兴趣导航，根据兴趣爱好阅读某一类型的图书，这样有动力；三是休闲调适，随意翻阅，放松身心，调节情绪。

读书可分感性阅读和知性阅读。

所谓感性阅读，指带有消遣性质的快餐式阅读，阅读者仅凭感觉去感受书中的信息而不加以反思咀嚼。所谓知性阅读，指带有钻研性质的理解性阅读，阅读者凭借逻辑和已有的经验去理解书中的观点及信息，并与书籍反复对话，以对自身经验进行反思和改进。

如果说感性阅读是在溜冰，轻松愉快，看四周反反复复都是熟悉的景色；那么知性阅读则是在爬山，汗流浃背，但是周围的景物始终在变化，而且越来越开阔，直至"无限风光在顶峰"。更重要的是，相比于溜冰，登山更能增强人的"体质"（理解力）。

感性阅读和知性阅读都是重要的阅读方式，但对于专业发展而言，更应该强调知性阅读，因为只有知性阅读，才能够真正提升思维水平，增强反思能力。知性阅读时，我们要努力与书籍对话。可以写下自己对某个片段、某个观点的理解，也可以表达自己与作者相同或不同的观点，还可以联系自己经历过的某个教育教学事件来进行相互印证。

第二个问题：何时读？

看看“忙”这个字，就是“心死了”。我们要做的事情大体可分为四类：重要而紧急、重要而不紧急、不重要而紧急、不重要不紧急。其中，自己的专业发展这类重要而不紧急的事情往往会被我们以忙为借口忽略掉。

对女教师来说，书籍是最好的美容品；对男教师来说，书籍是自己挺括的名片。

2. 在读书的过程中，“写”显得尤为重要

肖川教授一直提倡和鼓励教师写作，他认为，能写好文章的人，教学一定不会糟糕，因为写作是提高教师专业水平十分重要的途径。我很佩服“教育在线”“生命化教育”中的很多老师，他们坚持每天都写作，而我有时会产生懒惰心理。人啊，最大的敌人就是自己。很多的思绪与认识，稍纵即逝，不记录便再也寻不回。不少人常有这样的体会，读了别人发表的文章，就会说：“怎么跟我想的一样。”可惜了，真是可惜了。可惜的不是别人，而是自己啊！

3. 进修——系统学习的最有效途径

美国有一个规定，凡是“师”字级的工作，如医师、会计师、律师、教师等职业，每年都必须再进修一定时间的课程。如果没有进修，该年执照就会暂时被冻结，修完课程才能再开始执业。这是很有道理的。教师也应该自觉地进修学习。

一位教育家说过，教师的定律，一言以蔽之，就是，一旦你今天停止成长，明天你就将停止教学。面对当今激烈的竞争，我们只有不断学习，努力提高自身修养，掌握现代教育教学技术，才能把握时代的脉搏，不断进取，不断拼搏。

关键词五：科研

提到教育科研，很多教师感到非常深奥、神秘，认为只有那些教育专家才能出成果；不少教师认为搞科研就是冥思苦想、闭门造车；有的教师认为搞教研就是要创一家之言，自成一说；有的教师认为教育科研仅限于少数有经验、有兴趣的教师。这都是误解。

其实，一线教师的教育教学实践都差不多，每个人的付出也差不多，但为什么收获却大不一样呢？关键就在于科研意识的有无。教育科研就如同一片森林，只要你是有心人，只要你愿意为此付出劳动，走进去总是会有所发

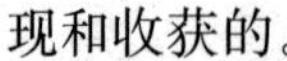

现和收获的。

教育科研其实一点也不玄乎，其过程是一个不断积累的过程，是一个理论指导实践的过程，是一个实践经验总结与升华的过程。

教师对待教育科研应有的态度有以下几点。

以教师的身份进入研究：注重教育科研的实效，不要把自己当成专业研究者。教师的身份决定研究的方式是行动研究，研究的目的是解决日常教育教学中的问题。

教师要做自己的研究：研究的问题不是他人的，而是自己工作中真实具体的问题；不是完成规定性任务，而是教师自己发自内心实实在在的需要；不是假研究，不是在研究报告评审之后就成了封存的历史，更不是在轰轰烈烈的科研结束之后又可悲地回到“习俗化”的教育教学水平上。

研究教师自己的问题：不是去研究宏大的教育问题，对教师而言，不断地思考、琢磨就是研究，对那些司空见惯、熟视无睹的事物用心去发现，对那些理所当然、天经地义的常规和说辞反复琢磨，试着去改变貌似合理的历来如此的大多数的想法与做法，就是研究。

“教室即实验室”，一线教师的教育科研应以解决实际问题为主要任务。教师要以课堂为教育科研的主阵地，带着问题进行实践，把每天的教育教学工作当作科学研究来做，做到工作科研化、问题课题化、实践理论化，寻找解决实际问题的办法，这就是最好的教育科研。

美国石油大王洛克菲勒给儿子约翰的信《是天堂，也是地狱》中有这样一段话。

不管一个人的野心有多么大，他至少要先起步，才能到达高峰。一旦起步，继续前进就不困难了。工作越是困难或不愉快，越要立刻去做。它等的时间越久，就会变得越困难、可怕，这有点像打枪，你瞄的时间越长，射击的机会就越渺茫。

我永远也忘不了我的第一份工作——簿记员的经历，那时我虽然每天天刚蒙蒙亮就得去上班，而办公室里点着的鲸鱼灯又很昏暗，但那份工作从未让我感到枯燥乏味，反而很令我着迷和喜悦，连办公室里的一切繁文缛节都不能让我对它失去兴趣，而结果是雇主不断地为我加薪。

收入只是你工作的副产品，做好你该做的事，出色完成你该做的事，理想的薪金必然会来。更为重要的是，我们劳苦的最高报酬，不在于我们所获得的，而在于我们会因此成为什么。那些头脑活跃的人拼命劳作决不是只为了赚钱，使他们工作热情得以持续下去的东西比只知敛财的欲望更为高尚——他们是在从事一项迷人的事业。

……

工作是一种态度，它决定了我们快乐与否。同样都是石匠，同样在雕塑石像，如果你问他们："你在这里做什么?"他们中的一个人可能会说："你看到了嘛，我正在凿石头，凿完这个我就可以回家了。"这种人永远视工作为惩罚，在他嘴里最常吐出的一个字就是"累"。

另一个人可能会说："你看到了嘛，我正在做雕像。这是一份很辛苦的工作，但是酬劳很高。毕竟我有太太和四个孩子，他们需要温饱。"这种人永远视工作为负担，在他嘴里经常吐出的一句话就是"养家糊口"。

第三个人可能会放下锤子，骄傲地指着石雕说："你看到了嘛，我正在做一件艺术品。"这种人永远以工作为荣，以工作为乐，在他嘴里经常吐出的一句话是"这工作很有意义"。

天堂与地狱都是由自己建造的。如果你赋予工作意义，不论工作大小，你都会感到快乐。如果你不喜欢做的话，任何简单的事都会变得困难、无聊，当你叫喊着这个工作很累人时，即使你不卖力气，你也会感到精疲力竭，反之就大不相同。事情就是这样。

约翰，如果你视工作为一种乐趣，人生就是天堂；如果你视工作为一种义务，人生就是地狱。检视一下你的工作态度，那会让我们都感觉愉快。

微软公司董事长比尔·盖茨曾这样说，如果只把工作当作一件差事，或者只将目光停留在工作本身，那么即使是从事你最喜欢的工作，你依然无法持久地保持对工作的热情，但如果把工作当作一项事业来看待，情况就会完全不同。

哈佛大学有一条校训是这样的：时刻准备着，当机会来临时你就成功了。

精美的石头会开花

“石头活在河里不在乎被泥沙冲刷，活在河滩上不在乎被风吹雨打……艰辛寂寞挡不住精美的石头要开花……开出的是坚强勇敢的花，开出的是平凡而美丽的花……”

这是最近在网络上看到的一首原创歌词。

起初我只是为歌词的意境所吸引，研修的当下，又被歌词的哲理所折服。“石头开花，石头开花……”默念几遍，蓦然顿悟，“石”与“开”合在一起不就是研修的“研”吗？其实，从某种意义上说，研修恰似石头开花。

或许，你会认为“石头开花”只是一个美丽的传说。石头是非生命物质，花是绿色开花植物所特有的“器官”，两者之间有联系吗？我们可以从生命演化的角度来看。

地球上原本是没有生命的。约在46亿年前，原始地球火山频繁喷发，所释放出的物质汇集成原始海洋，历经无机物、有机小分子物质、有机大分子物质、多分子体系，最后诞生了原始生命。其后，由于营养方式的不同，原始生命出现分化，一部分原始生命进化为能自养生活的原始藻类，又历经若干万年的进化，出现了现在的结构高等、种类繁多的被子植物。这个过程是极其漫长和坎坷的。

研修和生命演化具有极其相似的特点。

“研”在内容上，是连贯的。今年针对教育技术的研修区别于往年教育教学理念、课程标准及教学方式的研修，是运用各种理论和技术，通过对教与学的过程及相关资源的设计、开发、利用、管理和评价，来实现教育教学优化的目的的高端研修。本次研修的八个模块是高度关联、相互支撑的。如

专题三是“主题单元的教学设计”，而专题四和专题六则是针对专题三的某一个学习活动或者某一评价要求而进行的。

“研”在时间上，是持久的。八个模块的内容虽然是集中在六天内完成，从形式上看六天以后研修就结束了，但是作业的修改，却是不止一次的，需要在集中研修后进行。更重要的是，如何将培训的成果在自己的课堂教学中实践应用？思维导图如何迁移运用到自己的教育教学和生活中？今后的校本研修又如何开展？这是需要我们深入思考的，这个过程也是更持久的。

“研”在性质上，是深刻的。如专题三“主题单元的教学设计”，是基于中观层面的设计，不是针对单节或课时的教学设计，也不是基于课程或整本教材的教学设计，而是介于课程和课时之间，即基于单元主题的教学设计。这对习惯于单个节次或者某个知识点教学的我们来说是一个挑战。这需要我们放宽思维的区间，延伸思维的深度，拓宽思维的跨度。改变从来都不是畅快的，总是要经历一番痛苦，进行一番颠覆的。

“石头开花”是令人向往的，更是要历经磨砺的。研修也一样。

这是需要坚定和信心的。不轻易为外界干扰所迷惑，心无旁骛，一心前行。爱默生曾说过：“一个坚定地向目标迈进的人，整个世界都会为他让路。”我们期冀这种坚定。

这是需要努力和用心的。不囿于固有的定式，发挥聪明才智创造性地工作。完成工作有三种境界：完成、按时完成、出色地完成。研修呼唤出色地完成。

“优于别人，并不高贵，真正的高贵应该是优于过去的自己。”我们已走上常态化研修之路，我们将不断地学习并反思着，反思并实践着，实践并提升着。也许我们走得不是最快、最远的，但一个个坚实的脚印做证，今天的我们比昨天进步了、提高了。这样，我们便是高贵的。

我们是平凡的石头，我们不畏惧研修的冲刷和吹打，我们渴望开花，开出具有个人独特花香的花，绽放具有自己特有性状的花。

土拨鼠哪去了

有这样一则寓言故事。

有三只猎狗在追一只土拨鼠，土拨鼠机灵地钻进了一个树洞。这个树洞只有一个出口，于是三只猎狗便守在洞口。不一会儿，树洞里居然钻出一只兔子。兔子飞快地向前跑，并爬上了另一棵大树。仓皇中兔子没有站稳，从树上摔了下来，正好砸晕了树下尾随而至正仰头观望的三只猎狗，于是，兔子顺利逃脱了。

在我们看来，这个故事似乎很荒诞。兔子怎么会爬树呢？一只兔子怎么可能同时砸晕三只猎狗？我们甚至会为兔子庆幸，终究没有落入猎狗的口中。可是，我们可曾想过，猎狗当初真正要追捕的对象是谁？是兔子吗？不是，而是土拨鼠。那么，土拨鼠哪去了？

因为兔子的突然冒出，我们的思路在不知不觉中被“打了岔”，土拨鼠竟从我们的头脑中消失了。

事实上，在教育教学过程中，我们有时也会被眼前的功利和形势，扰乱了视线，分散了精力，以致于抱怨、停顿，或是走上岔路，从而放弃了自己原本追求的目标。

面对教材和习题，我们忘记了学生。我们会被教材的内容所蒙蔽，被五花八门的题目所困扰，生怕学生对此理解不了、掌握不住，于是索性把学习的责任全揽到自己身上，一遍又一遍地讲述、灌输，一次又一次地让学生练习、巩固。至于学生在学习中的地位，学生对知识的建构过程，学生学习时的情感，我们统统忘记了。于是，学习变成了学生的苦差事。

面对升学的竞争和压力，我们忘记了育人。我们会为班级能取得一个

好成绩、高分数，会为自己在同行中的排名、考核中的位次，而分分必争、斤斤计较。我们会把关注点和注意力聚焦在知识本身，而忘却了知识所承载的教育价值，忘记了学生学习这些知识的最终目的。于是，教育变成了教书。

面对班级管理评比，我们忘记了学生的差异。我们希望每一个学生都规规矩矩、懂事听话，遇到个性张扬或有些另类的学生，我们会不自觉地对其进行管束，而忘记了加多纳的多元智能理论。我们忘记了，玫瑰花蕾有不同的花期，早期开放和晚时开放的，一样美丽。于是，育人变成了管束。

这些，长久以来就存在于我们的日常教育教学中，让我们暂时忘却了教育的目标和根本，一时迷失了方向，走了些弯路。

那么，眼下的远程研修呢?

研修是紧张和忙乱的。我们刚结束了一学期繁忙的事务，就开始了远程研修。观看视频、学习文本、完成作业、跟帖评论、发表文章……研修让我们比平时忙了许多，累了许多。尤其是，今年的研修内容不再是我们所熟悉的教育教学理念、课程标准及教学方式，而是崭新的教育技术。

在这里，我们将接受考验。从微观的课时知识教学中走出来，向更高一级、宽一些的视野中遥望。尝试将零碎的知识进行整理，设计成一个个主题，再围绕所设计的主题进行基于模块的、整体的教学设计和资源开发。这些，于我们是生疏的。

在这里，我们将遇到挑战。从PPT、Flash中走出来，向更广阔、宏大的技术中迈进。把U盘、硬盘变成百度云，将课件扩增为网站，把界面升级为网页，把概念图绘制成思维导图。这些，于我们是崭新的。

在这里，我们将经历持久。六天的集中研修只是一个段落，并不是结束，还需要集中后分散的研修学习。我们要完成后续作业的修改、不间断地对他人的作业或文章进行评论。甚至，作业还会进行不止一次的修改和完善。这些，需要我们的坚持。

也许我们会被复杂的情况困住，也许我们会被高难度的作业难倒，也许我们会被诸多的干扰所迷惑，也许我们会被持续的研修拖累，也许我们会因连年的暑期研修而倦怠……

但无论如何，请不要忘了时刻提醒自己，“土拨鼠”哪去了?

我们要增加把握课程标准的能力，我们要提升开发课程资源的意识，我们要提高课堂教学的实效。

我们要实现专业的成长，我们要享受教育的幸福，我们要过有品位、有尊严的教育生活。

让我们相约：不管研修的任务多么艰巨，不管研修的生活多么紧张，不管研修的旅程多么艰辛，我们都要心中记得“土拨鼠”、装着“土拨鼠”，眼睛盯住“土拨鼠”，一路向前。

Zuo Xing Fu De Jiao Shi

做幸福的教师

情缘“整合”

“北国风光，千里冰封，万里雪飘”“银装素裹，分外妖娆”这些耳熟能详的诗句令我对美丽而神奇的北国充满向往。一次偶然的机会我们来到吉林省长春市东北师范大学理想信息技术研究院学习“信息技术与学科教学整合”。聆听专家的哲言慧语，感受学者的鲜活思想，提升自我的教育素养，这是难得更是难忘的“充电”。

踩着洁白的雪，听着脚下清脆的声响，幼稚地坐在雪地中，用相机留下美丽的瞬间；抓一把雪，滚一个雪球，掷到远处，开心的欢笑声唤起诸多记忆；坐在暖融融的教室里，听教授的激情演说，剖析教学过程中的困惑，憧憬整合学科教学的前景，勾画教研工作的蓝图，激起无数思考。

信息技术、多媒体与我教育生涯中的点滴故事再一次涌上心头……

带来好运的初识

1999年末，我到山东省枣庄市参加山东省教学能手评选。在评选的前一天，我到讲课的学校熟悉环境，看到在阶梯教室前的桌子上，摆放着一堆银白色的先进设备。一位教师熟练地操作着计算机，大屏幕上呈现出一幅幅清晰的画面。她把实验用的广口瓶放到长方形的展台上，实验便“搬”到了大屏幕上，原来这叫实物投影仪。天哪，我算是开了眼界，在黑板、粉笔、挂图、模型之外竟有这么神奇的教学工具。没办法，我对计算机是一窍不通的，对多媒体教学更是闻所未闻，看来采用多媒体辅助教学是不可能的了。但是依旧采取传统的教学手段也是不可取的，总不能在同一个竞赛台上“上演”不同时代的“故事”吧。何况，完全远离现代化的教学手段，一点儿“先进”的气息都没有，必将使自己处于竞争的劣势。怎么办？只能临时采用折中的办法——使用实物展示台。匆匆忙忙请教了实物展示台的使用方法后，我便对自己的教学设计进行了调整和改动。

实物展示台真神奇！当我把自制的气孔开闭模型放到展台上，屏幕上的气孔奇妙地“动”起来，一开一闭，形象生动极了。如何将微观抽象的生理过程形象直观地展现出来是颇费脑筋的，描述和讲解是无能为力的，教学演示又存在可视性差的问题，学生观察时会受到限制，实物展示台真是化腐朽为神奇，将这一难题轻松解决了。多媒体的恰当、精彩运用，为我带来了好运，我顺利评上了“省教学能手”。

初次结识，我领略到了多媒体辅助教学的巨大优势和广阔前景。因为它，教学将发生一次革命，翻开一页新的历史。尽管不了解什么是多媒体，不知晓何为信息技术，但作为一种新颖的教学媒体，它必将被引入我的教学，改变我的教学。

第一次课件评比的尴尬

怀着对信息技术的痴迷，教学课件开始走进我的教学实践中。我起初应用的是 PPT，简单的幻灯片放映。作为一种新鲜事物，每个办公室里仅有一台微机，制作课件成了我课余时间的一项重要工作。

2002 年，我参加了全市第一届多媒体课件评比。那时对我们来说，Authorware、Flash 都是天方夜谭，比较先进的是利用豪杰超级解霸剪截录像片段，插入 Powerpoint 中。记得当时教植物学时，“果实和种子的形成”这个重难点自然首先成为突破的关键。现在想来，我们当时对“信息技术与学科教学整合”的观点的理解还是正确的。

为了解决“双受精”的动画问题，我制作了几张图片，表示花粉粒在花粉管中的不同位置，然后将它们按不同的层次叠放，设计成自动播放的形式，以形成动态的放映。子房和果实的结构图则是到电脑复印部进行扫描，存成图片，再放入画图软件中修改，添加不同颜色的线条将二者相应的发育关系连接起来。因此，一张幻灯片里有多条线、多个文本框需要接连播放顺序，并进行自定义动画。过程之复杂，工序之繁琐是可想而知的。在多个夜晚与电脑的亲密接触后，凝聚着我心血的成果——课件总算完成了。

顺利通过市里的评比，我被推荐到省里参加比赛。其间“界面友好，交互性强”又成为我的攻关重点。天呀，Powerpoint 并不简单，超级链接、连续播放、插入音乐等功能又一次令我大开眼界。带着刻录好的光盘，我到了省里。在比赛现场，我才知道了 Flash 等制作设计软件，也才第一次看到了笔记本电脑。兄弟学校的老师很是热情，当他们知道我的课件添加了几个 Flash 动画后，说为了避免大会提供的电脑无法正常播放 Flash 动画，推荐我使用他们自带的笔记本电脑。那不停转动的大问号，不断翻开的书本，持续振动翅膀的小蜜蜂，叫人眼花缭乱，生动精彩极了。

凭借吸引人的动画加上巧妙的教学构思，我满以为稳操胜券。可是，运行环境的要求却令我们大失所望。不知为什么，笔记本电脑接到投影机上后，放映效果并不理想。几处我自以为精彩的环节无法播放，结果自然不算理想。

于是，研究多媒体课件的制作，提高自己的教学手段，便成为我今后一段时间工作的重中之重。

感谢那次评比，让我开阔视野，领略到多媒体技术的博大精深；感谢那次评比，使我懂得遇事充分准备，做好多种预设，考虑多种方案。人，是在教训中不断成长的。我再次深刻领悟了那句颇有哲理的话：经历是一笔宝贵的财富。

我成长的平台——东北师范大学

从未奢想遥远的东北师范大学会与身处山东的我有什么联系和缘分。机遇就这样悄然降临了——2002 年秋季，东北师范大学理想信息技术研究院的领导带着他们的“东师教育平台”来到山东省东营市，让东营市的教育走上了信息化发展的快车道。我们学校作为首批实验学校，开展了试点研究。学校挑选了各学科的年轻教师首先学习，虽然当时我不在被推荐的行列，但是我早已清晰认识到信息技术与学科教学整合将是未来教育的趋势和走向，抓住机会就会为自己打开另一番天地，与其被动落后不如积极争取，不肯服输的我主动向上级领导请缨。于是，我作为年龄最大的教师加入了学习的行列。

备课平台、上课平台、资源库、工具库，在许多新名词、新设计中，我逐渐了解了课件的制作。其中，脚本的设计是最具有创造性和挑战性的。我们先预想在理想教学条件下的教学设计，据此找到“整合点”，写出设计脚本，再到技术人员那里转换成动画。为了让技术人员了解自己的意图，我们常常需要盯在那里几个小时。从图画的选择到色彩的搭配，从动画的显示到声音的录入，在不断的研究、修改、润色中精美的课件终于完成了。当看到学生沉浸于课件展示的神奇画面，沉醉于生动的教学情境时，我真正体会到了教学的乐趣，感受到了信息技术与学科教学整合的无穷魅力。

求学于东北师范大学理想信息技术研究院，我的教学水平有了新的提高。信息技术，为我打造了成长的平台。

因为喜欢

凯瑞是 Woodstock 高中的一名西班牙语女教师，三十岁左右，中等身材，脸上始终洋溢着微笑，窄窄的银边眼镜为她平添了几分文雅与温情。一个周六的上午，她陪我们到土著人历史博物馆参观，考虑到我们理解困难，她准备了英汉词典。参观过程中，她不停地给我们讲解，遇到我们听不明白的时候，就翻阅字典，那份认真和热情着实地感动了我们。在我们参观接近尾声的时候，碰巧在博物馆遇到了一群小学生，凯瑞兴致勃勃地和他们打招呼，摸摸这个孩子的头，拍拍那个孩子的肩，还主动为他们做讲解，对孩子喜欢极了。我心里暗自思忖，她是一个热爱孩子的人。

回来的路上，凯瑞如数家珍地谈着她的学生，尽管我不能完全听懂，但从她兴奋的表情和开心的笑声中，我知道她喜欢每一个学生，并为她的每一个学生骄傲。出于好奇，我问她工作多少年了？是否一直在这所学校教学？从她的回答中我得知，她以前在大学教书，后来离开大学来到了中学。我问她为什么离开条件优越的大学到中学来工作？她坚定地说，因为喜欢孩子。只因为喜欢，她毅然放弃了声誉显赫、收入丰厚的大学，情愿来中学和孩子们朝夕相处。

对此，我有些难以理解。接下来的几天，我特意询问了多位美国教师，他们的答案如出一辙——他们喜欢做教师。喜欢——多么简单的两个字，却是教师热爱学生、倾心教育、倾力奉献的原因。不仅美国的优秀教师如此，我们的优秀教师也是一样。

教师这份工作其实是很辛苦的，现实中不少教师或者出于无奈，或者出于责任，或者出于良心，年复一年，日复一日，从事着教育教学工作，少不了有一些抱怨、一些应付。作为教师，该如何享受教育的快乐，激情昂扬地工作呢？无须高谈阔论，无须高尚风格，只要喜欢，真心实意地喜欢，就足够了。正如美国石油大王洛克菲勒给儿子的信《是天堂，也是地狱》中所说："收入只是你工作的副产品……那些头脑活跃的人拼命劳作决不是只为了赚钱，使他们工作热情得以持续下去的东西比只知敛财的欲望更为高尚——他们是在从事一项迷人的事业。"

教师的职业是平凡的，没有显赫的地位，没有诱人的收入，在职业排行榜中，可能永远不会排在最前列。教师的人生是平凡的，当我们的学生成为工程师，成为科学家，成为政府官员，成为企业精英……我们成就了一个个成功的人生，而我们依然还是默默无闻的教师。然而，教师却是重要的，因为我们所从事的是一项影响人一生的、事关国家未来命运的事业。

把平凡的教师工作视为一种乐趣吧，那样，我们就会天天生活在天堂中。这样的认识和境界，我们自己需要，我们的教育更需要。

学会尊重

南京市第九中学外语教师组组长张茹芳老师是一位有思想、善实践的专家型教师，她的报告《新课改理念引领下的课堂教学》内容丰富、颇有见地，更令我感动的是她博大的爱心，以及对教育的倾心投入。她谦和的语调、祥和的面容散发着知识女性特有的魅力；她妙语连珠的讲座，感人动人的行动折射着优秀教师的风采。

假如我是那只蜗牛

张老师在一次讲座中，讲了一个“上帝叫我牵一只蜗牛去散步”的故事。故事中的“我”只顾一心赶路，对蜗牛的慢动作充满抱怨，对于蜗牛的努力爬、尽力赶、拼力行视而不见，心生愤怒和怨恨。但当“我”转变心态，面对现实后，却突然发现，原来散步途中有花香，有鸟鸣，有无限的风景；原来蜗牛爬得并不是特别慢……

是呀，我们的学生并不都是优等生，有的学生基础较差，天资稍笨，努力不够，我们做教师的要与他们一道学习成长。面对这些“慢蜗牛”，我们该采取什么态度，运用什么方法呢？我们应该换位思考一下：假如我是那只蜗牛，或者假如我的孩子是那只蜗牛，我希望教师怎样对待我或者我的孩子呢？

火灾不能再演

张老师曾谈到她在美国访问期间的一件事。美国的学校每学年分三个学期，每学期至少组织两次火警预演。演习时，学生只要跑出去了就不能再回到原来的地方，这样做是为了让学生真切感受到火灾无情，一旦发生便失去原有的一切，从而增强真实性和震撼力。因为在美国的学校看来，生命是至高无上的，是最宝贵的，尊重生命是第一要务。

再看看我们，我们的中小学也开展火警演习，但我们的学生只是做游戏似的跑跑闹闹，几分钟后嬉笑着又回到原来的位子上。如此一来，逃生演练只是走过场，流于形式而已，学生不易于形成安全意识和生命情怀。一旦真的发生火灾，损失将是巨大的、惨重的。

微笑的力量

张老师是典型的慈爱型教师。她对学生始终面带微笑，包容、宽容学生的一切和一切学生。她自豪地历数学生感人的故事，叙述她与学生难忘的友情。融洽的师生关系，骄人的教学成绩，都源于微笑的力量，微笑的正能量。因为，她真心地爱着学生、尊重着学生。

学会尊重吧，让温暖成为教师教育心灵中的第一因素，让大爱成为教师教育思想的核心。

从“匠师”到“人师”

作为一名教师，成长意味着什么？成长的幸福在哪里？这是长久以来，我一直追问的话题。回眸二十余年的教育历程，我始终徜徉于快乐之中，伴随我的成长，不同的阶段，我先后牵手“匠师”“艺师”“儒师”“哲师”“人师”，在不懈追求与不断超越中，牵手着教师的职业幸福。

一、在铁笔钢板下，演绎着勤劳“搬运工”的“匠师”思维

1989 年我从曲阜师范大学毕业，被分配到一所位于城乡接合处的高中。那时，由于没有现成的资料，编印导学案成了我每天必做的事情。晚上，用铁笔在蜡纸上一个字一个字地刻钢板，白天就缠着文印室的老师油印。后来，文印室的老师看到我每天都要印，干脆将文印室的钥匙交给了我。我自己上蜡纸，涂油墨，推辊子，在一次次地推动中，一张张散发着墨香的导学案诞生了。我所有的星期天和节假日几乎都是由铁笔和钢板陪伴着度过的。当时生物在高考中占 70 分，依据《高中生物教学大纲》，考试内容是一本 32 开的《高中生物》和一本 32 开的初三《生理卫生》，我就按照《高中生物教学大纲》把这两本书中的所有知识点罗列出来，进一步细化、深化、归类，再补充上相应的练习题，形成了一整套实用的导学案。我追求“结构严谨、精雕细刻”，把课本上的每个知识点揉碎捻烂，讲得清清楚楚，挖得淋漓尽致，几乎把课堂上要说的每一句话，都在心里默诵几遍，课上的所有环节和流程都在我的掌控之中，每每随着下课铃响，我的最后一句话也说完时，那

种独霸课堂获得的成功感洋溢在我周身的每一个细胞。

人一旦忙碌起来，一点儿也感觉不到累，感觉不到苦，两年后等我抬起头稍作休息时，我的手中积满了鲜花。我教的第一届学生在高考中取得了单科全市第二名的成绩，这也是学校建校以来本学科的最好成绩。我成功的“秘籍”就是，把教材的知识点通过导学案这个载体，从课本转移到学生的头脑，最后再呈现在试卷上。现在想来，我的学生当时仅仅记住了那些枯燥的知识点，也许高考过后不久，他们又将那些知识点留存到了导学案上，而我的最大心愿就是甘做照亮学生的“蜡烛”，这不正是“匠师”的思维方式吗?

二、在追寻教学的生动有趣中，沉迷于“艺师”的自我陶醉

我对于教学艺术化的执着，是从追寻授课的生动有趣开始的。从1994年高考取消了生物，我便被调入一所新成立的初中学校，改教初中生物。原以为教高中都得心应手，教初中更是轻轻松松、绰绰有余。但一个月下来，我彻底懵了，学生的学习状态和成绩大大出乎我的意料，初一和高二、高三的学生各方面差别太大了，在高中有效的教学方法在初中完全不适用。我都不会教了。不久的一次失误，倒让我找到了激发初中学生学习生物的兴趣的突破口。那天开始上课了，我才发现自己因为匆忙而忘记带教学挂图了，回办公室拿是来不及了，我灵机一动，抓起彩色粉笔，开始边讲边画，讲完后，又让学生前后四人一组，利用尺子、橡皮、笔、纸、透明胶、涂改液等自己组装植物细胞，学生那个兴奋、认真，是以前从未有过的。原来，初中学生喜欢直观、形象!

以后的课上，我逢图必画，文图转换，后来我又尝试了粘贴画等手段。但毕竟这些图画都是静态的呀，怎样才能让静态的图画动起来呢?我苦苦思索着。一次偶然的机会，我接触到磁性教具，顿时被它吸引了。学习之后自己动手制作了十几种精美的磁性教具。清楚地记得，当代表水分的红箭头由土壤溶液进入根毛细胞，再由自制的活动拉杆不断地上升到茎和叶时，学生眼中的那份欣喜、那份惊奇。

从此，在追求教学的生动有趣上我很是下了一番功夫。说来很有趣，生物课中“人体血液循环”是教学中的一个难点，往往教师讲完，学生却记不住，为此我伤透了脑筋。恰巧当时正值学校开运动会，操场上奋力拼搏的长

跑运动员，一下子给我带来了灵感。于是，在一堂生物课上，我站在讲台上做了一连串奇怪的动作，讲台下的学生面面相觑，不知我葫芦里卖的是什么药。这时我右手举过头顶模仿发令枪，发出“砰”的一声后，开始模仿跑步的动作，并问学生：“我在做什么啊?”学生回答说：“开始跑步。”“对了，开始（室，同音）也就是说血液从心室开始循环了。而跑不就是动起来了吗？这就代表动脉。然后我就在操场上一圈又一圈的跑啊跑啊!”“这代表血液在毛细血管中的循环!”“跑完以后呢?”“停住静止，回房间休息，噢，血液流经静脉，最后流到心房。”……讲台下的学生已经完全进入了角色。我将血液循环的整个过程同跑步相联系，一个知识难点就在这样轻松的氛围中，在这样兴趣盎然的活动中，牢牢地印入了学生的脑海。这样的巧妙动作，师生同做、同乐，且深深地印在学生的头脑中，想忘却都很难，真的很神奇。

教学用具的创新、授课方式的改变，吸引了学生的注意，调动了学生的兴趣，使知识的传授过程更形象、直观、生动、有趣，也使学生喜欢上了生物课，每次我到教室，学生都会兴奋地喊：“生物老师来了，上生物啦!”

但是从本质上看，这些还是直指知识，紧盯分数，只不过传授知识的过程艺术化了一些而已。

三、在领悟生物课的“有用”中，体味“儒师”的魅力

正当自己陶醉于知识的高效传授，满足于学生取得高分的喜悦时，2000年，一次家访促使我重新审视自己的教育教学。家访时，一个学生的妈妈告诉我，孩子讨厌吃鸡蛋，也不喝牛奶，总喜欢吃肯德基等洋快餐，初中的孩子正处于长身体的关键期，希望教师能让孩子明白营养的道理。这不正是生物课上“营养的消化与吸收”所关注的问题吗？学习本应该和生活相融通，书本世界就应和生活世界相联通。于是，我在教学中，更多地融入了社会鲜活的气息，接通了教育与生活的洪流，让学生学习“有用的生物”。比如，人是生物圈中普通的一员，保护环境要从身边的小事做起；如何科学饮食，洋快餐其实是“垃圾食品”；养成积极锻炼的习惯和良好的卫生习惯等。随后的日子里，我常常思考，怎样把生物课上得更好？

几经思索，我心中的答案逐渐明朗了，那就是生物教学应该树立全新的课堂观，着眼于知识、能力和情感多维目标的培养，打造内涵丰富的课堂。

比如，在学习“合理膳食”时，课前请同学记录一周的家庭食谱；课堂上根据“营养金字塔”分析每天食谱的科学性，引导学生讨论日常生活中不科学的饮食习惯；接着让学生为家人设计一天的食谱，周末在家长的帮助下进行烹饪，然后和家人一起品尝，再写出感受和体会，进行班内交流。随后的一段时间，让学生就自己感兴趣的营养问题调查研究、搜集资料，班级集体召开一次“青春与健康同行”的主题活动。

通过这样的生物课，学生不仅学到了知识，更知道了如何运用所学知识为生活服务，初步形成了科学的生活习惯。也许具体的知识他们会忘记，但是良好的习惯将伴随他们一生，而这些促使我向“儒师”迈进。

四、在“真问题”“小事情”的研究中，追求“哲师”的风范

对科研的投入缘于我是一个爱“琢磨”的人。在生物教学中，常常碰到一个难题，就是对于繁多而琐碎的生物学知识，学生不容易记忆，即便记住了也容易混淆。比如，大脑皮层的神经中枢定位常常让学生一筹莫展。如何有效地解决这些“真问题”“小事情”呢？这就“逼”着我去“琢磨”，促使我在1997年自己还不清楚什么是科研的情况下，就不自觉地迈上了科研之路。

于是，我翻阅理论书籍，查找记忆诀窍，向老教师请教，常常为了一个知识的巧妙记忆法而魂不守舍，食不甘味。几年下来，居然创造了多种有效的记忆方法，练就了驾驭课堂的绝招。我总结的记忆法有这样一些：数字记忆，如昆虫纲的主要特征；笔画记忆，如雌雄蛔虫的形态特征；顺口溜记忆，如有丝分裂过程；手势记忆，如神经元结构、肾单位的组成及尿的形成过程；图画记忆，如四大家鱼的栖息水层及食性特点；纲要信号记忆，如小肠适于消化和吸收的结构特点；动作记忆，如血液循环的途径；等等。

多种形式的巧妙记忆，极大地激发了学生学习生物学的热情，生物课成为学生喜爱的学科，他们高兴地宣称“生物好玩”。

如果说开始的科研是“田野研究”的话，接下来的科研则是“正规作战”了。1998年，陕西师范大学张熊飞教授的“诱思探究教学”为物理教学指明了方向。我开始思考：这种模式能否移植运用到生物学科？能否真正提高生物学科的教学质量？这种模式在操作中是否还有缺陷需要弥补？如何使这种模式本地化、本位化？我把这些疑问放在教学的实践中加以研究，就形

成了“中学生物学诱思探究教学研究”的课题，经过倾力学习理论，深入钻研实验，构建了生物学科的探究式新授课、探究式实验课、探究式复习课、探究式讲评课等教学模式。其研究成果于2003年获奖。在此基础上，着力于充分发挥学生的主体作用，我又探索了“主体参与”教学模式，其基本程序包括五个环节：（1）激情引趣，调动参与；（2）创设情境，引导参与；（3）探索交流，合作参与；（4）反馈调整，强化参与；（5）应用反思，拓展参与。

我清楚地知道，如果教学改革仅限于技术层面，着眼于一招一式，这样的教师只能是“匠师”，而优秀的教师更执着于“哲师”。教育的原点是人，教育的本质是促进每个学生的发展。提高课堂的整体效益，实现学科的教育价值是我致力追求的。随着课程改革的实施，我又进行了“新课程背景下构建高效生物课堂的研究”和“中学生物教育中渗透人文教育的研究”等课题的研究。

回顾科研之路，十多个科研课题，就像一级级台阶，抬高了我的教学水平；又像一道道山坡，敞亮了我的教育视界；也像一座座山峰，练就了我的智慧与勇气。几年来，我笔耕不辍，成果丰硕，在《生物学通报》《生物学教学》《中学生物教学》《教学与管理》《现代教育科学》等报刊上发表教学研究文章50多篇，20余项科研成果荣获省级以上奖励，主编、参编教材或学习指导用书10余本。努力追求“哲师”也就成为我教育教学实践中的自觉行动。

五、在新课程改革的征程中，享受着“人师”的幸福

2004年，第八次基础教育改革开始推进，翻开生物新课标，崭新的教育理念如强劲的东风吹入我的大脑，涤荡着我的观念，激发起我的激情，促使我再次深刻地审视我的课堂教学。几个悲哀的镜头不时地冲击着我。

2003年4月3日，浙江大学农业与生物技术学院学生周一超因对公务员招录工作的公正性产生怀疑，遂起意报复，最终持刀致工作人员一死一伤。

2004年2月23日，云南大学生命科学学院生物技术专业学生马加爵，因不能正确处理人际关系，即产生报复杀人的恶念，先后将四名同学残忍地杀害。

周一超、马加爵都是来自生物专业的高材生，如此触目惊心的恶果的出现，不在于他们生物科学知识的缺乏，而在于其人文精神的滑坡，难道这与

现行生物教学没有关系吗？

结合教育生态学的观点，我发现课堂的弊端主要体现在内涵的缺失上。

一是缺少“人”，即学生主体性的严重缺失，学习主体被控制为被动接受知识的容器；二是缺少“氧气”，课堂变成了单纯知识技能的演练厂，生命情怀淡化，人文精神缺失；三是缺少“水分”，严格执行预设，隔绝生活联系，缺乏动态生成；四是缺少“阳光”，课堂上缺少和谐的氛围，情感的交融，师生、生生交往的有效性受到抑制。

于是，我一头扎进教育理论中，通过不断地学习反思，我体悟到：课堂教学不仅仅是掌握知识、发展智力的过程，同时也是一个完整的人的生成与成长过程，是一个个体生命潜能得以多方位彰显、丰富的过程。教学过程应该是循序渐进、螺旋上升的生命优化过程。这样的认识与张文质老师所倡导的“生命化教育”格外吻合。于是，我开始了生命化课堂的探索。

我所追求的生命化课堂是，在生物学知识的学习过程中，在对每个个体的尊重和关爱中，在整个教育教学过程中，培养学生热爱自然、尊重自然，珍爱生命、敬畏生命的情怀，使学生能够与自己、他人、社会、自然和谐相处，使生命得到自由、和谐的发展。教师在成就学生的同时，也体现自身生命的价值，提升生命的质量，成就自己“人师”的梦想。

这样，我的教学融入了更多的人文味、生命味。例如，在教学“人的生殖”这一内容时，我首先在课前安排学生与父母交流，了解母亲在孕育自己时的一些经历，如怀孕期间的妊娠反应、分娩时所承受的痛苦等；在课堂上利用多媒体展示胚胎的发育过程，然后让学生以书包代表“胎儿”，将其反背在腹部，并且在不伤及“胎儿”的情况下，下蹲去捡拾地上的物品，让学生由此感受母亲在孕育新生命期间身体所发生的变化以及所带来的不便，感受生命孕育的艰辛和生命的珍贵。此时当我问，为什么把一个生命的诞生日称为“母难日”，把孩子对父母的孝敬比喻为羊羔跪乳、乌鸦反哺时，学生纷纷发言，有的检讨自己以前不理解母亲对自己的严格要求；有的说以后过生日时不再乱要礼物了，要帮家人做些力所能及的事情；更多的学生表示要好好学习，长大了要有所作为以感谢父母给了自己生命，报答他们的养育之恩。当我让学生以“母爱”为题写出这节课的感想时，学生们着实感动了我，当然，更感动了他们自己。

进一步的思考，也让我深刻感受到，生物教学不能仅仅局限于“压缩在黑板上的世界”，还应该关注“动荡在玻璃窗外的世界”，只有把这两个世界有机地统一起来，增加实践性知识的学习，才能有效地落实生物新课标，实

现生物学科的价值。于是，我创造各种机会，让学生走出课堂，去观察、了解、实验、思考。校园里，我和学生一起开辟了“生物园”，种植时节作物，开展生物小实验；节假日，我带领学生参观生物工程公司，让学生亲手体验“植物组织培养”；周末，我带领学生考察盐生植物园、湿地博物馆、自然保护区，感受丰富多彩的生物世界。走出学校，走进自然，融入社会，这样学生才会有切身的体会、鲜活的感受，才会感悟到自然界的美丽、和谐，也才能产生探索生物科学奥秘的兴趣，萌生爱生物、爱家乡的美好感情。

牵手新课程改革，在我和学生的共同成长中，我倾力追寻着“人师”的魅力。

六、在相伴成长中，共享“教师”的幸福

2007 年 12 月，母校的领导颁给我烫金的“曲阜师范大学兼职教授”证书。这是一个中学教师的莫大荣誉，更是一份沉甸甸的责任。它是我持之以恒学习的结果。我深信，读一本好书，就是和许多高尚的人谈话。阅读逐渐成为我生活的常态。十几年来，我建立起了自己的书库，我家书房里的最靓丽“风景”，就是除了窗子和门，都摆放着书橱。读书也使我更善于思考，使我能从较高的理论视野、反思自己的教学实践，去读懂课堂里的现实。我懂得，“资之深，则取之左右逢其源”。2003 年，已是中学高级教师、省教学能手的我报考了教育硕士。当时，周围许多人不理解，对此我只是淡淡一笑。因为我知道，只有不断充实自己，不断成长，才能更好地进行教学。自 2005 年被评为山东省首届“齐鲁名师”人选后，又有幸获得了更多的进修机会。2005 年到华东师范大学学习；2007 年到东北师范大学学习；2007 年 10 月，有幸到美国康州进行了为期三周的学习。学习促使我对教育有了更深刻的理解，有了更多的梦想和激情。

2008 年 9 月 27 日，东营市首个以教师个人名字命名的名师工作室“杨守菊名师工作室”正式授牌，这使我的劲头更加充足、信心更加坚定了。从此，我带领来自不同县区、不同学校的工作室的 9 名同行一起探索、努力、成长。每两周一次的集体活动，我们学习教育教学理论、研讨教学疑难困惑、执教“同课异构”研究课、同写教育随笔感悟，在共同的执着追求中，享受着成长的幸福。

幸福地做着“好老师”

“学校是一个一些有意思的人做着有意义的事的地方，他们乐此不疲。”我很喜欢美国教育家黛博拉·梅耶尔的这句话。从教二十年来，我一直倾力体悟其中的“有意思”和“有意义”，用“成长自觉”引领自己前行。

坚守“好老师”的操守

从踏上教师岗位的第一天我便立志要做一个好老师。尽管年轻的我不完全懂得“好老师”的内涵，但我明白“好老师”不能目光短浅，不能任惰性滋长。于是，在别人诉说环境恶劣时，我潜心于备课查找资料；在别人聊天唠嗑时，我沉浸于自己订阅的教育刊物；在别人抱怨学生无可救药时，我把学生请到宿舍谈心；在别人习惯于照本宣科时，我跑到外校学习先进的教学方法。

2003年，已是中学高级教师、山东省教学能手的我选择了攻读教育硕士。因为我知道，“好老师”需要不断充实自己、提升自己、完善自己。

在教育之路上行走了一段时间后，孤单和迷茫不时侵扰：困惑谁来指引，成功与谁分享，追求有谁鼓励？2006年一个偶然的机会，我闯进了“生命的色彩”的博客，欣喜地领略了这里的美丽风景后，我终于找到了团队，在无数次的电话、QQ交流和当面请教后，我加入了“生命化教育”群组，开辟了自己的博客“悠然采菊”。在这里，我和来自不同地域，执教不同学科，有着不同文化背景的同行相互交流、共同切磋、彼此鼓励，培养互动、共生、合作的智慧。“好老师”的追求越加坚定。

明晰生物教学的“大石头”

曾看过“大石头”的故事，“假如我在大烧杯内先装满沙子或者是水，请问大石头还能放进去吗?”这个问题让我震动。中学生物教育的“大石头”到底是什么呢? 是教科书里生硬的生物形态结构、生理功能知识吗? 如果不是，那什么才是呢?

几经思索，答案逐渐明朗，那就是生物教学要对学生的终身发展负责。

2006年，随着加入“生命化教育”研究团队，我开始了“生命化课堂”的实践探索。

“老师，谢谢你，我会做最好的自己。”这是学完“性状的遗传”一节后，单眼皮、塌鼻梁的女生小敏递给我的一张纸条。那节课我问学生：“为什么我们每个人的相貌都不一样呢?”学生回答：“因为每个人都有自己独特的基因。”“双眼皮和单眼皮，你们觉得哪个更好看?”“双眼皮。”“那么控制双眼皮的基因比控制单眼皮的基因要好吗?”学生讨论后，得出了一致结论：只要不是致病基因，就没有好坏优劣之分。这时我坚定地说：“受基因控制的相貌是没有好坏之分的。人类基因组计划表明，任意挑选两个不同民族的不同个体，其基因序列相差不到0.1%。但正是这极少数的差异，形成了千差万别的芸芸众生。在这茫茫人海中，你拥有他人没有的遗传信息和相貌特征。‘前不见古人，后不见来者’，你就是你，过去没有，今后也不会有。即使‘克隆’出一个你，那也并非现在的你。你是世界上独一无二的。只要热爱生命，热爱自己，你就是最美的!”此时，从那些长相普通的学生的眼神中，我看到了自信。在这样的课堂上，学生学习着“有用的生物”，收获着知识，丰盈着精神，享受着健康的成长。

充实前行的背囊

教师要发展，要提高，就必须不断学习，充实头脑，拓宽视野，为生命打点底色。

我深信，读一本好书，就是和高人谈话。从工作第一年起，我便坚持自费订阅报刊，起初只热衷于读本学科的相关书籍，后来读书不再仅仅局限于本学科，开始关注教育理论类书籍。二十几年来，我建起了自己的书库，主要有教育经典类、教育教学研究类、哲学及教育哲学类、教育科研类、学科

教育教学类、新课程改革类、学校与班级管理类、励志类、教师成长类等。因着书的魅力，我还喜欢给别人荐书和送书。记得李开复的《做最好的自己》和帕尔默《教学勇气：漫步教师心灵》，我一次就买了 5 本。

我懂得，“教而不研则浅”。科研与学科教学相结合一直是我钟情的事情，且乐此不疲。于是，围绕“真问题”“小事情”选择课题成了我做好教育科研的首要原则，站在学科前沿的课题带动学科教育的发展成了我教育科研的夙愿。二十几年来，我铭记苏霍姆林斯基的名言，坚定地行走在教育科研的幸福之路上。每完成一项课题，我对教学特征、教育本质、教育价值的认识就会更加深入。

关注“玻璃窗”外的世界

“如果学校里新来一位天才生物教师，两年之后就会出现 10 个禀赋高强的少年生物学家，他们爱上了植物，在学校园地上入迷地进行试验和研究。”每每读到苏霍姆林斯基《给教师的一百条建议》中的这段文字，我总是心潮澎湃。我憧憬着，学生不必拘泥于课堂、禁锢于教室，而是走进生活，融入自然，兴致盎然地观察和实验，津津有味地学习和思考，在习得生物知识的同时，感悟生命的内涵，实现自身的成长。

新一轮课程改革对教师提出了新的要求，教师要树立课程意识，做课程开发的实践者。于是，我创造各种机会，让学生走出课堂，去观察、了解、实验、思考。

“今天，我发现了一个问题，课本上也没有找到答案。我看见玉米的叶脉和向日葵的叶脉不一样，玉米叶片上的叶脉像平行线，而向日葵的叶脉像蜘蛛网，这是怎么回事？

我去向老师请教，老师还表扬了我，说：‘你观察得真仔细，很好！你先从网上查，找不到我再帮你。’我兴奋极了，到百度上一搜，哇噻，我找到了，原来是单子叶植物的叶脉是平行的，叫作平行脉；双子叶植物的叶脉是网状的，叫作网状脉。我们小组的其他同学还发现了不完全叶和完全叶，原来小生物园中有大天地呀！”

这是生物兴趣小组李晨阳同学的实践日记。是呀，大自然是一本读不尽的书，处处留心皆学问。

围绕“眼与视觉”一节，我指导学生开展了“远离近视，健康成长”的活动：课前调查学校各班学生的近视情况，并做好数据统计表；利用自习课拍摄近视与非近视同学眼部的特写照片，形成对比；偷拍班内同学的坐姿情况，分析坐姿与近视的联系；课上模拟探究眼球的成像过程，了解眼球的内部结构；课后查询资料，了解近视防治办法，提出有价值的参考方案；服务校园、服务社区，积极进行“远离近视，健康成长”的爱眼宣传。这一活动使学生通过切身的感受，认识到近视的危害，了解了近视的成因及防治办法，保护视力、珍爱光明的意识在学生心中滋生。

课程的开发与实施唤醒了我们的课程意识，激发了我们的专业精神。生物课堂不再局限于“压缩在黑板上的世界”，而是关注“动荡在玻璃窗外的世界”。

相约“成长共同体”

2008年9月27日，“杨守菊名师工作室”正式授牌，我和来自不同县区、不同学校的9名老师组成学习成长共同体，每两周集体活动一次。工作室着力突出七个“实”字，即立足实地、针对实情、注重实践、强化务实、倡导实话、提高实效、作风实在。我们通过开展职业规划设计、教育名著研修、课堂教学观摩、教育教学艺术探讨、教育课题研究、课堂问题诊断、读书与思想沙龙等活动，一起探索、努力、成长。更可喜的是，我们还与上海“程元英名师成长基地”合作交流，这为我们的学习打开了另一扇窗。

为进一步发挥网络教研的优势，我和李明卫老师创办了一个学科教学网站——“生物工作室”网站，网站包括学科动态、文章交流、资源下载、图片荟萃、视频资料及留言板；服务内容包括教材分析、教学指导、典型案例、多媒体课件、学案导学、精选习题、教学参考、教学计划、反思总结等。网站以其明确的针对性和丰富的资源吸引了广大生物教师的参与，该网站已成为东营市生物教研的有力“阵地”，并在全省2008年优秀教育网站评选活动中荣获二等奖。

几年来，我还在省内外做专题报告40余场，和广大教师交流成长体会和感悟。我深信，这样的成长共同体不但拓展了我们的视域，随着智慧的快乐分享，见识的日渐丰富，我们的生命也会变得越发灵动且富有活力。

教育之路上，我抬头仰望“星空”，行囊里装满了信心、力量和快乐；路上有朋友相伴，旅途阳光普照，脚步轻盈，心灵轻松。就这样，我品味着“有意思”，体悟的“有意义”，一路不懈前行，快意成长，幸福地做着“好老师”。

仰望教育的“星空”

有人说，人总要仰望点儿什么，哪怕是一轮红日、一弯新月，抑或是一种精神、一个梦想，因为仰望是一种昂扬的生存姿态，它是思考的张力、行动的动力、生命的活力。回眸二十几年的教育历程，我的内心涌动着幸福，流淌着快乐。因为，一路走来，我一直追逐着梦想，仰望着教育的“星空”。

望着“星空”前行

目标是行动的原动力，一个人只有确立了前进的目标，才会充分发挥自己的潜力，主宰自己的命运。

1989年我毕业于曲阜师范大学，由于众所周知的大环境，那一届学生分配得不是很理想，大多数同学被分到了中学，甚至是乡镇中学。我被分配到在乡镇中学基础上成立的东营区一中。学校在油田的西边，周围是农村，村里的人大多依靠油田吃饭，经济富裕，但学校办学条件却相当差。这样的环境，教师们自由度很大，可以有大把大把的时间串岗、闲聊。在这样的环境，一个人是很容易随波逐流的。

然而，我是幸运的，在踏上教师岗位的第一天，到学校报到时，老校长赠给我一本苏霍姆林斯基的《给教师的一百条建议》，并语重心长地对我说：“好好读这本书，你会成为一个好老师。”自此，做一个“好老师”，成了我教育生命中时时仰望的“星空”。

“好老师”就要把课上好。这是我最初的追求。

怎样才能把生物课上得更好呢？

几经思索，我心中的答案逐渐明朗了，那就是生物教学应该树立全新的“大教学观”，跳出学科本身狭窄的范围，跳出知识传授的局限，将其融入学生成长的大视野中。就中学生物学科而言，就是帮助学生树立热爱自然，尊重生命的情感，理解人与自然和谐发展的意义，确立积极健康的生活态度。让学生成为课堂的真正主人，让学生理解生命科学的价值，让学生感受生物诗的意境。于是，我的教学融入了对未来的憧憬：活跃着动物世界，走进了克隆羊，飞来了太空种子。靠着这些吸引，越来越多的学生喜欢上了生物课。

“好老师”要为学生的终身发展负责。这是我逐渐确立的职业追求。

从教以来，我一直担任班主任，我把每个学生都看成一个新世界，细心地去探索他们丰富而脆弱的内心世界，欣喜地去发现每个人身上哪怕是稍纵即逝的闪光点。生怕一句不当的批评会伤了学生的自尊，更怕一不小心毁掉了一个学生的未来。在我心中拥有一份执着：走进学生的心灵，捧出爱心让学生幸福每一天。

我始终坚持一个做法，在我的班级里，每个学生都有一个记录“充实每一天”的本子。这也成了我与学生心灵沟通的方式。学生当面不好意思向我提的意见，不便直接向我说的事情，都会写在这个本子上，我同样会在本子上给学生留下自己的意见与想法。

有一个女孩，母亲是残疾人，父亲也下岗了，生活条件不太好。但是这个孩子却喜欢物质上的享受，喜欢与其他同学攀比，无心努力学习。我在她的本子上这样写道：不幸的家庭并没有遏制你对美的渴望，爱美之心人皆有之，我该为你正当的追求而喝彩。但真正的美是从本质到外表的完美统一，对吗？

对于一个终于离开了网吧的孩子，我欣喜万分：我知道，对你而言游戏已经失去了魅力；我知道，你很想改变；我知道，你已经启程了，但能坚持到底吗？我期待着……

对于学习不够认真的孩子，我满怀希望：你的聪明依然令人羡慕，你的调皮依然令人叹息，但老师不能不为日渐成熟的你而喝彩！你会继续努力吗？

对于学习不够自信的孩子，我热情鼓励：在老师的眼里，你依然是一匹‘千里马’！别因为道路的坎坷而阻挡了你前行的脚步，胜利属于勇敢者！

这些评语都是从我心底流淌出来的爱的浪花，因为我坚信，多一把尺子就多一批好学生。对于我的细心呵护，学生感动了。他们在充满爱的海洋中

健康地成长，他们也成了爱的天使。一次毕业之际，全班学生送来了一幅自己创作的画：一只鸟妈妈衔着食物从远方归来，待在枝头鸟窝里的小鸟们一个个探出毛茸茸的小脑袋，张着小嘴嗷嗷待哺……整个画面上签满了全班56名学生的名字。还有什么样的礼物比这更能让教师感动和满足呢？

学生一批批怀着追求考入了大学，一个个带着爱心走向了社会，成为我“星空”中的明星，照亮了我的“星空”。

燃着激情奋进

一个有激情的人，就会活得精彩，就会拥有更多的成功。岁月让我们容颜变老，激情却使我们青春依旧。我喜欢激情，我也总是激情昂扬地投入工作。

因为有激情，喜欢挑战自我。

我自小有着不服输的性格，父母总说我像个“假小子”，正是性格使然，我养就了敢于挑战的习惯。记得1990年3月学校举行公开课观摩活动，组里的老教师都不愿意参加，重任自然落在我的肩上。而我刚刚工作半年，还没摸着头绪呢。怎么办？冲上去。于是，我广泛查阅资料，四处请教，在家里反复给爱人试讲，虽然最终只获得了二等奖，但却锻炼了我的勇气，造就了我的自信。平时，我积极争取机会，不论研究课还是公开课，只要是别人不愿意上的，我都愉快地接下来，为的就是增加锻炼的机会。我知道，人天生具有惰性，没有人听课，对课堂的准备、教学细节的处理总是相对马虎，有勇气请他人来听课，有勇气上公开课，实际上就是对自己惰性的宣战。正是在不断地挑战中，我多次登上了省、市公开课的讲台。

1994年，磁性教具以其方便、形象、动感的特点受到教师们的格外青睐。我是在一次省优质课听课时看到的，经过多方打听，知道淄博等地使用较多且效果显著。于是怀着无限的期望，我联系同学独自前去学习，回来后，将学校的小磁性黑板改装成大磁性黑板。于是，铁皮易拉罐、硬纸壳成了我的宝贝，几年的时间，我制作了几十种精美的磁性教具。教学方式的改变极大地调动了学生的兴趣。

1999年，东北师范大学的“信息技术与课堂教学整合”教育平台首次引进我市，我知道这是教育教学未来的发展方向。对于新生事物我一向是欣然接受的，于是，我主动要求参加首批的实验，学习计算机操作，编写脚本，制作课件，尽管累点、苦点，但是却让我走在了教学改革的前列。

挑战本身就是一种机会。这种机会可以来自外部，更多的是来自自身的追求。机会从来不是贴着“机会”的标签出现的，它总是变换着各种面孔，突兀地来到你的面前，当你还在犹豫的时候，它已飘然离去，你少的，就是一点勇气，一种敏感。我的观点是不放过任何一个擦肩而过的机会，敢于展示自我，提升自我。我崇尚的一句座右铭是“在困难面前不拼一拼是要后悔一辈子的”。

因为有激情，喜欢创造性地工作。

什么是“本事”？就是“本”住自己的事。教师的本事就是教好学。我始终坚信：真正的好老师是在课堂中摸爬滚打出来的。一直记得一位名师的话：“用一生的时间去备课！”我感觉到了这句话的分量，正是在它的指引下，踏踏实实地铺展着我的教学历程。

我是个性情中人，无论身心有多疲惫，一旦站在讲台上，便立刻激情四射，能迅速点燃学生心中那团求知的火焰。教学中，我努力体现“移情别恋”（疑、情、辩、练的谐音）。移（疑），是在教学中善于设疑、质疑、释疑，课堂由疑开始又由生成新疑结束；情，是创设教学情境，激活学生思维，是寓教于情，润物无声；别（辩），是引导学生思辨，是师生的“争辩”，是生生的论辩，辩也可用“变”替代，“教”应“学”而变，课堂因变而精彩；恋（练），是多途径、形式、器官的迁移练习，拓展时空，巩固内化。这一教学特色，使我的课堂精彩纷呈。学生常说：“听杨老师的课，就是一种艺术享受。”二十几年来，从市里到省里、从省里到省外，我执教了30多次公开课，形成了极具个人特色的教学风格。

我秉持一个观点，一名好的生物教师，从不空手进入课堂。于是，菜市场的大妈、农贸市场的鸡店老板、卖肉的师傅、海鲜市场的老板、粮油店的主人都成了我的朋友，变成了我的“实验员”。随着新课程改革的实施，创造性地开发课程资源更使得我忙碌的身影总是穿梭于社区公共场馆。

我坚守一个原则，创新是进步的源泉。给枯燥、机械的作业“变脸”，让学生在完成心动的作业中激发情趣、理解应用、融入生活、关注社会、培养实践能力和创新精神，是我致力探索的一项大“工程”。于是，鼓励学生自创“生物诗”，撰写生物学日记，开展生物实践活动，开设生物综合课，建设校园生态系统等创造性的工作相继开展。难怪学生都喜欢上生物课，说“生物好玩”。

从教二十几年来，我努力追求着课堂教学的三境界：形动——千方百计吸引学生，让学生具有我想学、我要学、我能学的主动性和自信心；心动——用真情打动学生，精心创设和谐的情感氛围，情润心田；神动——用教师思想的火种点燃学生思维的火花。我的激情，潜移默化地感染、带动了学生，激发了不少学生的创造力。

靠着学习提高

自古以来人们就习惯把教师称作“先生”，先生是需要满腹经纶、颇有学问的。教师是要做学问的，这是立身之本、立教之根、生存之道。作为教师，必须不断地学习，以充实自己的头脑，拓宽自己的视野。

我深信：读一本好书，就是和许多高尚的人谈话。于是，阅读成为我生活中最重要的事情，成为我生活的常态。

从工作第一年起，我便坚持自费订阅报纸杂志，最初只喜欢学科类期刊。在具体的教学方法和知识解析中，我不停地从中吸收借鉴，再在自己的教学实践中尝试，每每有所收获便兴奋无比，教学经验也逐渐丰富起来。

1994 年，我进入一所新建的初中学校，开始担任班主任工作，对教育的理解也宽泛起来。读书不再仅仅局限于本学科的书籍，开始关注教育理论类书籍。每次出差必定逛书店，带回一摞书成了我的习惯，经常是过重的书把旅行箱都压坏了。网络购书，也是便捷的途径。几乎每个月我都在网上买一次书。我家的书房里有两大“风景”，一是两面墙上摆放着的书橱，一是两张写字台。“最是书香能致远”，每每手捧书本，嗅着书香，我便觉得心中格外踏实。书籍让我的心灵丰盈，书籍让我的心灵宁静，书籍让我的生活充实。

因着书的魅力，书的神奇，我还喜欢给别人荐书和送书。在全市新教师培训做报告时，谈到新教师需要垫底的三本书——苏霍姆林斯基的《给教师的一百条建议》、阿莫纳什维利的《学校无分数教育的三部曲》、魏书生的《班主任工作漫谈》，会后和教师交谈，得知教师们喜欢，便送书给他们。

我感到：听专家的报告和优秀讲座，是一种学习的捷径。

我有一个习惯，特别盼望开会，而且喜欢坐在前排，一来听得清楚，二来有机会和专家交流。

当然，这种学习的机会是需要自己创造条件争取的。我从不放过任何一次学习的机会，记得 2006 年 7 月中旬我们在山东师范大学学习期间安排了一天休息，因为我事先得知 7 月 16 日在烟台市有一个全国校本研究研讨会，华东师范大学著名教育家顾泠沅将进行专题报告，于是我和山东师范大学的教师事先进行沟通，把休息安排在了16日，这样我就有了到烟台市听报告的时间。15日晚上9点的火车，到烟台市是16日早上6点，我听了一天的报告，16日晚上乘火车回来，17日早上回到济南，没有耽误学习。因为懂得学习是自己的事情，成长是自己的事情，于是就没有了所谓的苦和累，只觉得这样做值得。

我明白：好记性不如烂笔头。

多年来，我始终备有两个笔记本：一个放在床头，因为思维的火花往往会在你睡前，或者是在你醒来的那一时刻，有时甚至是在凌晨乃至你的睡梦中闪亮，这样就能随手拿起纸和笔，迅速地记下思维的火花；一个放在办公桌的电脑旁边，随时将浏览网页时遇到的好的思想和经验记录下来，这有助于自身素养的提高。阅读“网络”成了我有效的学习途径。每天下班后的一个小时是我畅游网络的时间，聆听大师们的教诲，便是一餐“精神的盛宴”。我也开设了自己的博客，记录自己的教育思考和感悟，留下教育生命的真正痕迹。“且行且思”是我对自己教育教学的体会，在教育路上，一个人能走多远，首先取决于认识，而不取决于行动。我个人认为，思想是一个教师成熟的标志。一个没有思想的教师行走于教育路上，犹如迷失方向的路人行走于茂密的森林，很累，很急，拼命奔走，到头来还是在原地打转。我总效仿陶行知先生的“每天四问”，常常扪心自问：“今天，我做了吗？我想了吗？我读了吗？我写了吗？”

我坚持：教师应该自觉进修学习。

学习是一种坚持。我在教室的后面放了一张课桌，和学生同上早自习。遇上孩子生病住院，孩子病床边自然成了我学习的地方。2004年暑假到曲阜师范大学学习，恰逢父亲住院，我只在病床前陪了一天就去学习了，还没等学完，就接到了父亲的病危通知，我匆匆赶回，父亲已不能说话，没听到父亲临终的教诲成了我终生的遗憾。正值假期，却没有多陪陪父亲，也成了我心中永远的伤痛。但我知道，父亲的在天之灵一定会原谅我，因为女儿的心中装着那份她挚爱的事业。

多年的坚持，使我对学习有了新的感悟：学习的女人是幸福的，因为心灵变得更加细腻而温情；学习的女人是可爱的，因为摆脱了琐碎而变得大气；学习的女人是美丽的，因为梦想和激情而愈发年轻。

教育的原点是人，教育的本质是促进每个学生的发展。课堂是师生生命历程中重要的一段，是不可重复的生命体验。提高课堂的整体效益，实现学科的教育价值是我致力追求的。我认为，科学教育和人文教育是教育的两

翼，在生物学科中实现科学教育与人文教育的融合共建是时代的呼唤，也是学生成长的需求。如今，我正致力于“生命化课堂”的探索。生命化教育把每个人都视为一个运思和创意的原点，把每个人都视为一个智识和灵感的凝视中心。直面教育，直面人生，以成全每一个富有个性的人的发展为自己价值取向的“生命化教育”新理念，正成为越来越多以教育为天职、探索为使命的人们的共同旗帜。“只有回到生命，才可能理解作为生命表达的教育。回到生命，就意味着回到了教育的本源。”

教学实践中，我努力探索：生活化——让“死”知识化为“活”知识；人文化——让教书化为育人；参与化——把课堂还给学生；艺术化——让“说明文”化为教育诗。

我感恩教育，在三尺讲台、书香芬芳中享受着职业的幸福；我感恩教育，在二十多年教育之路上和学生一道享受着成长的快乐；我感恩教育，在追求人师的魅力中成全着生命的意义，提升着人生的境界……

教师的味道

我从不敢奢望，对教育有多么独到的见解；也不敢枉言，教育成为生命中的一部分。只是每天不间断地读书，不停地思考，自然地对教育从心底萌生了特殊的情感，于是不自觉地诠释着教育的内涵。

在商场修裤脚的时候，看到老板家的小男孩在写数字，写了几行后，妈妈也许不够满意就呵斥孩子再多写几行，小男孩很不情愿，小嘴嘟嘟着，一脸的委屈。忙碌的母亲声音逐渐加大，语气愈发强硬，一幕不悦即将发生。很自然地，我蹲下身子，拿起红色的彩笔，认真地在孩子写的纸上画了个大大的“100”，诚恳地表扬后满怀期待地对他说：“还想得个100吗?”小男孩点点头，用心地写起来。在不断地肯定中，指出不足，小男孩也进行了改正。裤脚修好时，小男孩已经写了满满一页数字，几个不规范的数字也漂亮了许多。小男孩宝贝似的捧着几个红红的100分，幸福极了。男孩的妈妈问我：“你是当老师的吧，你身上有一种老师的味。”说得真好，教师的味道，这是对教师最精当的诠释。

前几天帮其他老师代课，坐在最后排的一个男孩引起了我的注意。看他没带课本，我便把自己的课本借给了他。课上，我提出了一个不太难的问题，这时他把右手举过了头顶，我赶紧叫他发言。他站起来后又不知所措，我走过去悄悄指了指课本，他很聪明，一下就找到了答案，我表扬了他。又过了一会儿，见他看黑板上的字比较费力，我便让他搬着凳子到前排来，接下来，他上课明显认真了。做巩固练习时，我有意识地对他进行了指导，当他响亮地说出正确答案时，同学们投来了佩服的目光，他的身子不由地挺直了。下课时，我对他说：“以后上生物课，你可以到前面来坐。”他使劲点点头，眼里流露出自豪。从那节课后，他的生物成绩有了起色。是呀，教师就应该关注到每一个学生。

“妈妈老师”是学生对我的“昵称”。课堂上，看着如自己孩子一般大小的学生，我满心喜欢。不自觉地，布置任务时总是加上一句“好吗？孩子们”，于是，学生齐声回答“好”，行动也变得格外迅速。不自觉地，表达完自己的观点时附上一句“好吗？孩子”，于是，学生或者赞同，或者反对，没有了沉默和心不在焉。在这样自然的真情交流中，我和学生享受着和谐与快乐，远离了敌意。是呀，爱就应该从教师的心底自然流出。

最是不能忘记今年的“世界读书日”。那一天下班后，我应邀参加一场面试模拟。当我赶去时，组织者还在忙着。我在走廊的尽头停下来，倚靠在窗边，面朝一盆平安树，掏出背包里的《教育的智慧与真情》，随着肖川教授的思想畅游。读到精彩处，不自觉地读出声来，惹得下班的人们都朝我这里看来。很是欣赏肖川教授的一句话：“世界其实就是我们自己，当我们以光明、正直、昂扬、乐观的态度去看待生活，我们就会生活在光明、昂扬、乐观、向上的生活中，这就是所谓的境由心生。”此时，夕阳的余晖洒在我的身上，撒满红色的封面，我的心里暖暖的，真想大声提醒过往的人们：“世界读书日，你读书了吗？”

“世界读书日”那天的晚上，我和一个幼儿园的园长一起吃饭，期间谈到“世界读书日”，谈到书香伴成长的重要性。于是，一个创意诞生了。匆匆吃完饭，我们便来到他的幼儿园（这是一个私立幼儿园，年轻的教师大多住在园里），召集起老师，我首先谈了自己对教育的一些主张，又介绍了看到的一篇美国教师如何给幼儿园的孩子上人生第一课的文章：刚刚入园的美国儿童被老师带进图书室随便坐在地毯上，接受他们人生的第一课。老师微笑着从书架上抽下一本书，讲了一个很浅显的童话。“孩子们，”老师讲完后说，“这个故事就写在这本书里，这本书是一个作家写的。你们长大了，也一定能写这样的书。”老师接着问：“哪个小朋友也能给大家讲一个故事？”一位小朋友立即站起来：“我有一个爸爸，还有一个妈妈，还有我……”老师用一张非常漂亮的纸，很认真、很工整地把这个语无伦次的故事记录下来。“下面，哪位小朋友来给这个故事配个插图呢？”又有一位小朋友站了起来，画了一个“爸爸”，画了一个“妈妈”，又画了一个“我”，当然画得很不像样子。但老师同样认真地把画接了过来，附在那一页故事的后面，然后取出一张精美的封皮纸，把它们装订在一起。封面上写上作者的姓名、插图者的姓名，“出版”的年、月、日。老师把这本“书”高高地举起来：“孩子们，瞧，这是你们写的第一本书。孩子们，写书并不难。你们还小，所以只能写这种小书，等你们长大了，就能写大书，就能成为伟大的人物。”人生的第一课结束了，孩子们在不知不觉中受到了某种“灌输”。

然后，我再启发教师怎样让孩子们过一个有意义的“世界读书日”。在我的鼓动下，年轻的教师们集思广益，设计了第二天的活动——带孩子们去图书馆，并且制订了详细的活动方案。激动、兴奋溢满我们每个人的内心，我的眼前仿佛晃动的满是孩子们捧着书的笑脸。

真好，一个特殊的“世界读书日”，微不足道的我成了传播读书的种子。

当我知道自己浑身散发出教师的味道时，一切变得那样美好，一切变得那样惬意，一切变得那样敞亮。

那些镌刻在心的

在每个人的成长过程中，都有一些重要的外在因素的影响。比如，某些书籍、某些人、某些事件对我们产生的重大影响，这些是永远镌刻在心底，不会忘却的。

那些书——

我出生在一个农民家庭，并不富裕的生活不可能让我的成长浸润书香，尤其是童年，刚刚摆脱饥饿的困扰，能吃上掺杂着地瓜面的窝窝头已经是很幸福的事情了。读小学时，恰逢粉碎“四人帮”，全国形势一片大好，在锣鼓喧天、彩旗飘扬中，在不停地走村串公社的演出节目中，在“练好本领，报效祖国，实现四化”的口号中，在拾麦穗、割芦草、摘棉花的劳动锻炼中，懵懵懂懂的我升入了初中。

此时，影响我生命的第一本书，一本特别的书，走进了我的生活，至今，依然清晰地印刻在我的脑海。说它特别是因为它不是某个出版社发行的，也不是某个作者编著的，它是一本融合了许多本书的精华，集萃了许多优秀思想的“精神圣餐”“经典著作”。这本特别的书是我初中的语文老师李福梅多年来自己摘录积累的集锦本。这是一个厚厚的黑色硬皮本，是按照好词积累、精彩段落、景物描写、人物刻画、点滴思想、榜样力量等栏目分门别类整理的资料。这是一本百科全书，是一笔巨大的财富。从中我不仅学到了知识，还触摸到英雄的灵魂，感受到榜样的力量。

我知道了陶行知，一个倾心于乡村教育的伟大实践者。后来我专门请李

老师详细介绍了陶行知的教育思想，原来教育这样博大精深，原来教育是救国强国的大事业。我知道了苏霍姆林斯基，《帕夫雷什中学》的鲜活事例、精彩生活引起我无限的向往，“三朵玫瑰花”的故事激起我对教育事业的挚爱。我知道了达尔文，一个致力于生物进化的生物学家，环海考察6年，提出了生物进化学说，其间的辛酸和困苦是旁人无法想象的。我知道了张海迪，她身残志坚，激励我向上。以这本特别的“书”为线索，我开始涉猎课本以外的知识，开始了解课堂以外的世界，脑海中逐渐为榜样所占据，对教师也有了更深入的了解。

我是幸福的，因为有这本特别的“书”的陪伴，它为我的人生打上了教育的底色。高中毕业后，在我大学志愿表上清一色的师范院校，不能不说与这本书有直接的关系。大学四年，在学习专业课之余，从图书馆借阅了很多书，各种小说、杂志，尤其是《青年文摘》成了我床头的必备品。不能不提的是《假如给我三天光明》，海伦·凯勒的故事教会我珍惜生命、自强不息。琼瑶的言情小说，我更是爱不释手，几乎看遍了她所有的作品，经常倚在床边，泪流满面地送走一个个深夜，迎来一个个黎明，从中我懂得了珍惜拥有的一切，真心善待生命中的每一个人。

影响我生命的另一本书是《给教师的一百条建议》。1989年8月，大学毕业的我被分配到一所农村高中。在报到的那一天，商克文校长亲手将苏霍姆林斯基的《给教师的一百条建议》送给我，那是商校长被评为县优秀教师时所发的奖品。商校长语重心长地告诉我：“好好读这本书，你会成为一位好老师。”这本书是我开始教师生涯的第一本书，也是引领我教师人生的第一位朋友。从中，我知道了怎样备课，怎样管理课堂，怎样丰富拓展教学，怎样用心和学生交往，怎样设计规划我的教师生涯，怎样管理好班集体……每每工作中遇到难题，我就从这本书中寻求秘诀。

阿莫纳什维利是教育学博士，是在教育一线奋斗了29年的教师，是真正的教育家。《孩子们，你们好!》《孩子们，你们生活得怎样?》《孩子们，祝你们一路平安!》，亲切的问候、深情的惦念、真切的关爱充盈其中，教育家的心里满是可爱的孩子。孩子的成长与发展高于一切，阿莫纳什维利用他充满智慧的教育实践完美地诠释和发展了教育理论。我被他的教育思想所折服：教学过程的实质应当有利于激起学生的求知欲和持久的学习兴趣，使学生形成正确的学习动机，使学习成为学生自身的需要；学习内容应该有一定的难度，使学生的认识能力积极调动起来，力争克服困难去获取知识，这是促进学生内在学习动机发展的源泉；儿童的潜力实际上是无限的，教师应该

努力扩大学生的知识面，激起他们对获取各种知识的渴望，而不仅仅是教给他们教学大纲范围内的知识；取消分数，采用实质性评价，以发展学生的认识积极性为目标才是教育的真实意义。阿莫纳什维利非常重视研究教学法，在课堂教学中采用的齐声回答、悄悄话、闭着眼睛做作业、教师“犯错误”等教学方法，都是他高超的教学艺术的体现。他要求教师技艺精湛，要掌握多种表现手法，如语言艺术、脸部表情、手势、身体姿势、儿童能理解的幽默等，从而使教学对学生有吸引力和教育感染力。

毫不夸张地说，其博大精深的教育力作，是我教育实践中的智慧的源泉。

当然，在我的从教之路上，还有许多书籍教会我思考，帮助我实践，促使我成长。正是通过这些平实的文字，我逐渐触摸到教育的灵魂，领悟到教育的真谛；正是这些平实的文字，丰富着我的教育思考，引领着我的教育实践。

一路走来，书香相伴。

那些人——

我是幸运的，因为在我的成长中有贵人相助；我是幸福的，因为在我的工作中有恩师教诲。他们——我生命中的贵人，永远铭刻在我的脑海里，永驻我的心灵深处，他们给我指明方向，帮我战胜困难，催我远离庸俗。

那块小黑板

我初中时的校长，也是我的政治老师，是一位20岁出头的女孩子，那时我们都喊她吕老师，其实更愿意称她雪萍姐。齐耳的短发，中等的身材，一双大眼睛总是投射出奕奕神采，流星的大步透露着无限活力，我的风风火火与吕老师不无关系。记忆最深的是教室门前的那块小黑板，那其实是一块涂了墨汁的长方形的水泥面。因为教室的前面就是用砖垒起来的主席台，是师生必经之地，所以特别引人注目。那时候要上早读，我们早上起床后就赶到学校，早读后再回家吃早饭，正合农村人的习惯。

初中三年，我基本没有回家吃过早饭，大都是早上上学时在书包里塞一个馒头或者一张油饼，倒不是因为学校离家远，只是为了那块黑板上能有我主动打扫校园的名字。每天下早自习后，吕老师顾不上吃饭就带头打扫校园，如有学生主动留下打扫，她就在黑板上进行表扬。这招真管用，每天总有不少同学主动打扫，所以校园总是非常干净。扫完后，吕老师就让我们到她宿舍喝点热水，吃饭期间还给我们讲很多有趣的故事或者她看过的书籍。最好的是冬天，我们围在她宿舍的煤炉子周围，边吃着烤得焦黄的馒头，边听她讲故事，这成了我们最向往的事情。

从吕老师身上，我懂得了教师要身体力行，无声的行动是最好的榜样；我明白了教师要鼓励欣赏，表扬和赞美是世界上最美丽的语言；我知道了教师要走到学生中间，平等和尊重是交往的基础。

记忆原来这样简单

大学时的《人体解剖学》有太多的专业术语和名词，需要记忆的知识很多很多。我们常常为枯燥机械的记忆所困扰。我们的《人体解剖学》老师郭丙冉，是一位颇有儒雅风度的老师，上课总是一丝不苟，连板书都十分规范。最让我们佩服的还是他的巧妙记忆法。每次下课前几分钟，他总能用几句顺口溜进行总结。比如，学完人体的十二对脑神经后，他吟诵道："一嗅二视三动眼，四滑五叉六外展，七面八听九舌咽，外加迷走、舌下、副神经全。"朗朗上口的几句顺口溜，竟轻松地解决了背诵这一大难题。原来可以这样记忆，巧妙记忆真是一件快乐的事情。

郭老师深深地影响了我，在我的生活中，或者走路，或者吃饭，或者俯身读书，或者课下沉思，脑海中常常跳跃着生物知识点，翻腾着顺口溜。谐音记忆、图画记忆、手势记忆、顺口溜记忆、俗语记忆等，各式各样的记忆方法丰富了我的课堂，激起了学生的兴趣，使得我的生物课深受学生喜爱。

郭老师教会我，教师不能机械地照搬教材，聪明的教师要善于用自己的智慧，创造性地对知识进行加工，融入智慧并带有自己风格和特色的知识，更能赢得学生的喜爱，也便于学生接受和记忆。个人特色往往决定一个人的成就。尽管形成个人特色的过程是艰辛的，甚至是艰苦的，但是隐藏在艰苦背后的成功和快乐却具有无限的魅力。做教师，就要做一个善于思考的智慧教师。

我知道，我的每一点成长，都与恩师们的启蒙、教诲和指引分不开。虽然我只言片语的回忆，远不能反映他们优异的成绩和伟大的人格。但对我个人来说，他们时时刻刻催我奋进，朝朝暮暮促我向上。

那些事——

作家峻青说过一句意味深长的话，人的一生虽然很漫长，但在关键处常常只有几步，特别是在你年轻的时候。影响人生的那关键的几步，其实就是

那么一个决定、一次顿悟、一番话语、一个事件。

“责任”二字重千斤

2008年奥运会，目睹火炬手高擎火炬的英姿，聆听火炬手发自内心的感慨，我能理解，圣火传递在他们的人生旅程上留下的难忘记忆，对他们的思想观念产生的深刻影响，那是他们生命中的精彩。虽然我没有机会传递奥运圣火，但是，亚运会的火炬曾在我的手中熊熊燃烧。

1990年，第十一届亚运会在北京举办。8月23日亚运会火炬在北京点燃，9月21日亚运会火炬返回天安门广场。大约是8月底的一天，学校的工会主席通知我到区里开会，得知我作为教育界的代表光荣地被选为我市第十一届亚运会火炬传递手。那是我参加工作的第二年，可能是因为我喜爱运动，更可能是因为我的工作得到了学生的充分认可，在“最受欢迎的教师”问卷调查中得票最高。此后的10多天，我每天绕操场跑5圈，为迎接9月17日下午的东营市“第十一届亚运会火炬传递交接”和“亚运会圣火燃遍齐鲁大地火炬点燃”仪式做准备。

17日上午火炬手集合，每人领到一支火炬。火炬是银灰色的，大概是生铁制作的，火炬内塞满了棉纱，并浇了汽油。我清楚地记得，整个中午我都不舍得放下火炬，并时不时地用手绢精心地擦拭火炬，生怕有一丝灰尘。下午2点，火炬传递交接仪式开始，市委书记用燃烧的火炬依次把我们手中的火炬点燃，我们高举着燃烧的火炬跑向交接点。我按照路线向西跑，火焰被风吹偏了，再加上晃动，灌在棉纱里的汽油流到了火炬的外壁上着了起来，我赶紧用手绢去扑，本来生铁导热就快，这样里外一起着火，使整个火炬温度骤升，很是烫手，我只好两手交替着握。但是，火炬越来越烫，单靠缠上手绢已经不行了，我只好将披在身上的绶带缠到火炬的底部，但双手虎口处仍是钻心的疼痛。

即便如此，我也只有一个信念，必须让火炬燃烧。作为火炬手，让圣火燃烧是我的责任，这是我分内的事情。终于到达终点了，在把火炬交出去的一霎间，泪水溢满了我的双眼，既为圆满完成任务和使命，也为双手烫起的水泡。至今，我双手的虎口处还依稀存留着烫伤的疤痕。

火炬传递的路程只有5000米，在我看来却是那样漫长，“责任”二字坚不可摧地烙在我的脑海中。对于什么是责任感，什么是使命，我有了更深的体会和感悟。我坚信，属于自己的任务必须完成，归于自己的责任必须担当。

感谢那次亚运会圣火的传递，在我踏上工作岗位之初，教会了我如何看

待责任。这种责任感驱使我在教育教学的道路上勇敢前行。既然选择了教师这个职业，善待学生，促进学生成长与发展就是我的责任。

感谢失败

任何人的成长道路都不可能一帆风顺，面对失败、压力和挫折的考验，必须具备很强的心理承受能力。而心理承受能力是在失败中形成并增强的，就像面粉要揉成具有韧性和柔性的面团，加入水和面后，揉一遍两遍不行，再搓，再揉，搓上十遍，揉上百次，它就不散不糙，并且均匀有韧劲了。

1997 年 5 月，作为优秀教师代表，我为滨州市的同行上示范课。我讲的是初三生理卫生的“血液循环”，简洁熟练的心脏结构简笔画，似乎并没有吸引住学生的目光。我意识到，这些学生水平不一般。我在讲台上喷洒香水，明明后排的学生闻到了，他们就是不回答，尽管我就站在后排学生的旁边。失败爬满了我的心房，委屈、失意使我的情绪跌至低谷。强打精神，挤出笑容，继续上课。直到最后的课堂巩固，我设计了“循环列车”游戏，学生陡然兴奋，抢着要代表血液循环开始的“左心室”，学生高涨的情绪也感染了我，随即改为由学生自己确定循环的起点，就这样在学生的积极参与中下课了。感谢学生，这个环节多多少少给了我安慰。

和学生道别后，不争气的眼泪还是流了下来，回到宾馆，我扑到床上伤心至极。任凭主办方怎样解释，怎样称赞，我都无法接受这个失败的事实。这节课是我踏上讲台后最痛苦、最无奈、最失败的一次。这一次也是我执教以来感触最深、思考最多的一次。

深刻、彻底的反思后，我知道这次失败带给我太多的教益。我清楚地看到了自己暴露出的问题，更加真实、彻底地了解了自己。

如果说今天的我多少有点成功，那么，我成功的脚下铺垫着的是失败的基石。

感谢失败，它让我懂得了如何一步步走向成功；感谢失败，它赐给我跌倒后爬起来继续前行的力量。

最美丽的字眼

很是喜欢“老师”这两个字。因为，它比“教师”听起来更亲切、更柔美、更温情、更富人情味。仔细体会从口中慢慢地吐出“老师”的过程吧，其发音在声带的震动中，掺进了太多感情的积蕴，洗去许多庸俗的杂质，是从唇间飘出来，从心底溢出来的，听起来似有一种芬芳弥漫，像旋律流淌。用心品味一下“老”字婉转的上声，在由高到低再到高的曲折中，浓浓的情意历经酝酿，变得更加醇厚；阴平的“师”字，使躁动的心情经过抚平，变得从容恬美。

我常常在轻吟“老师”时，脑中涌现无数恩师的面容，眼前浮现学生稚气的笑脸，于是，心灵得以升华，肩头陡添责任。

很是喜欢老师身上的书卷气。提到老师，人们习惯性地认为一定是满腹诗书、博学多识的。在书香的浸润中，老师具有一种超越常人的独特的文化气质和儒雅风度。伟大的教育家苏霍姆林斯基在他《给教师的一百条建议》中疾呼：“读书、读书、再读书——教师的教育素养正是取决于此。我们应该把读书当作第一精神需要，当作饥饿者的食物。要有读书的兴趣，要喜欢博览群书，要能在书本面前静坐下来，深入地思考。”优秀的教师一定是爱好读书的。因为，“教师读书不仅是寻求教育思想的营养、教育智慧的源头，也是情感与意志的冲击与交流”。苏霍姆林斯基这样自述：“我私人的图书馆里，在几间房子和走廊里，从地板直到天花板都摆上了书架……有成千上万册图书……每天不读上几页，不读上几行，我是无法活下去的……”读书，应该成为教师的一种生活方式。唯有如此，教师才能以自己的书卷气去熏陶学生，影响学生。

我更喜欢“老师”这两个字的组合所投射出的精神。老师的“老”字，不是年龄的分水岭，而是指老是这样，总是如此，始终如一。是的，当我们的学生成为工程师，成为科学家，成为政府官员，成为企业精英，成就了一个个成功的人生时，我们依然是默默无闻的老师，增添的只是脸上的皱纹、沙哑的声音。这不是悲观的宿命，而是一种守望的境界。这种守望的背后，是一种淡化浮华后的归真，是一种从容恬淡的心境，是一种朴素淳厚的美丽，是一种心系教育的执着，是一种永恒价值的终极追求，是一种直抵心灵的深刻……

别样的礼物

这几天教学楼的走廊里色彩斑斓，花香四溢，吸引了诸多学生和教师。“老师，节日快乐”的醒目标题，解释了谜底——教师节到了。

前几天，班里的学生格外活跃，私下里商量着，争论着。有天课前，我看到几个女同学围在一起，于是走过去，看到她们手中有几张贺卡。学生告诉我，教师节快到了，这是她们给老师准备的礼物。为了这几张卡片，她们可是费了不少心思，从画面到祝福语都进行了精心挑选。她们还告诉我，有的学生准备给老师送鲜花，还有的学生打算给老师送水杯。教师节在学生的心里如此重要，他们把它当作一件大事用心筹划着。孩子们，你们让我感动。

联想到往年的教师节，学生们也是这样做的，但是我总觉得有些愧疚。学生买贺卡，买鲜花，买工艺品，多是模仿了成年人的方式，但他们需要向父母要钱，这样就有了差别，有的学生给老师送了礼物，而有的学生条件不允许。虽然在教师心里，不论是否送礼物，学生都是一样的，但在学生的心里是不同的。能否改变一下“送礼”方法呢?

这时，教材上有关花的插图提醒了我。刚好学习了“花的结构和类型”，何不让学生解剖花，制作花的粘贴图呢？这样，既巩固了知识，锻炼了学生的观察动手能力，又培养了学生的审美力，岂不是献给老师教师节的最好礼物吗?

课上，我便巧妙地引出了贺卡，并用数字告诉学生，每送 4000 张贺卡，就等于砍伐了一棵生长 10 年的大树。如果 1000 万人平均每人消费一张贺卡，就要砍掉近 3000 棵生长 10 年的大树，生产这些贺卡还要耗电 1 万多

度，排放废水 3 万多吨，耗资 1000 多万元。然后，请学生计算，如果全国的学生每人给教师送一张贺卡，需要消耗多少度电？排放多少吨污水？耗资多少万元？给环境带来多大的压力？不算不知道，一算吓一跳，学生从中认识到，在写下美丽心情与祝福的同时，一棵棵花了数十年苦心生长的大树，便会在顷刻间轰然倒下，绿色骤然减少，危机悄然接近。学生自发地提出“少寄一张贺卡，多留一片绿色”。

随后，我提出了“花”的礼物，立刻赢得学生的赞同。为了珍惜每一朵花，让每一朵花体现自己的价值，不做无谓的“牺牲”，学生在制作“花”的礼物时需要明确花的名称、种类、着生方式，认真解剖每一朵花，按照由外到内的顺序将各部分排列，并标明名称，具体的呈现形式可由学生尽情发挥。从学生的笑脸中，我知道一定会精彩无限。

孙宁的作品是月季，月季从结构上看为两性，从着生方式看是单生花，有 17 枚雄蕊，1 枚雌蕊，1 个花柄，1 个花托。27 片花瓣依次排开，仔细看形状还不完全相同呢。这么漂亮的月季花可是被它的刺扎手后才摘来的。我们从没有这样认真地“研究”过月季，它的结构好复杂，不知道它和玫瑰有什么区别？孙宁准备对玫瑰进行一番研究。

盖晓童制作了“花儿生物学”专版，研究了康乃馨和百合花，各部分的结构展示加上部分文字介绍，配上插图，专业味蛮浓的。

张丛制作的是花的模型，她用硬纸片剪出了花瓣、萼片、雄蕊和雌蕊，旁边标注上结构，俨然一幅画。她说这样的“花”能长久“保鲜”，以此祝福老师永远快乐。

一份份精心制作的“花”礼物，张贴在走廊的墙壁上，组成了一道亮丽的风景。这可是一份别样的教师节礼物。

父亲，别怪我不孝

研修太火热了，火热得人有些“疯了”；研修太紧张了，紧张得人有些“木了”。

不太相信“天堂里有灵魂”的我，今天却实实在在地感觉到我那已在另一个世界里的父亲的牵挂。培训以来，一直激情似火、精力旺盛的我，说来也怪，今天竟然蔫蔫的，平时5点多醒来总是先在脑子里把昨天或者近几天的研修情况静心梳理一下，以便及时引导研修进程，调整简报内容，然后起来信手写一点感悟或者体会，以做到有感而发，增加针对性和指导性。

但今天早上醒来脑袋昏昏沉沉，身子软绵绵的，不觉又睡了过去，一睁眼都8点多了。上午的效率也不高，敲击键盘的声音不再清脆、短促，手指也不再灵活地飞舞。以为是因为感冒吃药的缘故，等到了中午草草地吃了几口饭，又沉沉地睡了。

一觉醒来，脑海里立即蹦出来一件事，我顿时激灵了一下，赶快给家里的二哥打电话，我真是忙糊涂了，前天是父亲的祭日，我竟然忘得一干二净。电话里二哥很体谅地说：“老爸一向很明白的，他不会怪你，上坟时我们也告诉他了，你有事来不了。”

放下电话，任眼泪“哗哗”流下。

我是家里最小的孩子，从小就是父亲的宝贝。母亲曾玩笑似的告诉我，刚生下来的我瘦骨嶙峋，小得可怜，医生怀疑是发育不良，建议丢掉算了，况且我上面已有三个哥哥和一个姐姐，是倔强的父亲决然用脸盆把我端回了家。感谢父亲，没有他老人家的坚持，世上怎能有我？

父亲在外地工作，平时很少回家，但是每年都会回家和我们一起过年。

父亲是很倔强的，每年除夕，从把爷爷奶奶的相片摆到堂屋的八仙桌，摆上丰盛的祭品后，父亲就端坐在桌子右手边的椅子上，整整坐一个晚上。这时，他会问我们兄妹几个的情况，给我们中肯的指点，告诉我们应该注意的问题。记得我上初一那年，父亲看我的寒假作文，一句句读着，那样子像极了私塾先生。父亲还认真地和我商量："把这里的'含'着泪珠，改为'噙'着泪珠，更好一些。"父亲的严谨深深地影响了我。

工作后我离家远了，平时有事父亲很少通知我们，害怕我们分心影响工作。2003 年 7 月，父亲住进了医院，我在医院陪了几天后，就到曲阜师范大学参加教育硕士学习了。临行前，父亲嘱咐我，不要挂念他，要安心学习，等我学习回来一起回家。我信以为真，无牵无挂地去外地学习了。假期的学习是二十多天，第十五天时，晚上 10 点多接到了姐姐的电话，让我快点回家。我意识到父亲的病情严重了，连夜乘火车赶了回来，但此时的父亲已经不能说话了。拉着父亲的手，任凭我怎样呼喊，他只是嘴唇掀动着，一个字也说不出来。没有听到父亲的临终遗言，成了我终生的遗憾。

父爱如山。父亲是爱我的，您的爱深沉、厚重。父亲是平凡的，但在女儿心里，您是最伟大的。

面对东北方向，女儿深深地凝望。

眼前浮现着您慈祥的面容，任眼泪簌簌地流淌。

内心回忆起过去的点点滴滴，任自责恣意生长。

十月一，我一定带上您最喜欢吃的炸鸡和猪头肉。

研修真的很忙，很忙，谨以这寥寥数语表达我的哀思，祈求您的原谅。

父亲，请原谅女儿的不孝。

期待如夏

我对于如火的七月，是有着特殊情感的。因着前两年的高中暑期远程培训，作为指导教师的我投入了、感悟了、收获了，是故，一种独特的情愫萦绕心头，久久盘旋心间。

真好，今年初中生物教师也有学习研修的机会了，又能在浩瀚的网络中和各位同行碰撞思维，交流分享了。这份期待如火热的夏，炽热、强烈。

期待那份丰硕的收获。观看专家的视频、聆听哲言慧语、观摩精彩教学片段，如同久旱逢甘霖，让我们狭隘的思路豁然开朗，长久的困惑得以厘清，诸多的疑难彻底瓦解；使我们对生物新课标的理解更加透彻，对教材的把握更加到位，对教学的设计更加有效，对课堂的驾驭更加自如。那会是怎样的一场精神盛宴呀，我们期待着。

期待那份震撼的感动。专家们夜以继日地工作着，每天一期的课程简报都是在凌晨上传的，为的是早上教师一上线就能学习借鉴；每份推荐作业后面，专家们大段的点评，都经过了精心推敲，为的是给教师以深刻的启迪；在线研讨的火爆，不断刷新的页面，透射出专家们的深刻见解和独到见地。教师全身心地投入学习，不同的网络终端，既有年轻教师的指尖飞舞，也有年长教师的“一指禅”；既有推开各种事务的“无奈”，克服种种困难的坚定，也有为培训而疯狂的执着和投入。不论是凌晨还是正午，研修平台上总有众多的同行与你并肩同行、共同交流，你永远不会感到孤独。那会是怎样的一种忘我痴情呀，我们期待着。

期待那份久违的激情。我们像学生期盼教师的表扬，培训的日子里，每天清晨的第一件事就是，进入研修平台，看看自己的作业是否被指导教师点评，是否有同行的评论，能否登上简报，如若被肯定，心里就会美美的、甜甜的，人也立即精神倍增。我们像孩子期盼朋友的认同，在线研讨时，唇枪舌战，遇到观点相同者便齐心协力，碰上意见相左者便据理力争，保管过足情绪激昂、一吐为快的瘾。我们像学生期盼班集体的荣誉，每天关注简报上的光荣榜及自己班级的关注度，集体意识分外强烈。不知不觉中，人也一下子年轻了许多。那会是怎样一种兴奋的体验呀，我们期待着。

为什么我们如此期盼，因为我们肩头的重任、身上的担当。教育事业是人类最崇高的事业，教师是太阳下最光辉的职业。教师不仅可以影响一个学校的孩子，还可以影响整个社会。我们的手上，不仅有一个个家庭的希望，一位位父母的嘱托，更有民族的未来、社会的明天。山东省教育厅张志勇曾向全省教师发出“做教育家”的呼唤。我们也许永远不能成为教育家，但是在教育之路上我们定当仰望星空，奋力前行。

我是一个行者，
步履轻盈，在教育的路上。
我的脸上带着笑容，
我的心中充满阳光，
我的行囊中有为教育准备的一切——
理想、智慧、激情、诗意和力量。

这个夏天，在专业成长的道路上，我们已经启程，我们定能走得更远。

是否

清晨到校的第一件事，你是否登录山东省教师教育网，查看你的作业是否得到了指导教师的批阅？

你是否最关注你的作业和文章有多少条评论，认真阅读每一则留言？得到别人的肯定和鼓励后，是否顿觉颇有成就感，晚上熬夜的疲惫一扫而光？

你是否特别留意评论者是同事、本市的同行，还是外市的同仁，甚至是其他学科的教师？

你是否盼望你的作业和文章前标注一颗蓝五星，甚至还有一颗红五星？如果如愿以偿，仿佛中奖似的开心，由此写出更高水平的文章？

你是否时常看看你所关注的人的作业数、文章数及关注度？你是否留意你所在的班级的关注度，只因为你们是一个研修集体？

你是否急切地打开培训简报，首先注意“本期导读”，希望在那里看到你的文章，希望明星学员中有你的照片或名字？

我是，你是，我们大家都是。

这是我们在乎自己的表现，这是我们渴望被肯定的本能，这是我们追求进步的体现，这是我们期盼成长的彰显。

美国心理学家詹姆斯精辟地指出：“人类本质中最殷切的要求是渴望被肯定。”“人往高处走”，一个人生来就有一种内驱力，有一股向上的力量。如同植物，无论大枝还是小丫，枝枝叶叶都努力向上，即使枝叶重叠，也努力地向上伸展。

你是否想过，我们天天面对的成长中的学生们是否和我们一样，渴望被肯定，渴望被赏识？

你是否想过，每次作业本发下来，学生急不可待地翻开，如果是一个鲜红的优或甲，他们的脸就会像一朵盛开的花？

你是否想过，每当学生看着作业本上我们写下的哪怕寥寥数语“真棒”“看你的作业是一种享受”“小马虎，相信你下次一定记得住”，也如同我们和他们娓娓交谈，一种满足和幸福就会弥漫在他们心间？

你是否想过，当我们当众称赞学生的作业，特别是将他们的作业作为优秀作业展评时，他们会兴奋地唱歌，一种巨大的推动力促使他们以更大的热情投入下一次的学习活动？

想明白了吧，那就别再吝啬赞美，别再吝啬肯定，别再吝啬鼓励。赏识吧，这是学生成长的“魔力”。

因为赏识能增强学生的自信心。学生在教师的赞许和认可中会树立自信心，增强成就动机，激发无限的潜能，催生前进的动力。

因为赏识能激发学生超越自我。学生有较强的自尊心和上进心，教师对学生的进步，哪怕是微小的进步也给予肯定和鼓励，就会促使他们发扬优点、克服不足。

因为赏识能激励学生不断进取。教师对学生积极恰当的评价能激发学生的表现欲，激励学生向更优秀看齐。

赏识是阳光、空气和水，是学生成长不可缺少的养料；赏识是催化剂，能催生学生更大的进步；赏识是加油站，能给学生提供前进的动力。

老师，我们一起感动

把目光从显示器上移开，揉一揉干涩的眼睛，晃一晃酸痛的脖子，哦，又是一个难眠的深夜。

随着山东省高中教师远程研修的进行，我们走进了学习的殿堂，这几天我们成了不折不扣的"网虫"，体验着网上冲浪的快感，享受着智慧碰撞的幸福，接受着新理念、新思想的洗礼，分享着精神的盛宴。真好，教师远程研修给了我们这样一个有意义、有价值的暑期。

两天来，我的内心充满着幸福，时时被感动着。

课程标准研制组的核心专家刘恩山老师，在百忙之中来到我们中间，和我们一起研读新课程理念，为我们指点迷津，解答困惑。能够直接得到专家的指导，我们好幸运。刘恩山老师就站在我们中间，和我们一起走在新课程改革的道路上。

省教研室张可柱老师，是我们的领路人，一直忙碌到深夜，他的身体力行、率先垂范一直感动着我们。忘不了 7 月 13 日凌晨 2 点 10 分张老师发给我们的邮件，他精心的指导、关心的提醒、谆谆的教诲，让我们深信，这次远程研修定能使山东省的生物教学开启新的局面，谱写新的篇章。

我的师兄，淄博教研室的黄老师，编写课程简报直到凌晨 1 点多。在网上对我进行指导后，还不忘以电话带来亲切的问候。下午 4 点正当我为办简报焦急时，黄师兄打来了电话，及时提出了中肯的建议，指导我怎样开展工作，搜集资料，确保学习的高效。

省技术部的老师，24 小时坚守岗位，及时给我们指导。晚上 9 点，我尝试多次，作业依然无法提交后，只好进行电话求助。第一声电话铃响后，便传来了一位女老师甜美的声音，她一步步地指导我操作，还问我是否需要记下来，以免再遇到同样的困惑。她告诉我，她们随时为我们指导。

我的同行们，全身心地投入培训，集中观看视频，一起进行研讨，及时写下自己的感想和收获。为了避开网络繁忙的时段，他们充分利用中午和下班后的时间，午饭他们便以方便面充饥。有老师戏称，做回“网虫”真过瘾。

徜徉在培训的网络中，沐浴在思想的撞击里，我们坚信，践行素质教育的行动必将在高中生物教学中扎根。

感受着久违的冲动，享受着高昂的激情，我们一起幸福，一起成长，一起感动。

心语

——有感于第一次在线研讨

一只鼠标
一根网线
让 9581 颗心紧密相连

同一时间
不同地点
9581 颗大脑一同飞转

虚拟的房间
真实的同伴
思维飞扬群体共研

凝固的时间
翻滚的页面
解疑释惑分享经验

秘籍与宝典
精彩纷呈现
感受学习高峰体验

端直的身躯

舞动的指尖
撞击出绚烂的智慧火焰

激情激活激情
思想催生思想
丰盈的收获溢满心田

定格的记忆
更新的理念
迎接生物教学的美好春天

仰望着星空
坚守住麦田
灵魂从此愈加圆润饱满

心的呼唤

——有感于第二次在线研讨

像孩子期盼过年的新衣
像儿童期盼生日的礼物
像禾苗期盼雨露的润泽
像蜜蜂期盼花开的时节

盼望着
盼望着
再一次研讨的到来
又一次网络的相约

再次走进熟悉的网络
再次挥洒曾经的火热
指尖飞舞得更加轻快
思维飞扬得更加雀跃

少了忙乱多了从容
少了浮躁多了理性
少了抱怨多了商榷
少了冲动多了情结

倾诉真实的心愿

厘清弥久的纷乱
分享质朴的经验
探寻破冰的高见

经历最激烈的争辩
感悟最多元的见解
体验最中肯的评判
共享最鲜明的观点

问题愈加尖端
思考愈加深刻
向教学深处挺进
向教育深处探寻

思想再一次碰撞
智慧又一次闪光
撞击后的燧石潜能绽放
催化过的酶系活性倍长

聆听成长拔节的脆响
沉醉凤凰重生的辉煌
鼓动起风帆重新远航
前行的征程洒满阳光

带上激情与梦想
携着自信与坚强
一路高歌一路芬芳
幸福从此熙熙攘攘

幸福就在不远处

研修已进行了一半，趁着休息的时间，我静心梳理了一下前半程的收获和感受，一股股的暖意从心底袅袅升起。

于是，前几日的郁闷和辛劳被彻底冲刷掉了。因为各种原因，今年的远程研修不能与教师们一起在网上畅游，这自然是件很不愉快的事情，为了获取一个登入的账号，真没少费功夫。终于，在负责研修的部门的帮助下，以区域管理员的身份登入了。管他什么身份呢，只要能看视频、评作业、赏文章就行了。想想如果不是多次积极主动地沟通和协商，恐怕就丧失了这次研修的机会，也便错过了同专家、教师学习交流的良机。

也许是地域的缘故，对于本市教师我格外关注，一遍遍地进入每位教师的工作室，阅读他们的作业，赏析他们的文章，关注他们的评论，品味班级的简报……

河口一中的付老师，这个愿做学生的年轻教师，天生是做教师的材料。付老师用心领悟、反复思考、几经琢磨，撰写出许多视角独特、内容深刻的优质作业。5 篇作业中有 3 篇被省课程专家推荐，60%的推荐率在全省也是不多见的。培训的日子里，我几乎每天都会收到付老师的信息，不是对作业的商榷就是对专家点评的反思。这份专心、潜心让我感动。

许静老师是刚刚毕业一年的新教师，在研修之初，她就下决心充分把握这次难得的学习机会，努力汲取成长的营养，快速充电储蓄。不仅认真完成作业，积极评论跟帖，而且坚持写研修感悟。在她的工作室里，文章已有近 10 篇。这份进取、主动让我感动。

张永剑老师算是一位年轻的老教师了，在前 3 年的研修中，尽管表现已

经很出色了，但对自己要求甚高的他还是不满意，所以今年他要“出轨”。按他自己的话说，就是要告别往年的低沉，脱离以往应付的轨道，发扬“亮剑”精神，使出浑身解数，大展身手，努力颠覆自己的教学观念，缔造一个崭新的教学世界。这份动力、决心让我感动。

成良艳老师是老资格的指导教师了，而且是优秀指导教师。这位文采飞扬、笔端生花的才女，凭着对工作的责任感以及对指导教师深度的理解，诠释着一位优秀指导教师的形象。教师的每篇作业几乎都留下了她精到的点评，每篇文章都记录了她独特的跟帖。尤其是她编辑的班级简报内容翔实、佳品汇聚。省专家团队张可柱老师对她由衷地称赞：捧出属于自己的珍珠，收获自己的成长！你们选的作业质、量俱佳！欣喜中！这份无私、用心让我感动。

……

他们只是全市生物教师的缩影，其实，每一位教师都一样的努力、一样的用心、一样的出色、一样的成长。可以想见，培训后的教师会背囊充实、信心满满地在生物教学的旅途中快步前行，一路幸福。

为教师们高兴、感动之余，我开始深深地思索。作为教研员，我的定位是什么？我的幸福在哪里？

想起了这样一个故事。

有个人到喜马拉雅山神庙朝圣。由于山高路远，崎岖难行，空气又稀薄，他恨不得马上到达目的地。

途中，他看见有个瘦小的女孩，背着一个胖乎乎的小男孩。小女孩汗流浃背，气喘吁吁。他同情地对小女孩说：“我只带个包袱就感到累了，你背得这么重，一定很累吧。”小女孩摇摇头，绽开阳光般的笑容说：“你背的是包袱，所以觉得重；我背的是弟弟，一点儿也不觉得重。”

我想，教研员就是那个背着“弟弟”的人。我们应该无私付出，不求回报，奉献自己，快乐自己。

也有人比喻说“教研员就是人梯”。对此，我的诠释是，教研员决不应该仅仅是静静地靠在墙根，等待别人前去攀爬的梯子。我们不能静静地在那里等着，而应该主动去工作，主动去研究教师的需要，最大限度地为教师创造条件，为他们打造一个新局面，引领一个新台阶。

有了这样的认识，幸福感便越发浓厚了。

欣欣然，我懂得了，伸开手，点击鼠标，在研修中徜徉，便找到了幸福。

真好，幸福就在手指伸开之处。

见与不见

经历了研修，才看到自己的差距；经历了研修，才明白要学的很多；经历了研修，才懂得要学会反思；经历了研修，才清楚该怎样成长。研修即将结束，是结束，但更是学习的开始。

电影《非诚勿扰》捧红了一首小诗《见与不见》，各种版本在网络上疯传。仿写一篇研修版《见与不见》，以相约"常回家看看"，让研修平台真正成为我们成长的阶梯。

你见，或者不见
国家团队专家的呕心沥血精心策划就在那里
不消不褪

你看，或者不看
饱含智慧富有创新的专题资源在就那里
不增不减

你读，或者不读
汇聚智慧充盈思想的课程简报就在那里
不丢不失

你阅，或者不阅
精彩纷呈风格各异的篇篇作业就在那里
不消不解

你念，或者不念
思维碰撞观点争鸣在线研讨集锦就在那里
不休不息

你懂，或者不懂
网络终端同行战友的革命友谊就在那里
不割不舍

你登，或者不登
山东省教师教育网海量精彩的平台就在那里
不躲不闪

你爱，或者不爱
无数莘莘学子深深期盼浓浓渴求的目光就在那里
不偏不离

你悟，或者不悟
发自内心亟待专业成长的拔节声就在那里
不停不滞

让激情飞起来，或者让心智聚起来
伴着夏的火热为了理想我们重新起航
不终不止

从明天起，做一个幸福的人

从明天起，做一个幸福的人
上课、反思、读书、健身
从明天起，关心孩子的成长
暂时忘却职称、论文和评优

从明天起，做一个幸福的人
践行教育是慢的艺术
牢记孩子是成长中的具体的人
踏实地做个农民，静等花开

从明天起，做一个幸福的人
把问题变成课题，把挫折变成转折
把泪光变成眼光，把职业变成事业
让幸福浸润身体的每一个细胞

从明天起，做一个幸福的人
挺直脊梁，不跪着教书
把教案变成学案，把课堂变成学堂
把生物上成“生”物，把学习当作生活

从明天起，做一个幸福的人

将新的理念领悟内化
教育首先是人学
一切的“教”都必须服务于“学”

从明天起，做一个幸福的人
心怀感恩，让生命沐浴阳光和温暖
心怀忠诚，让灵魂拥有责任和宁静
心怀激情，让路途充满灵动和风景

从明天起，做一个幸福的人
携着研修充实的背囊
乘着成长隐形的翅膀
面向教海，春暖花开

后　记

“做爱思考的教师”是我对自己的期待和要求。在教育教学一线摸爬滚打二十多年，用心反思和领悟后，我对于教育教学、专业成长有了自己的思考，形成了自己的一些主张。

我认为教师要有“四气”——大气、底气、灵气、书卷气。

大气，即要有对教育的深刻理解和把握，有仰望“星空”的气度，目光长远，为学生的终身发展负责；不能只关注眼前脚下，局限于一时的分数，为名利所累。

底气，即要有深厚的功底，能轻松驾驭课堂，深入浅出，举重若轻。

灵气，即要有昂扬的激情，倾心投入工作；以深切的人文关怀，智慧地解决问题。

书卷气，即“腹有诗书气自华”，让书香氤氲心灵，让经典浸润精神。

做“好教师”，是我一直以来的梦想，不敢说现在的我取得了多么显赫的成就，但在“齐鲁名师”“特级教师”的寻梦路上，我不断思考、实践、反思，再思考、再实践、再反思，其中的感悟是我受用不尽的财富，也是对同行有益的启发。

沉浸于教育之中，从网络研修到境外考察，从坚守课堂到致力课改，从读书充实到反思提炼，每一个时期都留下了我坚实的足迹。从“匠师”到“人师”，从“教生物”到“教师”，从“分数至上”到“人的教育”，从“传授知识，提高技能”到“丰厚生活，润泽生命”，本书清晰地呈现了一个教师的成长轨迹和心路历程。其中的滋味是用心、用情、用智品味到的，故取名《做爱思考的教师》。

西南师范大学出版社
《名师工程》系列丛书目录

系列	序号	书　　名	主编	定价
思想者系列	1	《回归教育的本色》	马恩来	30.00
	2	《守护教育的本真》	陈道龙	30.00
	3	《教育，倾听心灵的声音》	李荣灿	30.00
	4	《心根课堂——让教育随学生心灵起舞》	刘云生	30.00
	5	《做一个纯粹的教师》	许丽芬	26.00
	6	《率性教书》	夏　昆	26.00
	7	《为爱教书》	马一舜	26.00
	8	《课堂，诗意还在》	赵赵（赵克芳）	26.00
	9	《今日教育之民间立场》	子虚（扈永进）	30.00
	10	《教育，细节的深度反思》	许传利	30.00
	11	《追寻教育的真谛——许锡良教育思考录》	许锡良	30.00
	12	《做爱思考的教师》	杨守菊	30.00
鲁派教育探索者·名校系列	13	《博弈中的追求——一位中学校长的“零”作业抉择》	李志欣	30.00
	14	《大教育视野下的特色课程构建——海洋教育的开发实施》	白刚勋	30.00
鲁派教育探索者·名师系列	15	《追问历史教学之“道”》	钟红军	30.00
	16	《灵动英语课——高效外语教学氛围创设艺术》	邵淑红	30.00
	17	《校园，幸福教育的栖居》	武际金	30.00
	18	《复调语文——尊重生命自我成长的语文教学》	孙云霄	30.00
	19	《智趣数学课——在情感深处激发学生的数学智能》	王冬梅	30.00
	20	《高品位“悦读”——让情感与心灵更愉悦的阅读教学》	马彩清	30.00
	21	《品诵教学——感悟母语神韵的阅读教学》	侯忠彦	30.00
	22	《智趣化学课——在快乐中提升学生的科学素养》	张利平	30.00
名校长核心思想系列	23	《智圆行方——智慧校长的50项管理策略》	胡美山　李绵军	30.0
	24	《做一个智慧的校长》	孙世杰	30.00
	25	《成为有思想的校长》	赵艳然	30.00
名校系列	26	《人本与生本：管理与德育的双重根基》	广州市广外附设外语学校	30.00
	27	《生本与生成：高效教学的两轮驱动》	广州市广外附设外语学校	30.00
	28	《世界视野与现代意识：校本课程开发的二元思维》	广州市广外附设外语学校	30.00
	29	《让每个生命都精彩——生命教育校本实践策略》	王鹏飞	30.00
	30	《好学校，从关注每个学生开始 ——石梅小学优质教育多元感悟》	顾　泳　张文质	30.00
高效课堂系列	31	《让作文教学更高效——王学东写作教学手记》	王学东	30.00
	32	《用什么提高课堂效率——有效数学课必须关注的10大要素》	赵红婷	30.00
	33	《让作文更轻松——小学作文高效教学36锦囊》	李素环	30.00
	34	《让研究性学习更高效——研究性学习施教指导策略》	欧阳仁宣	30.00
	35	《让母语融入学生心灵——提升学生语文素养的高效施教艺术》	黄桂林	30.00

系列	序号	书　名	主编	定价
创新班主任系列	36	《班主任专业化成长策略》	杨连山	30.00
	37	《班级活动创新与问题应对》	杨连山　杨　照　张国良	30.00
	38	《班集体建设与创新人才培养》	李国汉	30.00
	39	《神奇的教育场——打造特色班级文化创新艺术》	李德善	30.00
教研提升系列	40	《校本教研的7个关键点》	孙瑞欣	30.00
	41	《教师怎样做小课题研究——高效助力教师专业化成长》	徐世贵　刘恒贺	30.00
	42	《今天我们应怎样评课》	张文质　陈海滨	30.00
	43	《今天我们应怎样进行教学反思》	张文质　刘永席	30.00
	44	《一节好课需要的教育智慧》	张文质　姚春杰	30.00
优化教学系列	45	《高效教学组织的优化策略》	赵雪霞	30.00
	46	《高效教学方法的优化策略》	任　辉	30.00
	47	《高效教学过程的优化策略》	韩　锋	30.00
	48	《让教学更生动——激发兴趣让学生快乐认知》	朱良才	30.00
	49	《让教学更高效——策略创新让教学事半功倍》	孙朝仁	30.00
	50	《让教学更开放——拓展延伸让学生触类旁通》	焦祖卿　吕　勤	30.00
	51	《让教学更生活——体验运用让学生内化知识》	强光峰	30.00
	52	《让知识更系统——整合与概括让学生建构体系》	杨向谊	30.00
	53	《让思维更创新——思辨与发散让学生思维活跃》	朱良才	30.00
创新语文教学系列	54	《曹洪彪新概念快速作文》	曹洪彪	30.00
	55	《小学语文：享受对话教学》	孙建锋	30.00
	56	《小学语文：名师教学目标落实艺术》	刘海涛　王林发	30.00
	57	《小学语文：名师魅力教学设计艺术》	刘海涛　王林发	30.00
	58	《小学语文：名师魅力课堂激趣艺术》	刘海涛　豆海湛	30.00
	59	《小学语文：单元整体教学构建艺术》	李怀源	30.00
	60	《小学作文：名师情趣课堂创设艺术》	张化万	30.00
教师成长系列	61	《做会研究的教师》	姚小明	30.00
	62	《学学名师那些事》	孙志毅	30.00
	63	《给新教师的建议》	李镇西	30.00
	64	《教师心灵读本：成为有思想的教师》	肖　川	30.00
	65	《教师心灵读本：教师，做反思的实践者》	肖　川	30.00
创新课堂系列	66	《个性化课堂教学艺术：小学语文》	商德远	30.00
	67	《如何实现三维目标——让学生与文本共鸣的诵读教学》	张连元	30.00
	68	《想说　会说　有话可说——突破作文瓶颈的三维教学法》	杨和平	30.00
	69	《综合课的整合创新教学》	周辉兵	30.00
	70	《如何打造学生喜欢的音乐课堂》	张　娟	30.00
	71	《理想课堂的构建与实施——一个教研员眼中的理想课堂》	张玉彬	30.00
	72	《小学语文：决定教学质量的关键策略》	李　楠	30.00
	73	《用〈论语〉思想提升数学教育智慧》	胡爱民	30.00
	74	《童化作文——浸润儿童心灵的作文教学》	吴　勇	30.00
幼师提升系列	75	《全国优秀幼儿健康教育活动课例评析》	教育部教育管理信息中心	30.00
	76	《全国优秀幼儿艺术教育活动课例评析》	教育部教育管理信息中心	30.00
	77	《全国优秀幼儿社会教育活动课例评析》	教育部教育管理信息中心	30.00
	78	《全国优秀幼儿语言教育活动课例评析》	教育部教育管理信息中心	30.00
	79	《全国优秀幼儿科学教育活动课例评析》	教育部教育管理信息中心	30.00
名师名课系列	80	《名师如何炼就名课》（美术卷）	李力加	35.00

系列	序号	书名	主编	定价
教师修炼系列	81	《班主任工作行为八项修炼》	杨连山	30.00
	82	《教师心理健康六项修炼》	李慧生	30.00
	83	《教师专业化五项修炼》	杨连山　田福安	30.00
	84	《课堂教学素养五项修炼》	刘金生　霍克林	30.00
	85	《高效教学技能十项修炼》	欧阳芬　诸葛彪	30.00
	86	《教师新师德六项修炼》	王毓珣　王　颖	30.00
创新数学教学系列	87	《小学数学：名师教学目标落实艺术》	余文森	30.00
	88	《小学数学：名师高效教学设计艺术》	余文森	30.00
	89	《小学数学：名师易错问题针对教学》	余文森	30.00
	90	《小学数学：名师魅力课堂激趣艺术》	余文森	30.00
	91	《小学数学：名师同课异教》	林高明　陈燕香	30.00
	92	《小学数学：名师抽象问题艺术教学》	余文森	30.00
教育心理系列	93	《做最好的心理导师——中学生心理健康咨询手册》	杨　东	30.00
	94	《每天学点教育心理学》	石国兴　白晋荣	30.00
	95	《学生心理拓展训练与指导》	徐岳敏	30.00
	96	《好心态成就好学生——学生心理问题剖析与对症教育》	李韦遴	30.00
教育通识系列	97	《用心做教师——青年教师快速成长的十大定律》	王福强	30.00
	98	《做最受学生欢迎的老师》	赵馨　许俊仪	30.00
	99	《做有策略的校长——经典寓言与学校管理智慧》	宋运来	30.00
	100	《做有策略的教师——经典故事中的教育启示》	孙志毅	30.00
	101	《从学生那里学教书》	严育洪	30.00
	102	《突破平庸——提升教育质量的31个跳板》	严育洪	30.00
	103	《教育，诗意地栖居》	朱华忠	30.00
	104	《好班规打造好班级》	赵　凯	30.00
	105	《做学生成长的引领者——学生终身成长的素质培养》	田祥珍	30.00
	106	《如何管出好班级——突破班级管理的四大瓶颈》	刘令军	30.00
	107	《青春期性教育教师实用手册》	闵乐夫	30.00
教育细节系列	108	《名师最具渲染力的口才细节》	高万祥	30.00
	109	《名师最有效的沟通细节》	李　燕　徐　波	30.00
	110	《名师最有效的激励细节》	张　利　李　波	30.00
	111	《名师培养学生好习惯的高效细节》	李文娟　郭香萍	30.00
	112	《名师人格教育的经典细节》	齐　欣	30.00
	113	《名师营造课堂氛围的经典细节》	高　帆　李秀华	30.00
	114	《名师最有效的赏识教育细节》	李慧军	30.00
	115	《名师最有效的批评细节》	沈　旎	30.00
教育管理力系列	116	《名校激励管理促进力》	周　兵	30.00
	117	《名校安全管理执行力》	袁先潋	30.00
	118	《名校师资团队建设力》	赵圣华	30.00
	119	《名校危机管理应对力》	李明汉	30.00
	120	《名校校本研究创新力》	李春华	30.00
	121	《学校文化力建设策略》	袁先潋	30.00
	122	《名校长核心教育力》	陶继新	30.00
	123	《名校长高绩效领导力》	周辉兵	30.00
	124	《名校行政管理细节力》	杨少春	30.00
	125	《名校教学管理提升力》	张　韬　戴诗银	30.00
	126	《名校学生管理教导力》	田福安	30.00
	127	《名校校园文化构建力》	岳春峰	30.00

系列	序号	书　　名	主编	定价
大师讲坛系列	128	《大师谈教育心理》	肖　川	30.00
	129	《大师谈教育激励》	肖　川	30.00
	130	《大师谈教育沟通》	王斌兴　吴杰明	30.00
	131	《大师谈启蒙教育》	周　宏	30.00
	132	《大师谈教育管理》	樊　雁	30.00
	133	《大师谈儿童人格塑造》	齐　欣	30.00
	134	《大师谈儿童习惯培养》	唐西胜	30.00
	135	《大师谈儿童能力培养》	张启福	30.00
	136	《大师谈早恋与性教育》	闵乐夫	30.00
	137	《大师谈儿童情感教育》	张光林　张　静	30.00
高中新课程系列	138	《高中新课程：教师角色转变细节》	缪水娟	30.00
	139	《高中新课程：班主任新兵法细节》	李国汉　杨连山	30.00
	140	《高中新课程：教学管理创新细节》	陈　文	30.00
	141	《高中新课程：更有效的评价细节》	李淑华	30.00
教学新突破系列	142	《把教学目标落实到位——名师优质课堂的效率管理》	冯增俊	30.00
	143	《拿什么调动学生——名师生态课堂的情绪管理》	胡　涛	30.00
	144	《零距离施教——名师和谐师生关系的构建艺术》	贺　斌	30.00
	145	《一个都不能落——名师提升学困生的针对教学》	侯一波	30.00
	146	《让学习变得更轻松——名师最能吸引学生的情境设计》	施建平	30.00
	147	《让知识变得更易学——名师改造难学知识的优化艺术》	周维强	30.00
教学提升系列	148	《方法总比问题多——名师转变棘手学生的施教艺术》	杨志军	30.00
	149	《用特色吸引学生——名师最受欢迎的特色教学艺术》	卞金祥	30.00
	150	《让学生爱上课堂——名师高效课堂的引导艺术》	邓　涛	30.00
	151	《拿什么打开思路——名师最吸引学生的课堂切入点》	马友文	30.00
	152	《没有记不牢的知识——名师最能提升学生记忆效果的秘诀》	谢定兰	30.00
	153	《让学生的思维活起来——名师最激发潜能的课堂提问艺术》	严永金	30.00
名师讲述系列	154	《施教先施爱——名师讲述班主任的核心教导力》	杨连山　魏永田	30.00
	155	《在欢乐中成长——名师讲述最具活力的课堂愉快教学》	王斌兴	30.00
	156	《让学生做自己的老师——名师讲述如何提升学生自主学习能力》	徐学福　房　慧	30.00
	157	《引领学生高效学习——名师讲述如何提高学生课堂学习效率》	刘世斌	30.00
	158	《教育从心灵开始——名师讲述最能感动学生的心灵教育》	张文质	30.00